Colección: Espiral Hispano-americana
Editorial Fundamentos

Víctor García Ruiz

Víctor Ruiz Iriarte. Autor dramático

Cubierta: Maite Arce

Primera edición 1987

© Víctor García Ruiz, 1987
© Editorial Fundamentos, 1987
  Caracas, 15 - 28010 Madrid
  Telf.: 419 96 19

Impreso por Técnicas Gráficas
Las Matas, 5 - 28039 Madrid
Printed in Spain. Impreso en España

Depósito legal: M-16356-1987
ISBN: 84-245-0488- 4

A don Angel,
amigo y maestro

INTRODUCCION

Cuando decidí dedicar a Víctor Ruiz Iriarte y su teatro varios años de esfuerzo, lo hice movido por factores de diversa índole. Por una parte, un impulso sentimental que me llevaba a rendir homenaje a una persona con quien en vida me unieron entrañables lazos de afecto y parentesco. No exagero si afirmo que, en lo humano, Víctor Ruiz Iriarte fue un hombre de una integridad impresionante, entre cuyas virtudes destacaba una inmensa generosidad con los demás y una estricta exigencia para consigo mismo. Tenía la facultad de hacerse querer sin reservas, en la misma medida en que él se entregaba. Y este carácter suyo admiraba más al considerar el enorme peso que tuvo que suponer su tremenda tara física, arrastrada durante toda la vida. Fue capaz de sobreponerse a su enanismo crónico, y con tal naturalidad se presentaba en público o salía a saludar a los escenarios que llegó a rumorearse que él mismo ignoraba la brevedad de su estatura.

Es obvio, sin embargo, que no ha sido el homenaje el motivo que me ha impulsado a emprender este trabajo; y aún diría que me he propuesto ocultarlo casi por completo, imitando inconscientemente los hábitos de Ruiz Iriarte, que era extremadamente reservado en lo relativo a sus proyectos creativos. En principio, me resistía a acometer

Pasa a la imprenta este trabajo que, con el mismo título, *Víctor Ruiz Iriarte, autor dramático,* fue mi tesis doctoral presentada en la Facultad de Filosofía y Letras de la Universidad de Navarra en 1985. El tribunal estuvo compuesto por los profesores José María Martínez Cachero, Jesús Cañedo Fernández, Leonardo Romero Tobar, Luciano García Lorenzo y Kurt Spang, que otorgaron la máxima calificación. Tanto a ellos como, especialmente, al doctor Angel Raimundo Fernández González, director del trabajo, va mi gratitud por las observaciones que entonces me hicieron y que he tratado de incorporar en este momento de la difusión pública de mi investigación.

7

una labor que tenía que ser crítica y valorativa y en la que podían infiltrarse factores que perturbaran el juicio ecuánime. Tanto el doctor Angel R. Fernández como el doctor Jesús Cañedo comprendieron mis reservas y me animaron a no detenerme ante ese escrúpulo. Creo poder decir sinceramente que ese riesgo de parcialidad ha sido sorteado adecuadamente.

Resultaba inexplicable para mí el contraste entre el relieve que tuvo su figura en el teatro español de la posguerra y el tono de la crítica en torno a ella, escasa y superficial. Sólo existían tres estudios de conjunto y los tres presentaban limitaciones evidentes. El de Lendínez Gallego ampliaba unas ideas vertidas años antes en un artículo, a las que se añadieron unos comentarios acerca de una serie de obras cuyo tope temporal es 1964, estreno de *El carrusell,* sin tener en consideración otras cinco obras que fueron estrenadas entre 1964 y 1973, fecha de aparición del breve libro de Lendínez.

Phyllis Zatlin Boring da a la estampa en 1980 un valioso trabajo del cual me siento en parte seguidor y que es, en justicia, el primer estudio serio que llama la atención sobre este autor críticamente preterido. La limitación de su empeño, en este caso, viene por la circunstancia de haber sido publicado en una colección norteamericana, lo cual entorpece su difusión dentro del ámbito español.

Por último, Janie Frances Spencer, también en los Estados Unidos, realizó en 1983 una tesis doctoral en la que aborda el tema de los sueños y la realidad en el teatro de Ruiz Iriarte. El trabajo es lúcido y penetrante, pero se limita a un aspecto parcial de nuestro dramaturgo, y además no ha sido publicado ni parece que vaya a serlo, según mis noticias. Unicamente ha aparecido un breve extracto con las ideas fundamentales en un reciente número de la revista estadounidense *Estreno,* dedicada al teatro español del siglo XX.

Escasean también, de forma llamativa, los artículos sobre aspectos parciales de la obra de Ruiz Iriarte en las revistas especializadas.

En cuanto a la superficialidad de la crítica, bastaría hojear unos cuantos manuales o libros sobre la historia del teatro español para comprobar que, en general, se insiste reiterativamente en someros comentarios acerca de la evasión de su teatro, con olvido de las condiciones sociales y políticas de la sociedad española; su tono conformista que halaga a la clase acomodada; el apego a una fórmula dramática y, como una concesión, la agilidad del diálogo y la habilidad de construcción.

Resultaba desconcertante también el hecho de que fueran estudiosos extranjeros quienes descubrieran en Ruiz Iriarte una mayor excelencia artística y una innegable trascendencia humana. Junto a las ya citadas Boring y Spencer, es el caso de Isabel Magaña Schevill y Marion Holt.

Ante tal panorama me pareció urgente acometer un trabajo de envergadura —al menos por sus intenciones— que aspirara al estudio exhaustivo y detenido de la obra dramática de Víctor Ruiz Iriarte. La circunstancia de su fallecimiento (1982) ofrecía además la posibilidad de enfrentarse con un curso artístico ya definitivamente cerrado.

De forma remota, pienso que este trabajo puede contribuir también a ensanchar el ámbito de la crítica en torno a nuestro teatro de posguerra, quizá excesivamente centrado sobre unos pocos autores y tendencias. Ciertamente, la situación bibliográfica de autores como López Rubio, Edgar Neville, Calvo Sotelo o Pemán no es mucho más nutrida ni atenta que la de Ruiz Iriarte. No se trata de entrar en cuestiones acerca de la mayor o menor importancia de unos u otros, sino de ser justos y dar a conocer serenamente, y con las matizaciones que sean precisas, la obra de unos autores de indudable calidad que, puesto que tuvieron un irrenunciable lugar en la historia de nuestro teatro, deben tenerlo también en los estudios que sobre él se hagan.

He pretendido ofrecer un estudio global y profundo de la obra de Ruiz Iriarte, especialmente de su obra dramática original. El título elegido, *Víctor Ruiz Iriarte, autor dramático,* obedece a un doble designio de amplitud y limitación.

Amplitud en la parte primera del trabajo, dedicada a biografía y bibliografías. Las páginas biográficas fueron concebidas con la idea de ofrecer un perfil humano. Probablemente, nadie se encontraba en situación más idónea que la mía para recabar informaciones orales de la familia y de sus amistades más íntimas. He procurado manejar este cúmulo de noticias con parquedad, sin extenderme innecesariamente en detalles accesorios o puramente anecdóticos. En cambio, para no incurrir en la mera rememoración, he incluido un número, pienso que oportuno, de referencias documentales. Tanto en las noticias orales como en las escritas he querido ofrecer datos que sirvieran para una mejor comprensión de la obra de Ruiz Iriarte.

En la bibliografía adopto la división entre bibliografía primaria y secundaria. Primero trato de abarcar y fijar exhaustivamente todo lo escrito por Ruiz Iriarte, de cualquier índole que sea. Los ocho apartados que distingo dentro de sus escritos van desde las obras dramáticas originales, estrenadas o no, hasta las adaptaciones y colaboraciones, las obras para televisión, los guiones de cine, los artículos periodísticos de tema literario o sobre aspectos sociales, prólogos, conferencias, entrevistas y hasta una incursión en el género narrativo. Creo que esta recopilación es tanto más útil cuanta mayor información contenga. Por ello gloso los artículos añadiendo una reseña de su contenido y de las afirmaciones que juzgo de mayor relieve. Va en este momento mi gratitud a la amabilidad con que he sido atendido por la Sociedad General de Autores de España y por Radiotelevisión Española en la rebusca de datos, aunque, desgraciadamente, no siempre fueron completos y fiables.

La bibliografía secundaria aspira a registrar todo lo publicado hasta la fecha sobre Ruiz Iriarte. Las diversas entradas van ordenadas según su naturaleza y acompañadas por un resumen o comentario crítico.

Con «Víctor Ruiz Iriarte y el teatro de posguerra. Opiniones críticas» se cierra este primer bloque de tipo documental. El capítulo mantiene estrecha relación con la bibliografía secundaria, pero no debe confundirse con ella. Consiste esencialmente en una crítica de la crítica, efectuada desde una perspectiva más amplia y menos individual. Los estudios comentados en la bibliografía secundaria se organizan ahora según un criterio de valoración positiva o negativa hacia Ruiz Iriarte, del que resultan tres grupos: el de los trabajos abiertamente adversos, el de aquellos que no ocultan censuras, pero son más matizados, y el de quienes juzgan que la obra de Ruiz Iriarte ha sido injustamente entendida y tratan de rehabilitarla. Lamentaría que se malentendieran mis palabras en estas páginas, que pretenden dar a conocer, sin polémica, el estado de la cuestión en la crítica que Ruiz Iriarte ha merecido hasta hoy. Es evidente que mi propia opinión también cuenta en este caso, y por ello es lógico que, dentro de criterios de objetividad, intente llamar la atención sobre las voces más favorables.

En el resto del libro me ciño al estudio de las obras dramáticas originales de Ruiz Iriarte y dejo de lado, como objeto particular de estudio, los artículos periodísticos, las obras para televisión, las colaboraciones, etc., si bien hago uso de ese material cuando lo estimo oportuno por su relación con las obras dramáticas.

Pronto me convencí de que el teatro de Ruiz Iriarte es como un cuerpo que va creciendo de forma homogénea, desarrollando paulatinamente unos aspectos sobre otros. Por ello contemplo su teatro como un conjunto unitario, sin selecciones. El enfoque que adopto está motivado por este convencimiento que me llevó a buscar la aproximación crítica que mejor pudiera dar razón del objeto con que me enfrentaba, sin intentar adaptarlo a un método o a unas estructuras de análisis concebidas de antemano. Así, observo una ordenación cronológica en la que comento una a una cada comedia, rastreando cómo evolucionan los temas, estableciendo períodos según el modo de concretarse las preocupaciones del autor a lo largo del tiempo.

La comprensión de este desarrollo orgánico hubiera sufrido menoscabo de haber introducido una selección, por muy ponderados que hubieran sido los criterios que la presidieran. De todas formas, para evitar el descriptivismo, se ha buscado el equilibrio entre la atención a la obra singular y la indicación de aquellos aspectos con que cada comedia aportaba algo al conjunto del período.

Este diseño de los pasos de la dramaturgia de Ruiz Iriarte era un camino largo, pero también limitado, ya que no podía deslizarme por los vericuetos laterales que surgían al paso. Y así, aspectos de indudable interés como el humor, la sátira y la ironía, las obras para televisión, la labor periodística, su teoría dramática, etc., son señalados, con mayor o menor profundidad, en espera de posteriores estudios.

Me ocupo, en cambio, bajo una perspectiva distinta, más sintética, de otros tres campos con los cuales —creo— se obtiene una aceptable visión de todo el teatro de Ruiz Iriarte: los personajes, el lenguaje dramático y los códigos no verbales.

Al final de cada uno de estos grandes sectores —los tres ciclos dramáticos, los personajes, el lenguaje, los códigos no lingüísticos— el lector encontrará una síntesis con las ideas más sobresalientes.

Quiero hacer notar que esta zona del trabajo contiene algunas aportaciones para el conocimiento del teatro de Ruiz Iriarte en su integridad, ya que se describen y comentan textos estrenados en su día, pero inéditos, como *Los pájaros ciegos*, *La señora, sus ángeles y el diablo*, *Una investigación privada* y otros. También se glosan textos que no

11

llegaron a estrenarse como *¿Quiere usted tomar una copa?* o *El juicio de los ángeles.*

Las apreciaciones que bajo el marbete «Conclusiones generales» cierran este libro deben entenderse desde una perspectiva de totalidad, con cierta distancia de las obras concretas, sin olvidar que es necesario tener presente al mismo tiempo lo dicho en las conclusiones parciales del capítulo IV.

Se concluye en primer lugar que en el teatro de Víctor Ruiz Iriarte está bien presente la realidad de su tiempo. El autor no intenta presentar un vasto panorama donde comparezcan todos los integrantes de la sociedad española, sino que se limita al sector de la burguesía, cuyas repercusiones en la configuración de la colectividad estima como decisivas. Por otra parte, el tono crítico con que aparecen representados algunos personajes en sus obras de los años 50 se incrementa muy sensiblemente en los años 60.

Parece evidente que si el autor ha hecho progresar su teatro en una dirección ha sido en virtud de una sensibilidad respecto a fenómenos sociales con los que él mismo convive y a los que su obra no se mantiene impermeable.

Ruiz Iriarte ofrece una visión esperanzada y optimista del ser humano. Este planteamiento existencial cruza su obra de parte a parte. Para Ruiz Iriarte, el destino del hombre es ser feliz a pesar de todos los sinsabores de la vida, y su más preciosa arma para conquistar esa felicidad, el amor a los demás, la nobleza y la generosidad. Así es como sus personajes superan dificultades o fracasan lamentablemente en sus vidas cuando no supieron obrar rectamente.

Característica generalizada de su teatro es la insinuación. Este sustrato de ideas acerca de la existencia del hombre, como tal, está apenas formulado en su obra. Se advierte una persistente resistencia a la paladina exposición de ese contenido eminentemente moral. Ese mensaje surge de la presentación puramente dramática de unos hechos, de unas situaciones escénicas entre las que se enreda un agilísimo diálogo que nada tiene de fervorín.

En cambio, otros aspectos son mucho más aparentes; concretamente, el humor y las deformaciones inherentes a la farsa. Este esquema —el humor y la caricatura de la farsa recubriendo, pero no ahogando, un contenido humano capaz de conmover y hacer pensar— responde a un concepto de «comedia» muy meditado y mantenido por el autor a lo largo de su carrera. La «comedia» para Ruiz Iriarte es un género misceláneo que va desde la farsa hasta el drama, desde la sonrisa hasta la emoción.

Para quien entre en el juego de la insinuación, hay en Ruiz Iriarte testimonio de preocupaciones graves e incluso patéticas acerca del ser humano individual. No es un teatro de agitación, sino de confidencia. Por ello, para quien se instala en esa intimidad, no es un teatro intrascendente o de mero entretenimiento.

Por su técnica y su concepción del teatro, Ruiz Iriarte hereda y actualiza la tradición del teatro realista, sin aportar elementos que puedan hacer variar el rumbo del teatro español. Esto supone una limitación a la trascendencia futura de su teatro, pero no una descalificación. Junto con otros autores, Ruiz Iriarte cumplió una importantísima función, que debe ser valorada: tomaron el relevo, mantuvieron viva la escena española y dignificaron nuestro teatro en un momento de profundo desamparo, ofreciendo al público obras de auténtica calidad artística.

Ruiz Iriarte es un autor al que habitualmente se da poca importancia, lo mismo que a sus entrañables personajes. Sin embargo, al igual que éstos, contiene importantes virtudes: la perfecta construcción formal; la habilidad que combina un humor de buena ley, que no es nunca pura comicidad, con un contenido de carácter universal acerca del hombre alentador y positivo, capaz de conmover e impresionar; el desarrollo de un peculiar concepto de «comedia» en el que la farsa —en sus obras más logradas— oculta una situación patética; la agudeza atenta con que capta las evoluciones y los vicios de quienes componen la burguesía española. Estos componentes hacen de la obra de Ruiz Iriarte un teatro de intrínseca calidad en el que hay una media docena de títulos con categoría para traspasar las fronteras del tiempo y las diversas culturas por la universalidad de su mensaje.

Una advertencia acerca de las bibliografías del capítulo VI: son orientativas y ancilares. En ellas recojo los trabajos de que me he servido en la confección de mi estudio y que no han sido incluidos en las bibliografías relativas a Ruiz Iriarte. No deben tomarse, por tanto, como un completo elenco de estudios sobre el teatro español contemporáneo y la crítica teatral, sino simplemente como una introducción selecta.

El día de su presentación académica, *Víctor Ruiz Iriarte, autor dramático* contenía, además del texto que hoy se publica, el pormenorizado análisis semiótico de cinco de sus obras. Estos análisis de *El puente de los suicidas, El landó de seis caballos, El gran minué, El carrusell* e *Historia de un adulterio* se editan simultáneamente, por separado, constituyendo un libro distinto. A pesar de que ambas publicaciones tienen una unidad independiente, fueron concebidas con unas interrelaciones que perduran. Concretamente, los datos de que parto para el estudio del lenguaje dramático y los signos no verbales proceden de esas cinco comedias, y se podrá comprender fácilmente que gran parte de mis juicios acerca del teatro de Ruiz Iriarte están basados en las comprobaciones obtenidas tras muchas horas de dedicación a estas cinco obras. *Víctor Ruiz Iriarte, análisis semióticos,* en esta misma Editorial Fundamentos, sirve como complemento del presente libro y como vía de inmersión en el mundo dramático de Ruiz Iriarte.

No como exigencia retórica, sino como obligación de justicia, que cumplo gustosísimo, debo manifestar mi reconocimiento tanto a la Sociedad General de Autores de España, en la persona de su Presidente, don Juan José Alonso Millán, como al doctor Angel Raimundo Fernández, que han hecho posible la publicación de ambos libros. No puedo dejar de mencionar, además, a quienes con sus noticias y sugerencias me ayudaron a obtener un mejor entendimiento de Víctor Ruiz Iriarte y de su teatro. Son ellos Elena Salvador, Amelia de la Torre, Enrique Azcoaga, recientemente fallecido, Conrado Blanco, Antonio Buero Vallejo, José López Rubio, Lorenzo López Sancho, Cayetano Luca de Tena, Enrique Llovet, José García Nieto, Luis Hurtado, Jesús Revuelta, Fernando Rey y José María Rincón. También mis buenos amigos Merche Alenza y Javier López Balda, que casi me ganan a entusiasmo por que el libro estuviera en la calle. A todos, mi más sincero agradecimiento.

Abreviaturas

El criterio en el uso de abreviaturas ha sido restrictivo hasta el punto de emplearlas casi exclusivamente cuando se trata de una obra sumamente citada o de una referencia que se repite abundantemente en una zona del trabajo.

Alfil: Colección Teatro, Ediciones Alfil, Madrid.
B: Barcelona.
B. N.: Biblioteca Nacional de Madrid.
Bs As: Buenos Aires.
Cía: Compañía.
EL: La Estafeta Literaria.
Inf: Informaciones (Madrid).
M: Madrid.
NP: Nueva Política.
NU: El Noticiero Universal (Barcelona).
P: París.
PA: Primer Acto.
T: revista *Teatro.*
TE (19...-...): F. C. SAINZ DE ROBLES, antología anual desde 1949 hasta 1972, *Teatro Español (indicación de los años),* Aguilar, M.
TSVRI: Teatro Selecto de Víctor Ruiz Iriarte, Escelicer, M, 1967.
TWAS: colección Twayne's World Authors Series.
UPM: RUIZ IRIARTE, V., *Un pequeño mundo,* M, 1962.
VRI: BORING, Phyllis Zatlin, *Víctor Ruiz Iriarte,* TWAS, 540, Boston, 1980.
3CO: RUIZ IRIARTE, V., *Tres comedias optimistas,* Artegrafía, M, 1947.
VRIAS: GARCIA RUIZ, V., *Víctor Ruiz Iriarte, análisis semióticos (El puente de los suicidas, El landó de seis caballos, El gran minué, El carrusell, Historia de un adulterio),* Fundamentos, M, 1987.

Otras abreviaturas:

cit.: citado.
cfr.: confróntese.
ed.: edición.
h.: hacia.
s.f.: sin fecha.
s.p.: sin paginación.
vid., v.: véase.

Los números encerrados entre paréntesis indican siempre número de la página a que corresponde la cita o referencia. Omito, por tanto, la «p».

Capítulo I

BIOGRAFIA DE VICTOR RUIZ IRIARTE

Víctor Ruiz Iriarte nació en Madrid, el 24 de abril de 1912, en la calle de Santa Engracia, 44, 3.º, en el barrio de Chamberí, donde entonces habitaba su familia. Algún error se debió de cometer al efectuarse los trámites de inscripción civil, puesto que consta que nació el día 27 y no el 24 de abril tanto en la documentación oficial como en la personal. Su madre siempre mantuvo el 24 como fecha del nacimiento de Víctor, y ese día lo celebraba la familia.

En la parroquia de Chamberí, Santa Teresa y Santa Isabel, situada en la plaza que actualmente se llama Pintor Sorolla y todo el mundo conoce simplemente como Iglesia, fue bautizado con los nombres de Víctor Ignacio Cirilo el 5 de mayo de 1912, según consta en el libro de bautismos.

Sus padres procedían de Aragón: Víctor Andrés Ruiz Fraguas había nacido en Zaragoza el 21 de julio de 1886, hijo de don Cirilo y doña Francisca. La madre del futuro comediógrafo, Emilia Iriarte Sanz, había nacido en un pueblo de la provincia de Zaragoza, Paniza, el 11 de septiembre de 1882. Era, pues, cuatro años mayor que su marido cuando contrajeron matrimonio en la Iglesia de la Seo de Zaragoza el 20 de febrero de 1909. Poco después se produjo el traslado a Madrid, donde don Víctor se estableció como escultor-decorador por cuenta propia. De esta forma, el ambiente urbano madrileño, especialmente el de su querido barrio de Chamberí, dentro de una familia de clase media, constituye el marco de la formación y primeras experiencias del futuro escritor. Allí nacieron también sus tres hermanas menores: María Pilar (3-X-14), religiosa de las Hijas de la Caridad desde noviembre de 1939, reside en distintos lugares de Méjico desde 1952. María Luisa (19-XII-18), soltera como él, ha vivido junto a Ruiz Iriarte durante toda su vida. María Francisca (3-XII-23), casada desde el año 1953, vive en Valencia y es madre de ocho hijos.

El matrimonio Ruiz Iriarte tuvo otros dos hijos más que no se lograron: otra María Luisa, mayor que Víctor, que murió de un año, y Emilio, que seguía a María Pilar, muerto de meningitis al año y medio de nacer.

Desde una fecha que no he podido precisar, pero que supongo temprana —cinco o seis años—, hasta los diez fue enviado al colegio de las Hijas de la Caridad de la calle Martínez Campos, que aún existe. «Aprendí a leer en el colegio de las monjas de María Inmaculada. Guardo una profunda y tierna gratitud para la elemental pedagogía de aquellas monjitas culpables de las horas más felices que he pasado en mi vida. Porque la verdad es que nada me ha gustado tanto como leer un buen libro»[1].

A partir de los diez años, en 1922, comienza sus estudios en el colegio que los Hermanos Maristas tenían en el paseo del Cisne, hoy Eduardo Dato, frontero al de las Damas Negras. Este colegio —había otros de Maristas en Madrid— ocupaba un hotel particular que había sido propiedad de una familia y fue después Residencia Provincial de los Maristas. Posteriormente, se derribó la casa y se edificó en la parte del solar correspondiente a Eduardo Dato, mientras que el colegio pasó a ocupar la que da a la calle Rafael Calvo, por donde se entra actualmente.

El mismo Ruiz Iriarte ha referido en ocasiones la atracción que sentía por materias como la historia o la literatura, combinada con el desinterés por matemáticas y química[2].

Estos años de niñez le proporcionaron experiencias que, andando el tiempo, se convertirían en materia de su abundante producción periodística. Unas veces como relato de circunstancias ya desaparecidas, otras como contrapunto a una sociedad que se transforma, en los artículos de Ruiz Iriarte nos encontramos transparentada, con gran frecuencia, su misma vida. Una vida sin grandes sobresaltos, típica de una familia de la clase media de la época. Los jueves le llevaban al cine a ver películas de Charlot, a quien conocería años más tarde en Suiza, o de Tom Mix; otras veces al teatro, a ver a María Guerrero o alguna obra de Galdós, o zarzuelas y sainetes. En sus artículos no faltará la vena crítica de una clase social herida por el afán de apariencia, que va a veranear a San Sebastián[3] en trenes especiales y económicos, que tiene una sillería dorada, intocable, porque es para las visitas, o que sepulta a la mujer en el hogar bordando hermosos e inútiles pañitos, mientras el hombre gasta las horas en el café o en la plaza de toros. Experiencias todas que, en grado mayor o menor, forman parte de su biografía.

Entre sus actividades de niño se encontraba una ardiente devoción por la lectura: Verne, Salgari, Marden, y su inclinación por la pintura —para la que estaba magníficamente dotado—, que ejercía retratando a las visitas que iban a su casa o dedicando abundantes horas del día a sus lápices y carboncillos. No creo, sin embargo, que haya que tomar al pie de la letra un testimonio de Ruiz Iriarte en el que afirma que «en medio del beneplácito de mi familia, había decidido ser un gran pintor» [4].

El nacimiento de su vocación al teatro tiene un origen bien preciso que el autor relató en más de una ocasión. Su padre, que era un entusiasta aficionado al arte escénico, junto con algunos amigos aragoneses había formado un Grupo Artístico que actuaba donde podía y a beneficio de quien se dejara. En una ocasión, este Grupo Artístico representó *La sobrina del cura,* de Arniches, en el llamado Salón Luminoso, un local próximo a la glorieta de Cuatro Caminos, y como el reparto exigía la aparición de un numeroso grupo de niños, el pequeño Víctor y su hermana Pilar hicieron su «debut» como actores. La breve actuación del futuro dramaturgo no reveló precisamente precoces condiciones para el mundo de la escena (T, 1, 44 y 45).

Pero no fue este suceso ni el teatrito de juguete, con el que entretuvo tantas horas de su niñez, quienes despertaron su vocación teatral, como en el caso de Benavente [5], ni las solitarias imitaciones de un director de orquesta que hacía frente a un espejo, al compás de sus propios cantos.

El descubrimiento vino un poco después.

«Un día, rebuscando en todos los rincones de la casa algo nuevo para mi precoz e insaciable ansia de lector, encontré, amarillentos y olvidados, unos ejemplares de *La novela teatral.* Eran *El místico,* de Rusiñol; *Las cacatúas,* de García Alvarez y Casero; *Charito, la samaritana,* de Torres del Alamo y Asenjo; *El Rey Galaor,* de Villaespesa; *La casa de Quirós,* de Arniches; *El río de oro,* de Paso y Abati; *Todos somos unos,* de Jacinto Benavente... [6].

»Leí esas comedias absorto, en una dulce y plena fascinación, una y otra vez, muchas veces. Creo que llegué a aprenderme varios trozos de memoria. En mi imaginación

19

perdieron todo su prestigio los viejos y queridos seres: Jack Francinet, Dick Turpin, Peter Moscarda, Rafles, Buffalo Bill, Artagnan [sic], Athos, Porthos, Aramis, se convirtieron en absurdos fantoches, indignos de ser amados. Todos se oscurecieron detrás del seductor encanto de los recién aparecidos personajes de ficción. Estos, sí, eran unos seres prodigiosos, que hacían reír y llorar. Era el Gran Milagro. Era el Teatro» (T, 2, 44 b).

Poco después, tendría quince años, escribe su primera comedia en un cuaderno escolar y la lee a su familia. Deslumbrado por el descubrimiento, paulatinamente fue afirmándose su decisión de dedicar su vida al teatro: «Ya se comprenderá que cuando un chico de quince años, auténticamente seducido por el teatro, comienza a escribir comedias, no hay quien lo detenga.

»Todavía sigue» (T, 2, 45 a-b).

Debió de permanecer en el colegio de los Maristas hasta el año 1925, siguiendo el entonces vigente Plan Callejo, que consistía en tres años de bachillerato. El dramaturgo no guardaba memoria de ello y como, por el momento, su expediente escolar es ilocalizable, no puede ser establecida la fecha del cese de sus estudios. En una fotografía-recuerdo [7] del colegio que conserva la familia aparece Ruiz Iriarte sentado delante de una pizarra en la que está escrita la fecha «Mayo de 1925», que probablemente es la de su despedida del colegio.

El abandono de las actividades escolares estuvo provocado por motivos de salud. Tendría catorce años cuando unos trastornos intestinales desembocaron en la expulsión, por vía oral, de una tenia de más de un metro de longitud. Meses más tarde el médico de la familia advirtió serias anormalidades en su desarrollo físico, que no pudieron ser remediadas por los tratamientos de la época. Para intentar compensar el desequilibrio existente entre el crecimiento mental y físico, el médico ordenó que dejara de asistir al colegio y de leer. El resultado fue que, con un cuerpo y una cabeza normales, tenía unos brazos y piernas excesivamente desmedrados, aun siendo una persona de escasa estatura. Aunque inicialmente no sufriera limitaciones físicas extraordinarias, con el paso del tiempo su capacidad de movimiento sufrió recortes tan serios que, para él, en sus últimos años, subir una escalera o caminar durante algunos minutos suponía un esfuerzo considerable.

Puede imaginarse el impacto que estos acontecimientos

debieron producir en el ánimo de Ruiz Iriarte adolescente. A partir de este momento comenzó a ayudar a su padre en el taller de escultor-decorador que éste poseía. Quedó separado del ritmo de vida de los que hasta ese momento fueron sus compañeros y amigos del colegio.

Por otra parte, esta desgracia tuvo influencias positivas para el futuro escritor: se encontró en unas condiciones favorables para cultivar sus dos más fuertes inclinaciones, la lectura y la pintura. En el taller paterno dedicó muchas horas al dibujo y al diseño de los encargos que recibían. Y en su casa se encerraba para leer a escondidas, en contra de la indicación médica. Su acondroplasia, con todas sus consecuencias —desde la repercusión en su propia psicología hasta sus relaciones con los demás—, debió de influir no poco en aquellos años para que su carácter se fuera tiñendo de melancolía y soledad. En 1956, en unas palabras pronunciadas ante el monumento a los Quintero en el Parque del Retiro madrileño, se refería a la adolescencia como «esos años atroces e inolvidables» [8].

A todos estos sucesos hay que unir la crisis religiosa que sufrió por aquellos años. Nació en una familia de hondas y sinceras raíces cristianas y se educó en dos colegios de religiosos. En la época de su paso por los Maristas llegó a ser congregante. Sus indiscriminadas lecturas, la defectuosa asimilación de la formación religiosa recibida, con parte de responsabilidad quizá en los métodos seguidos por los Hermanos, y el tremendo impacto de su enfermedad, llevado a solas, son probablemente las causas que originaron el abandono de las prácticas religiosas durante toda su vida. Siempre mantuvo, sin embargo, un profundo respeto hacia la Iglesia y las creencias ajenas. De hecho, el modo de enfocar el mundo y las relaciones humanas, reflejado en su obra dramática, revela la existencia de una fe en Dios y da relieve a valores espirituales y trascendentes.

Sobre este punto, las únicas palabras que conozco de Ruiz Iriarte son las recogidas en *Cien españoles y Dios,* libro de entrevistas de J. M. Gironella [9]: «...no puedo seguir creyendo en aquel atroz infierno de litografía tenebrosa, lleno de diablillos feroces (...), tal como con escasísima imaginación, poca perspicacia y gravísimo error pedagógico me describieron en mi niñez. Mi idea, mi intuición, mi presentimiento de Dios excluye la posibilidad de un fuego físico y eterno como castigo a mis culpas. Aquella pavorosa visión de un más allá tuvo en mí varias consecuencias, y todas francamente negativas y dramáticas: consiguió llenar de pesadillas mis sueños infantiles, me inundó en mi adolescencia de un miedo pueril a la vida y originó, en mi primera juventud, un período de escepticismo del que, a lo largo, del tiempo, no me fue fácil reponerme» (554).

Con los años treinta comienza su gran batalla por introducirse en el mundo del teatro. En esa lucha se mantendría, tenazmente, durante más de diez años, hasta ver estrenada su primera comedia en 1943 por un grupo de aficionados.

A sus veinte años, firmemente decidido a ser escritor, comenzó a frecuentar diversos cafés y a trabar amistad con otros colegas. «Yo iba algunas mañanas al Europeo. Pero mi lugar predilecto, al atardecer, era la cueva de la antigua "Elipa", aquel viejo túnel con su bóveda revestida de azulejos blancos que parecía un monstruoso cuarto de baño o una estación del Metro» (T, 2, 46 a). Años después y en más de una ocasión describiría en artículos periodísticos sus recuerdos y su opinión sobre el fenómeno de los cafés. En uno titulado «Defensa de los cafés», aparecido en diversos diarios en junio del 59, rememoraba su primera asistencia a una tertulia de café en compañía de su padre, cuando aún era un niño, y se refería a quienes dicen que «el café (...) no ha sido más que una escuela de vagabundos. Cuando la verdad es que el café ha significado todo lo contrario: diálogo, conversación —pura secuencia platónica—, civilización». Con buen humor, reconocía también sus defectos: «Todavía se escribía en los cafés. En el café han escrito muchos buenos escritores, pero, desde luego, todos los malos» (T, 2, 46 a).

Son años de entusiasmo y esperanza. El joven Ruiz Iriarte que hacia 1930 leía *La città morta, La Gioconda* o *La figlia di Yorio,* de D'Anunnzio, comparte con los hombres de su generación el deseo de caminos nuevos en la literatura. «Los bullangueros estudiantes de Pérez Lugín (...) nos resultaban un poco tontos (...). Nos gustaba la poesía pura (...), nuestros predilectos solían ser Juan Ramón, Salinas y Guillén. A Machado y a García Lorca se les daba menos importancia, porque se les entendía muy bien... Decíamos pestes de las novelas de Palacio Valdés y de las comedias andaluzas (...). Una de mis diversiones favoritas era reunir a mis amigos para leerles en voz alta *El nudo gordiano,* de Eugenio Sellés. La perversa intención que yo ponía en mi lectura conseguía arrancar de mis oyentes verdaderos torrentes de carcajadas» (T, 2, 45 b).

Para un autor joven y completamente desconocido resultaba muy difícil despertar el interés de algún empresario hacia sus obras y prácticamente imposible verlas en escena. Eran escasas las convocatorias para concursos y el único procedimiento consistía en presentarse al responsable de la compañía o a alguien influyente con un original bajo el brazo. Las tentativas frustradas le convencieron de que no conseguiría nada hasta que su nombre no sonase en los círculos literarios. Para conseguirlo, como tantos otros autores de la época, tentó la vía del periodismo [10].

Poco después de proclamarse la República, vio publicado en un semanario de poquísimos lectores su primer artículo. Cuenta el autor que versaba sobre las mujeres oradoras y que estuvo originado por su presencia en un mitin izquierdista, dirigido por una mujer, que se celebraba en un cine de Chamberí [11] y que terminó en un fenomenal escándalo [12]. Escribió y publicó también algunos otros de comentario político. En una entrevista, muchos años más tarde [13], hablando acerca de sus opiniones políticas, señalaría su coincidencia «un poco con las cosas de la izquierda, otro poco con las cosas de la derecha. En fin, así éramos los que nos considerábamos independientes». De hecho, los artículos que publicó en *Nueva Política,* semanario republicano, demuestran una madurez impropia de sus veintipocos años.

Comenzó a colaborar en la revista *Ciudad,* dirigida por Víctor de la Serna, junto a Eduardo Blanco Amor, Manuel Abril, que como crítico había colaborado en *Cruz y Raya,* y otros. En el número 17 (3-IV-35, 15) se inserta una colaboración suya, un artículo titulado «La posesión del jardín», por el que recibió cuatro duros [14].

A través de un amigo conoció a Pedro Mourlane Michelena, autor de innumerables artículos y crónicas, que dirigió la revista *Escorial* entre 1947-50. Mourlane, muerto en 1955, ejercía en aquellos primeros años treinta la crítica literaria en *El Sol* y aceptó de Ruiz Iriarte colaboraciones consistentes en notas de libros por las que no percibía dinero alguno. Tuvo, en cambio, ocasión de conocer a otros colaboradores de la sección de Mourlane, jóvenes como él [15].

También entró a formar parte de la redacción de un semanario, subvencionado por una entidad comercial para su propia propaganda, cuyo nombre no he logrado determinar. «Yo hacía reportajes, artículos literarios y unos repugnantes extractos de la "Gaceta" que, en letra minúscula, ocupaban varias páginas. Eso de extractar la "Gaceta" a mí me ponía frenético, porque bien comprendía yo que éste no era camino para hacerme famoso» (T, 3, 39 a). Tampoco era camino para obtener cierta solvencia económica, puesto que aunque los redactores tenían asignado un sueldo de cuarenta duros al mes, de hecho no se cobraba nunca. Era redactor jefe Enrique Mullor de Quesada, periodista que ocupaba también un puesto en *El Sol* y que, aparte de algunas actividades de tipo político, había sentido una incipiente y frustrada vocación teatral. La negativa experiencia de Mullor en el mundo del teatro —terminó quemando todas sus comedias, no estrenadas, naturalmente, y olvidó para siempre su interés por la escena— no desanimó a Ruiz Iriarte, que continuó firme en su propósito de llegar a ser autor dramático.

Mientras dedica tiempo y esfuerzo a su variada labor periodística —desde entrevistar a Benjamín Jarnés (*Ciudad,* 1-V-35) hasta confeccionar esos extractos de la "Gaceta"— escribe comedia tras comedia con la esperanza de que algún empresario o actor de renombre se interese por ellas. Comedias sobre las que el propio Ruiz Iriarte ironizaría con esta graciosa caricatura: «Yo mismo he escrito dramas angustiosísimos que a mí mismo me hacían llorar (...). He creado alguna madre, tan desventurada como la que más, que durante tres actos —y a veces cuatro: mi crueldad no tenía límites— pasaba verdaderas amarguras para comunicarle al galán joven que era su única y legítima madre (...). Cuando, como punto final del drama, yo escribía esta impresionante palabra: ¡Madre!, me estremecía de placer» (T, 2, 47 a). No creo que este texto contenga otro testimonio que el de un nuevo rechazo del teatro neorromántico de Echegaray y sus seguidores, al que gustaba de parodiar cómicamente Ruiz Iriarte, como hemos visto en el caso de Sellés.

La asistencia a los estrenos de la época, junto a la lectura, ocupa también un lugar importante entre sus actividades. Uno de ellos había de dejar honda huella en su formación de naciente autor dramático: «Por entonces [años previos a 1936] pasó sin pena ni gloria el estreno en un teatro de barrio de *La comedia de la felicidad,* de Evreinoff [sic], que inauguraba toda una fecunda parcela del teatro moderno» [16].

La anécdota que le sucedió en otro estreno nos da algunas luces para comprender la situación en que se hallaba el teatro español en los años anteriores a la guerra civil.

«La noche del estreno de *Yerma* en el Teatro Español, yo, en mi localidad del último anfiteatro, aplaudía como un enloquecido. Al terminar la representación, un acomodador que me había estado observando se me acercó con aire sibilino:

»—¿Qué? Buena obra, ¿eh?

—¡Mucho! ¡Muy buena!

—Ya, ya... Pues mañana, ¡nadie!» (T, 2, 46 b).

Durante estos años de formación autodidacta, todos sus intentos por estrenar una obra fracasaron. Unas veces eran los mismos porteros de los escenarios los que le impedían presentarse a los actores. Otras ocurría, con ligeras variantes, lo siguiente: «Me veo (...) frente a la noble figura de Eduardo Marquina, en el Infanta Beatriz, en una de sus etapas de director (...). Se montaba una comedia francesa: *Dominó*, de Marcel Achard (...). Cuando terminó el ensayo me acerqué a Marquina y con muy escasas y balbucientes palabras (...) le supliqué que leyera la comedia que le tendía. Don Eduardo me miró con cariño y tomó mi ejemplar.

»—Claro que sí, hijo... La leeré. ¡No faltaba más!

No la leyó nunca, claro» (T, 2, 47 b) [17].

A la altura de 1935, cuando se encontró con los hermanos Alvarez Quintero a la puerta del Teatro Reina Victoria [18], Víctor Ruiz Iriarte era un perfecto desconocido que no había obtenido del periodismo ni fama —nunca logró que en sus notas de libros en *El Sol* apareciera su nombre completo, sólo las iniciales— ni influencias que le facilitaran el camino.

Su balance espiritual y de profesional de las letras se encuentra en estas palabras de Ruiz Iriarte: «Yo, que fui un muchacho tímido y de difícil sociabilidad, recuerdo como síntoma determinante de mi primera juventud la melancolía. El fracaso cotidiano a que está sometida la vida de un aprendiz de escritor —el director de periódico que no recibe, el editor que no tiene tiempo, el empresario que no ha podido leer la comedia—, a mí me hundía en unos silencios largos y desmayados. Me recluía en mí mismo y buscaba mi torre de marfil a la intemperie. Enhebraba en larguísimos paseos mi diálogo interior que, la verdad sea dicha, era terriblemente pesimista» (T, 3, 41 a y b).

Sin embargo, «el ejercicio del periodismo tuvo eficacísimas consecuencias para mí: puso la primera nota de orden en mi anárquica formación de autodidacto» (T, 3, 39 b).

El proceso de sintetización a que comenzó a someter sus artículos una vez publicados —y, poco después, antes de serlo— le llevó a preguntarse: «si estos breves trabajos literarios, pese a su brevedad, necesitan tal expurgo, ¿qué ocurriría con aquel amenazador montón de comedias en tres actos? ¿Cuántas escenas sobrarían? ¿Cuántos diálogos podrían ser aligerados de peso? (...) por el lado del tiempo y del lenguaje, el teatro, la técnica de la construcción teatral, no es problema de extensión, sino de concisión. El teatro es pura síntesis, pura sugerencia» (T, 3, 40 a). Esta misma experiencia es la que le llevó a afirmar que «el teatro no puede tener Universidad: es furiosamente autodidacto, la más autodidacta de las artes» (T, 2, 46 a).

Esta era su situación cuando estalla la guerra civil española y establece un irremediable corte en la actividad del futuro comediógrafo. Durante los años 1936-39 la familia reside sucesivamente en la calle Fernández de la Hoz, 50, y García de Paredes, 62. El traslado estuvo motivado por la orientación respecto a las baterías de artillería instaladas en la Ciudad Universitaria, cuyos proyectiles más fácilmente podían hacer impacto sobre el primero de los domicilios. En uno de ellos, tan cercanos, se presentó en una ocasión una partida de milicianos que se llevó arrestado a don Víctor Ruiz Fraguas para someterlo a interrogatorio. Es fácil suponer la angustia que esta detención produjo en el hogar, pensando que no volverían a ver al cabeza de familia, como lamentablemente sucedía con harta frecuencia en aquellos días después de un registro. Don Víctor fue trasladado a una checa cercana, de donde salió en libertad al día siguiente gracias a la intervención de un policía amigo de la familia.

En ningún momento de su vida tomó don Víctor parte en actividades de tipo político y su talante era francamente liberal. Este penoso suceso debió de originarse en la denuncia de alguno de los obreros que trabajaban en el taller de escultor-decorador que don Víctor poseía y que le permitía vivir con comodidad. Se alzó, inevitable, el resentimiento contra el «patrón», a pesar de que él poseía un documento en que sus empleados le avalaban. Caro Baroja ha escrito recientemente: «Siendo hijo de patrón (...) podía darme cuenta —por ejemplo— de que los obreros que trabajaban en la imprenta familiar, socialistas todos, tenían una idea muy vaga de lo que era *El Capital*. Tan capitalista era para ellos el patrón, su «patrón» en este caso, un hombre con grandes apuros económicos, aplastado por los Bancos, como los Bancos mismos. Expresiones tópicas encubrían grandes ausencias de información» [19].

Pero si gracias a un amigo de la familia recuperó don Víctor la libertad, hubo otro que pudo ser causa de desgracias para los Ruiz Iriarte, ya que se vieron obligados a dar refugio en su casa durante bastante tiempo a un estudiante algo exaltado en sus ideas contrarias a la República.

Por su parte, Ruiz Iriarte se deshace de los escritos que pudieran comprometerle y divide sus horas entre la expectación, la lectura y el dibujo.

Terminada la contienda, al tiempo que don Víctor rehace su pequeña empresa, el futuro autor acomete con nuevos bríos la tarea de dar cumplimiento a su inquebrantable propósito: entrar en el mundo del teatro. Acude a distintas tertulias, sobre todo Lys y Gijón, donde establece contacto y amistad con gran número de escritores jóvenes tan desconocidos, en su mayoría, como él mismo. Y no sólo escritores; actores, pintores, artistas, críticos de teatro, gentes del periodismo, profesionales con intereses artísticos, intelectuales... Al entresuelo isabelino del Lys se había trasladado la tertulia que se celebraba en el Capitol. En esa tertulia, cuya estrella era Luis Galvé, ya famoso, conoce a Enrique Azcoaga [20], con quien le unirá una fraternal amistad hasta el momento de su muerte. Los dos eran también contertulios en la famosa tertulia del Café de Gijón y formaban parte importante del núcleo de la «Juventud Creadora», junto a García Nieto, Jesús Revuelta, Jesús Juan Garcés.

Es bien conocida la influencia que ejerció este grupo de escritores en el panorama cultural de la posguerra. Junto a ellos colabora Ruiz Iriarte en las revistas que, desde las alturas oficiales, se ponen en circulación como plataforma para el surgimiento de jóvenes valores en el ámbito de las letras. Es difícil a la vuelta de cuarenta años hacerse una idea exacta del ambiente social y cultural del país y del carácter y significado de aquellas empresas que dirigió Juan Aparicio. Cabe el peligro de expresar una condena rotunda en virtud de sus vinculaciones con el régimen y el obligado tono de exaltación patriótica, nada de extrañar en el período inmediato a una guerra civil como la nuestra. Un juicio de rechazo global no tendría en consideración que esas iniciativas de reconstrucción cultural del país, con una determinada carga política —con la que seguramente no comulgaría en su interior la totalidad de sus colaboradores—, ofrecieron la posibilidad de realizar una labor estrictamente literaria a todos los que se sentían con capacidad para ello. Y esta posibilidad de llegar a ser conocido, de ver impreso su nombre, sus artículos y sus obras de teatro, con cierto renombre, dentro de una publicación difundida entre grandes sectores del mundo cultural, es precisamente lo que Víctor Ruiz Iriarte andaba buscando infructuosamente desde los primeros años treinta y ahora se le ofrecía. Esta coyuntura, junto a su incesante trabajo de formación autodidacta y de creación, incrementada después del lapso de la guerra, constituye el germen de su carrera teatral.

El propio Ruiz Iriarte ha declarado: «[los jóvenes] empezábamos a escribir y a pintar por nuestra cuenta. Y sí, es cierto que Juan Aparicio nos llamó y nos dio oportunidades en sus revistas. Pero no creo que hubiera mayor política en este sentido. El Gobierno tenía problemas más urgentes. Nunca, por otra parte, ha habido una verdadera política cultural en España» [21].

Su nombre empieza a aparecer junto al de sus compañeros de café en *Juventud, El Español, La Estafeta Literaria, Garcilaso, Haz* [22].

Simultáneamente trabaja como delineante en una oficina de la Dirección de Regiones Devastadas en la calle Martínez Campos, una vez obtenida la plaza, con el número 1, mediante oposición (cfr., Bibliografía Primaria, 4.2.2). Combinaba así su gusto y destreza para el dibujo —era hombre de prestigio entre sus compañeros en el estudio— con la independencia económica. Ante sus compañeros de pluma oculta, sin embargo, con enorme pudor su actividad extra-literaria, que sólo algunos íntimos conocen [23].

Son años de amistad y de conversaciones interminables con Eugenio Montes, Azcoaga, Eugenia Serrano, Federico Muelas, Cela, Marqueríe, García Nieto, Garcés, Revuelta, Julio Trenas, Fernando Rey, Eduardo Haro, Tina Gascó, Mourlane Michelena y su tertulia del Café Comercial, y tantos otros. En el Gijón, todas las semanas organizan tres o cuatro banquetes a todo el que se deja —Ruiz Iriarte, por ejemplo, organiza uno para Cela en julio del 44 para celebrar *Pabellón de reposo*—, incluso al camarero de la tertulia cuando se agotan las posibilidades de homenaje.

Entre sus amigos y compañeros de letras derrocha todas las buenas prendas de su carácter que le ganan afectos incondicionales. Su inalterable buen humor, su ingenio agudo en la conversación para agradar sin herir a nadie —cosa harto difícil—, su enorme confianza en las cualidades ajenas, su generosidad, todo ello en combinación —y quizá contraste— con su defecto físico, tan aparente, hizo de él una persona querida por todos [23 bis].

En cierta ocasión, durante un rato de tertulia, escuchó que, en un grupo en el que él no se encontraba, una persona con la que le unía amistad hacía un comentario, por cierto, muy frecuente en aquellos años: que sus recursos económicos habían descendido hasta límites insostenibles. A las nueve de la mañana del día siguiente, sin previo aviso, Ruiz Iriarte se presentó en casa de esa persona rogándole que aceptara una cantidad de dinero. Muestras de elegancia y cariñosa amistad que ganaban el corazón, como he tenido ocasión de comprobar muchos años después.

No obstante, aún no se había cumplido su gran sueño dorado: estrenar una obra. No menguaban, como en otras épocas, las dificultades de cara a los escenarios. En noviembre de 1944 transmitía su experiencia personal en *La Estafeta Literaria* (en adelante *EL*): «Seguramente en nuestros días hay mayores facilidades para los que se lanzan a este heroísmo de hacer profesión de las letras. Los periódicos acogen con cariño las firmas nuevas, los editores se han desprendido de alguno de sus viejos tópicos… Hay algo, sin embargo, que permanece como en 1936, en 1900 o en 1850: es el teatro. ¡Estrenar la primera comedia sigue siendo un milagro!» (*EL*, 16, 15-IX-44, 21 a).

Aparte de sus colaboraciones para revistas y de su trabajo como delineante, escribe, sobre todo, obras dramáticas: *Revivir, Sin poderlo remediar, Vidas gemelas, La única verdad* y otras que destruyó posteriormente.

En febrero de 1943 aparece publicada en el número 1 de *Haz* (*Revista Nacional del S.E.U.*) una obra en un acto, titulada *Un día en la gloria*. Su autor es Víctor Ruiz Iriarte. El T.E.U. de Zaragoza le presta atención y decide montarla. El domingo 23 de noviembre de 1943, en el Teatro Argensola, de Zaragoza, bajo la dirección de José M. Forqué, sube a las tablas la primera obra de Ruiz Iriarte. «Mi primer estreno, después de diez años de intentarlo inútilmente, fue… por casualidad y sin enterarme. Porque en el Teatro Universitario de Zaragoza leyeron *Un día en la gloria* y la montaron» (*T*, 17, IX-X-XI-XII-1955, 32 a). La obra debió de dar buen resultado, pues fue representada por el T.E.U. en algunas provincias, junto a la comedia

Atico izquierda, de Julio Angulo [24], amigo íntimo del recién estrenado autor. Se conocieron allá por 1933 en una imprenta donde se estampaban los primeros artículos del aprendiz de escritor y una novela de Angulo: *Lluvia de cohetes.*

Finalmente, *Un día en la gloria* fue estrenada por el T.E.U. en Madrid, en el Teatro Español, el 4 de julio de 1944. En diciembre del 43, el mismo Ruiz Iriarte había hecho, a su costa, con el sello de *Garcilaso* en la contracubierta, una edición no venal de 100 ejemplares de esta «farsa en un acto», que aparece dedicada a Enrique Azcoaga.

Sin embargo, este estreno por sorpresa a cargo de la entusiasta estudiantina del T.E.U. no significaba ni mucho menos su consagración como autor dramático. Eso sólo podría dárselo la presentación en un local comercial, en Madrid, ante el público y la crítica.

Y esa oportunidad se produjo, también de una forma inesperada: por medio de Marquerie conoció a Enrique Jardiel Poncela y éste comenzó a invitarle a su casa. Allí, el novel le dio a leer una comedia que tenía escrita antes que *Un día en la gloria,* y que se publicó en la revista *Garcilaso* (números 5, 6, 7; IX, X, XI del 43). Su título, *El puente de los suicidas.* Por aquellos días, unos amigos de Jardiel se dispusieron a formar una compañía, de la cual había de ser primera actriz María Arias, y se encontraron con que no tenían comedias. Jardiel Poncela les habló de *El puente de los suicidas.* Pocos días después, Ruiz Iriarte oyó a María Arias decir por la radio que iba a estrenar una obra de un autor nuevo, que se titulaba *El puente de los suicidas.* «Diez años antes, ante semejante noticia, yo hubiera pegado un salto increíble. Pero la verdad es que, después de diez años de luchas, de decepciones, de desencantos y de penas, ni siquiera me lo creí. Lo único que pensé fue esto: pero ¿por qué dirá esta señora estas cosas?

»Sin embargo, era verdad. Se estrenó *El puente de los suicidas.* En aquel momento tenía yo escritas otras 18 comedias. Las repasé brevemente y las quemé todas. Volví a empezar» [25].

Se celebró una «première» para invitados en el María Guerrero el 27-V-44 y, para festejarlo, un banquete de homenaje al nuevo autor, del que «El Silencioso», anónimo colaborador de *EL,* que resultó ser Julio Trenas, hizo una reseña en su sección «Hablar por hablar o el todo Madrid de las tertulias» (*EL,* 2, 20-III-44, 31 a y b).

El 2 de junio del 44, en el Teatro Principal, de San

Sebastián, la compañía de María Arias estrena *El puente de los suicidas* y la lleva posteriormente a otras provincias.

Mientras tanto continúa escribiendo, leyendo y releyendo abundantemente. Durante ese verano de 1944 compone *Don Juan se ha puesto triste,* comedia «entre sentimental y divertida, alegre y tierna» (*EL,* 13, IX-44, 25), con la que aspira a incrementar el número de sus estrenos, que ya ascienden a dos. Recibe invitaciones del Ateneo y allí habla sobre «El teatro, su gracia y su desgracia» (24-II-45), comenta obras teatrales que allí se leen, como *La vida que no se vive,* de Pilar de Valderrama (15-VI-44), o *Atico izquierda,* de Julio Angulo, rinde homenaje con su palabra a la gran actriz Lola Membrives que marcha a Argentina (14-V-45) o forma parte de la Comisión de Teatro del Ateneo para juzgar, dentro de un ciclo del Aula de Cultura, un centenar de piezas en un acto. Con ese motivo hace unas reflexiones sobre el carácter de las obras en un solo acto y anima a los tres autores seleccionados —uno de ellos es Jesús Fernández Santos, con *El retorno de Fausto*— a contribuir a «la creación del gran teatro del futuro» (II-45). O ejerce como crítico de arte en una exposición del pintor Pedro de Valencia, elogiando, en competencia con García Nieto, su pintura y las mujeres de sus cuadros, con la inteligencia y fina sensibilidad de quien nunca perdió su afición por las artes plásticas (24-IV-46). O, a través de Radio Madrid, comenta afectuosamente la gracia poética del programa diario «Instantáneas», de su gran amigo Julio Angulo.

Se aproxima una noche decisiva para Ruiz Iriarte, la del 6 de febrero de 1945, en que la compañía de Tina Gascó y Fernando Granada estrena en Madrid, en el Teatro Reina Victoria, *El puente de los suicidas.* El estreno fue un éxito y la crítica elogiosa y estimulante. Al día siguiente se presentó en su oficina de Regiones Devastadas para despedirse de sus compañeros. En adelante se dedicaría exclusivamente a su labor de escritor de teatro. Sin embargo, después de entradas variadas, a los veinte días, la obra se había hundido y fue retirada de cartel. Un año después, en el Comedia, de Barcelona (9-I-46), el estreno fue más bien frío y la crítica poco unánime. En el resto de España el éxito fue siempre variable. En algunas plazas se daba, mientras que en otras la obra pasaba sin pena ni gloria.

Este claroscuro entre el éxito y el fracaso de su primera comedia tuvo fecundas consecuencias para la vida literaria

31

del nuevo autor. Hasta el momento se había enfrentado con la labor de creación, con lectores, empresarios, consigo mismo. Pero desconocía el gran factor del teatro: el público.

Al día siguiente del estreno de *El puente*..., «cuando, ya empezada la función, llegué al teatro, recibí el primer disgusto y la primera lección de mi vida de autor. En la sala había muy pocos espectadores... Para mí, después del éxito de la noche anterior y a la vista de las críticas aparecidas, esta escasez de público resultaba inexplicable. Me senté, muy deprimido, en un palco y observé a aquellas buenas gentes que asistían a la segunda representación (...) con la más notoria indiferencia (...). A mí me anonadaba aún más la poca corriente que se establecía entre el escenario y la sala. Creo que entonces intuí lo que años después leí en un breve pero estupendo ensayo de Armand Salacrou. El autor no es nadie sin el público, sin "su" público. Con su público, el escritor teatral ha de formar la pareja "autor-público, padre y madre de la obra dramática", sin cuyo ayuntamiento no se logra jamás el hecho teatral completo. También comprendí entonces y para siempre que, en realidad, todas las comedias se estrenan otra vez al día siguiente del estreno. Había, pues, que prepararse —pensé— para la gran aventura, mil veces más ardua que la confección de una comedia. Había que buscar ese público, "Mi" público» (T, 6, 27 b).

A la labor de conquistar al público dedicó desde entonces sus mejores energías. Quizá por ese motivo renunció a intentar el estreno de una obra de tipo poético e irrealista que publicó *Fantasía* [26] y que llevaba por título *Yo soy el sueño* (Lema: «Aventura»). Había puesto gran ilusión en esta obra, que presentó a un concurso convocado por el Teatro Español [27]. Otra obra que quedó sin estrenar es *Margarita y sus ángeles,* con ciertos elementos policíacos y de misterio.

Aunque hay dos o tres compañías que se dirigen a él en petición de obras, únicamente atiende la de Fernando Granada, con cuya compañía entrena en San Sebastián (Teatro Príncipe) *Don Juan se ha puesto triste* (11-IX-45), con escaso éxito.

Durante el año 1946, únicamente estrena, con la compañía de Luis Hurtado, *Academia de amor,* en San Sebastián y Madrid. Recibe por esta obra el Premio Piquer de la Real Academia Española, pero no excesivos favores de público y crítica. El mismo Ruiz Iriarte la repudiaría años más tarde por ingenua, aunque la llamada telefónica de José María Pemán, director de la Academia, para comunicarle el premio, le había proporcionado una buena alegría.

Al año siguiente publica en colectánea *El puente de los suicidas, Un día en la gloria* y *Academia de amor,* con un prólogo muy interesante para conocer el sentido que Ruiz Iriarte da a la palabra «optimismo». El volumen se titula *Tres comedias optimistas.*

En enero de ese año —1947— estrena *El cielo está cerca* y en octubre, en Bilbao, *La señora, sus ángeles y el diablo,* que fue presentada también en Madrid en enero del 48 y es refundición de *Margarita y sus ángeles,* inédita.

Con ninguna de estas obras logra ese objetivo, tan claro en su mente, de entrar en contacto dramático pleno con el público. Es fácil de imaginar la influencia de estas decepciones. «Hacia 1948, andaba yo zambullido en una tremenda crisis de moral (...). Por esas fechas había tenido yo otros dos estrenos poco afortunados y sufría un decaimiento abrumador. No sabía qué hacer ni por dónde empezar. Me sentía vencido en esa tremenda batalla por la conquista del público. Porque en el teatro, cuando se pierde esa batalla, se ha perdido todo. No existe el autor sin éxito de público. Es mentira. Desde algún tiempo antes Antonio [Vicó] me había pedido una obra. Entonces, en medio de aquel desfallecimiento, le escribí (...). ¿De verdad le sigue interesando una obra mía? Antonio me contestó a vuelta de correo: "Me sigue usted interesando más que nunca..." No me importa confesar que si yo no hubiera recibido aquella carta de Antonio, todo hubiera sido distinto. El caso es que con un entusiasmo nuevo escribí en un mes *El aprendiz de amante* [28]. Se la llevé... La obra, estrenada por esta admirable pareja [Antonio Vicó y Carmen Carbonell] en el Infanta Isabel, de Madrid, fue mi primer gran éxito de público. Por primera vez supe los halagos que guarda para un autor una obra que llega de verdad» [29].

Con *Los pájaros ciegos,* que tituló «comedia dramática», quiso llegar al público por el camino del drama sin ternura, pero no exento de halo poético, dando un giro a su peculiar «optimismo». Se estrenó en Santander (9-VII-48) y Valladolid. «Gustaba mucho a la crítica y a los que la hacían. Pero yo veía la reacción del público y no acababa de estar satisfecho. Quizá no esperaban eso de mí. Le pedí a Irene López Heredia, que era la intérprete, que no siguiera haciendo la obra. En una segunda ocasión, me llamó para decirme que disponía del hoy desaparecido Fontalba y que quería poner *Los pájaros ciegos*. Volví a negarme y ella, por cierto, se enfadó un poco conmigo. Tampoco he permitido que se imprimiese. Me la reservo para, quizá, volver algún día sobre ella» [30].

Por aquellos años participaba con asiduidad en las veladas teatrales que daba José Luis Mañes en su casa. Allí se representaban por aficionados obras de O'Neill, Sartre, Cocteau, Anouilh. Para una de esas reuniones, el dueño de la casa le pidió que escribiese algo, por breve que fuera. Fruto de esa petición fue *Juanita va a Río de Janeiro,* comedia dramática en un acto. María Paz Molinero y Miguel Narros, dirigidos por José Luis Alonso, la representaron un día de 1948. Poco tiempo después apareció publicada por Jacinto López Gorgé en *Manantial* (Melilla) [31].

En estos años había comenzado a frecuentar el trato y la amistad con Jacinto Benavente a través del padre de Luis Hurtado, secretario del famoso autor. Tan grande era el interés de Ruiz Iriarte por Benavente que pensó dedicarle un ensayo sobre su teatro como entronque con los grandes autores de nuestro siglo áureo.

Ya en 1944, con motivo de la reposición de una obra de Echegaray, se mostraba despiadadamente refractario a este tipo de teatro grandilocuente, al que oponía como antídoto la naturaleza benaventiana de *El nido ajeno* [32]. No tiene nada de novedoso esta opinión. Lo que sí tiene interés es destacar que Ruiz Iriarte se mantuvo fiel a sus puntos de vista y, cuando en 1966, centenario de Benavente, Arniches y Valle-Inclán, la crítica se volcó en alabanzas para los dos últimos y en dicterios contra el primero, Ruiz Iriarte fue de las pocas voces que se alzaron para hacer respetar la figura extraordinaria de Benavente como renovador del teatro español del siglo XX.

Don Jacinto lo invitaba con frecuencia a «El Torreón», su finca de Galapagar, o lo tenía junto a él durante sus famosas partidas de ajedrez. Para el estreno póstumo de *Por salvar su amor,* compuso Ruiz Iriarte una nota —*El último estreno*— que apareció en el programa de la función junto a otras de López Rubio, Pemán, Azorín, Marqueríe.

1949, con el estreno y éxito de *El aprendiz de amante* en Madrid, como queda dicho, supuso para nuestro autor el momento decisivo en su carrera como comediógrafo. Con renovado ímpetu estrena *Las mujeres decentes* [33] y compone dos de sus más representativas comedias: *El landó de seis caballos,* con José Luis Alonso, y *El gran minué* [34], con Cayetano Luca de Tena. Alguien quiso ver en esta última ciertas implicaciones antimonárquicas que, si bien pudieron ser favorablemente recibidas en aquella situación política, impidieron su versión televisiva muchos años más tarde, cuando ya en España iba a restaurarse la monarquía (vid. *VRIAS,* Análisis de *El gran minué,* C-2.2).

La primera actriz de *El gran minué* fue Elena Salvador. A comienzos de los años 40, ella y Ruiz Iriarte eran casi vecinos y, sin saber nada el uno del otro, se veían con frecuencia en el tranvía. Más tarde, ya él decididamente autor teatral y Elena actriz de categoría —estrenó *Historia de una escalera*—, cuando fueron presentados, el cortés introductor se llevó la sorpresa de comprobar que ya se conocían, aunque sólo fuera de vista. Nació entre los dos una amistad muy estrecha. Tanto se les veía juntos en todas partes que comenzaron los comentarios acerca del aparente noviazgo. Pero Elena abandonó el teatro al poco tiempo y contrajo matrimonio con el doctor Puigvert, el famoso urólogo catalán. Esta separación no supuso ruptura en su amistad, más bien casi todo lo contrario. La admiración y el cariño de la ex actriz por Ruiz Iriarte fue siempre inmenso.

Asentado definitivamente como autor dramático, ganada la batalla al público, estrena con regularidad una o dos comedias por temporada que estabilizan su prestigio. A partir de 1955 se inició como adaptador de obras extranjeras: Terence Rattigan, Lajos Zilhay, Barillet y Gredy, Roussin, Shakespeare. Obtiene el Premio Nacional de Teatro por *Juego de niños* (1952) y grandes éxitos con *El pobrecito embustero* (1953), *La guerra empieza en Cuba, La puerta estaba abierta* (las dos en 1955), compone una versión libre de *La fierecilla domada* (1958), colabora junto a López Rubio y otros en un espectáculo musical (*Cantando en primavera,* 1958).

Mientras sus obras se representan en los teatros de España y algunos de Hispanoamérica, van traduciéndose a diversos idiomas y pasan a versiones cinematográficas, Ruiz Iriarte colabora en periódicos y revistas con artículos de tipo literario y costumbrista.

Pone mucha ilusión en viajar a París, donde le recibe Eduardo Haro con gran cariño —recogerá, con agudo sentido crítico, sus impresiones de ese viaje en un artículo, «París, este invierno» (T, 14, I-II-1955, 49-54).

Ese verano —1955— viaja con López Rubio, su gran amigo, a Suiza, donde, por intermedio de éste, conoce a Chalie Chaplin. Charlot le entrega un plano, dedicado, de *Candilejas,* que el dramaturgo coloca en su cuarto de trabajo.

Ya había estado en Buenos Aires —diciembre del 52—, donde residía entonces un amigo entrañable con quien mantenía nutrida correspondencia: Enrique Azcoaga.

En su ambiente familiar se han producido algunas alteraciones. En 1948 se había trasladado la familia desde García de Paredes, 62, a Rodríguez San Pedro, 7, la casa que está encima del arco que hay en esa calle, junto a la plaza del. Conde del Valle de Suchil. Allí dispone de un estudio, con una curiosa ventana circular, donde coloca sus libros y enseres de trabajo con un cierto estilo a lo Ramón Gómez de la Serna.

En 1950, los Ruiz Iriarte compran un piso cercano en la calle Arapiles, 5. El escritor mantiene durante algún tiempo su estudio, pero poco después lo abandona y pasa a manos de Antonio de Lara, «Tono».

En Arapiles, donde residirá hasta el final de su vida, recibe la noticia de la muerte de su padre. Don Víctor había ido en viaje profesional a Sevilla. Allí le sobrevino una insuficiencia cardíaca y falleció, en la Clínica de la Cruz Roja de Sevilla, el 16-I-51. En abril del 53, su hermana menor, Francisca, contrae matrimonio y se traslada a Cartagena. La madre del escritor, tiempo después, se va a vivir con el nuevo matrimonio. Pilar, la mayor de las hermanas, es religiosa desde 1939. En Arapiles quedan de forma estable junto al dramaturgo su hermana María Luisa y Petra, la doméstica que atiende a la familia desde hace ya cuarenta años.

Su vida privada no presenta sobresaltos. Vive «con un orden desordenado, pero que no por eso deja de ser orden. Me acuesto tardísimo —rara vez antes de la madrugada— y me levanto hacia las once. Escribo de día y leo de noche (...). Me gusta el campo..., para volver a Madrid en seguida. Voy mucho al teatro y más aún al cine (...). Por lo común, salgo de casa a las once de la noche. Suelo cenar fuera. Prefiero los restaurantes graciosos y baratos, que todavía quedan, antes que el restaurante de lujo. Jamás he cenado en una cafetería: me remordería la conciencia. Me gusta de vez en cuando hacer una escapada por ahí. Claro que los escritores de mi generación no somos muy viajeros.

Y no es nuestra la culpa. Cuando andábamos alrededor de los veinticinco años, cuando debimos plantarnos en París o en Roma con un billete de tercera y cien pesetas en el bolsillo, no pudimos hacerlo porque la gran conmoción nacional nos lo impidió (...). Hago poca vida social. Un rato de tertulia en el café. Reconozco que, hace años, me divertía la asistencia a un «cocktail» o a un banquete. Ahora, si no tengo más remedio que acudir a uno de esos actos, casi, casi me cuesta un disgusto íntimo... Sin embargo, me gusta mucho hablar. Hace diez años me acostaba muchas noches al amanecer... por no interrumpir una conversación agradable (...). Hoy las cosas han cambiado. Hemos cumplido años. Hoy la más brillante polémica en la tertulia del café se interrumpe a las tres de la madrugada (...). Mi vida privada tiene poco interés. En el fondo soy un solitario» (T, 17, IX-X-XI-XII-55, 30 y 31).

Los domingos por la tarde solían reunirse en casa de Cayetano Luca de Tena, López Rubio, Buero, F. Díaz-Plaja, Ruiz Iriarte, Antonio Burgos, Viudes; y en esas tertulias, aparte de variadísimos temas de conversación y actividades —como sesiones de espiritismo—, eran parte importante los juegos de ingenio, en especial uno que bautizaron como «tapete sacro», por una respuesta peregrina que dio en una ocasión Fernando Díaz-Plaja.

Su primer estreno de la década de los sesenta, menos fecunda en cuanto a producción dramática, es *Tengo un millón*. En 1964 da a conocer una de sus más importantes obras: *El carrusell,* con Enrique Diosdado y Amelia de la Torre. Con este matrimonio de actores le unirá una intensa amistad y con ellos subirán a escena sus más importantes producciones de los 60: *La muchacha del sombrerito rosa* (Premio Nacional de Literatura «Calderón de la Barca» 1967), *Primavera en la Plaza de París* (1968) e *Historia de un adulterio* (1969).

En 1962 decide reunir una treintena de artículos surgidos de la observación del detalle cotidiano: los gatos donostiarras, la nueva indumentaria, los avances tecnológicos, el fenómeno del fútbol, el cuplé... Es el volumen que titula, con gran intención, *Un pequeño mundo.* La edición, impresa en los talleres de la Sociedad de Autores, corrió a cargo del propio autor, pero algo debió fallar en la distribución, y un buen número de ejemplares yace hoy día en los sótanos de su casa, en Arapiles, 5.

El 1 de enero de 1966 tiene algún relieve en la carrera

dramática de Víctor Ruiz Iriarte. Significa su estreno en un «género literario nuevo que hereda algunas de las rancias, señoriales y altivas exigencias del teatro y mucho de la gracia fresca e impetuosa del cine» [35]: la televisión. Sábado tras sábado, entre el 1 de enero con «Milady, objetos para regalo» hasta el 25 de junio del mismo año, veintidós telecomedias son puestas en antena por TVE. La serie, que lleva por título *La pequeña comedia,* tuvo una segunda y una tercera parte. Con una selección de trece telecomedias de la primera parte publica *La pequeña comedia* en 1967, con el fin de salvarlas de su «radiante, arrollador y, a la vez, fugitivo destino» [36]. En el prólogo que las precede hace una apología de la telecomedia como nuevo género dramático, con peculiares exigencias técnicas. Por esas fechas se emiten en distintos espacios —«Estudio 1», «Risa Española»— versiones televisivas de *El carrusell, El aprendiz de amante, El landó..., Un paraguas bajo la lluvia,* etcétera (vid. Bibliografía Primaria, 2).

Desde 1955, Ruiz Iriarte había ido ocupando diversos cargos en la Sociedad General de Autores de España —consejero, consejero-delegado, director general—. Se consideraba «uno de esos autores que hubo en todas las generaciones, enamorado de esta casa y de sus problemas» (*A B C,* 22-VII-69). El 10 de julio de 1969 es elegido por unanimidad Presidente de la Sociedad General de Autores de España, en sustitución de Joaquín Calvo Sotelo. La atención a las labores de su cargo le ocupa gran cantidad de tiempo y eso le impide la total dedicación a su quehacer dramático. Unicamente estrena dos adaptaciones, una de cuentos de Chejov, reunidos por Gabriel Arout, *Manzanas para Eva* (1970), y *Las tres gracias de la casa de enfrente* (1973), del holandés Eric Schneider.

Escribe para TVE dos nuevas series: *Juegos para mayores,* iniciada en enero del 71 e interrumpida en el séptimo episodio a petición de Ruiz Iriarte, por desavenencias con los realizadores [37], y *Buenas noches, señores,* entre mayo y agosto del 72. Televisión emite en «Estudio 1» versiones de *Esta noche es la víspera, Juego de niños, La muchacha del sombrerito rosa* y otras.

Encabezar la Sociedad de Autores fue ocasión de ganarse gran número de adhesiones y afectos sinceros por su honradez —renunció al coche y chófer del presidente; su coche y chófer salían de su bolsillo— y generosa entrega al cargo. Pero también fue motivo de multitud de problemas e íntimos sinsabores.

Hacia noviembre del 70 se somete a la Junta General el proyecto de Reforma de los Estatutos de la Sociedad, cuyo principal inspirador es Ruiz Iriarte. Con ese motivo se inician las polémicas en torno a su gestión y los ataques a su persona. Poco tiempo después, quizá como desagravio, se le rinde homenaje con la entrega de la Medalla de Oro de la Sociedad y una placa de plata del Consejo de Administración «por la devoción con que sacrifica sus mejores horas a la defensa de los derechos de los autores españoles» [38].

Llama junto a él a su inseparable amigo López Rubio, que acepta el cargo a pesar de no sentirse con condiciones y tener que desplazarse diariamente desde su hotel en El Escorial. Los dos tratarán de hacer frente a los innumerables problemas que surgen estos años, procedentes en su mayoría de la sección musical y de la aplicación de los nuevos Estatutos.

En junio del 70 participa en el XXVII Congreso Mundial de Autores, que se celebra en Las Palmas de Gran Canaria. Pérez Minik aprovecha unas declaraciones de Ruiz Iriarte para arremeter contra él [39].

Poco a poco los problemas se van agudizando y su posición en la presidencia se le vuelve personalmente más y más incómoda hasta que toma interiormente la decisión de dimitir.

En esos momentos, el anterior Presidente, Joaquín Calvo Sotelo, que ha venido galvanizando la oposición a Ruiz Iriarte, envía una extensa carta circular a los socios en que critica globalmente la gestión del titular. Un diario madrileño publica el texto y las tensiones que se ventilaban en el interior de la entidad saltan a la opinión pública. Los medios de comunicación se hacen eco de la polémica. Abundan las adhesiones a Ruiz Iriarte en la prensa. Entre éste y Calvo Sotelo se cruza una correspondencia privada de muy distinto tono en una y otra parte.

Tan enojoso asunto no hace sino dilatar su permanencia en el cargo, desde el que se siente obligado a hacer frente a los ataques. Finalmente, presenta su dimisión irrevocable (13-I-74). «Fui a la Presidencia porque un gran número de autores, amigos míos, me lo pidieron. Y accedí a sus deseos (...). ¿Dimitir? ¡Muy sencillo! En toda reunión de hombres es evidente que pueden surgir las discrepancias de un sector de los mismos. En esta ocasión se dio la circunstancia de que había un sector de asociados —a mi juicio, en uso de su perfecto derecho— que discrepaban de la actuación del Presidente. Y yo, fiel al juego democrático, que es el que me gusta, he decidido renunciar. No ha sido por debilidad, sino por respeto a las opiniones de los demás. ¿Que estaba conmigo la mayoría? Bien; pero no siempre es implacable la ley de las mayorías. No se puede complacer a todo el mundo» [40].

Sin embargo, Ruiz Iriarte ha dejado en esa casa un prestigio de honradez y competencia. Tres años más tarde es puesto al frente del Montepío de Autores como Presidente (15-IV-77) por aclamación, con un único voto en contra. Desempeñó este cargo hasta el día de su muerte.

Inmediatamente vuelve a la actividad dramática. Ese mismo verano se retira a su apartamento de El Escorial y pone a punto la serie *Telecomedia,* once nuevos episodios emitidos por TVE entre octubre del 74 y enero del 75.

También una obra de teatro, *Buenas noches, Sabina* (Teatro Arlequín, de Madrid, 25-IX-75), que obtuvo un éxito discreto.

En septiembre del año 1976 participa como jurado en el XXIV Festival de Cine de San Sebastián. En una entrevista declara:

—Acabo de terminar una comedia que ya está en manos del productor. Se titula *Una pistola en el bolsillo.*

—¿Policíaca?

—No, aunque no le falta la intriga» [41].

Dos años más tarde, una profesora norteamericana, Patricia O'Connor, le pregunta:

¿Tiene usted algunas obras en preparación?
VRI: Tengo una obra terminada: *El juicio de los ángeles.* Pero no veo su estreno inmediato. Preparo, además, una nueva comedia [42].

Ninguna de estas tres obras —*Una pistola en el bolsillo, El juicio de los ángeles* y la otra— subió a los escenarios.

Desde finales de los años 60 hasta su muerte, en 1982, el rumbo del teatro español se apartó definitivamente del rumbo del teatro de Víctor Ruiz Iriarte. En España, el teatro va cargándose progresivamente de beligerancia política. Un régimen agonizante impide aún la libre expresión en la prensa escrita, pero se muestra impotente para evitar que los escenarios se escojan como plataforma de difusión ideológica. Se descalifica rotundamente el «evasionismo» y se vocea la necesidad de un teatro «comprometido» que hace las veces de una tribuna política y provoca el malestar de un público, el tradicional, que se va replegando progresivamente hasta casi la extinción.

Por otra parte, la política de subvenciones ha hecho desaparecer la antigua situación del empresario y el autor se ha visto obligado a abdicar de su tradicional hegemonía.

Los problemas económicos hieren de muerte a los teatros.

Quién sabe si, en cierto modo, Ruiz Iriarte avizoró todo este proceso que acabó por desplazarle y puso sus energías al servicio de la labor de presidencia en Autores como sucedáneo inconsciente al esfuerzo por mantenerse en la primera línea del panorama teatral [43].

· Este apartamiento, el hecho de que no estrene más obras originales que *Buenas noches, Sabina,* sin demasiado éxito, y en cambio haga dos adaptaciones, el incremento de su colaboración para TVE —cuatro series en los años setenta—, y sobre todo la renuncia o imposibilidad —no he logrado averiguarlo— de estrenar dos comedias ya terminadas, demuestra que Víctor Ruiz Iriarte comprende claramente que su momento y el de toda su generación ha pasado.

Su decaimiento es profundo, pero no pura consecuencia del desplazamiento de su figura del ámbito teatral. Le desconcierta y le deprime enormemente contemplar la evolución del teatro como género, la disolución de ese hecho dramático, milagroso resorte, que impresionó su mente en los días de la adolescencia.

En cierta ocasión, hacia mediados de los 70, reunido con Buero, López Rubio y alguno otro, como la conversación recayera sobre la situación del teatro, Ruiz Iriarte sentenció:

«—El teatro se ha terminado. Ya lo verás.»

Él, siempre tan optimista, entró en crisis. Pienso que la presidencia del Montepío de Autores fue un alivio en medio del gravoso peso del desfase. Desde ese puesto aún puede sentirse útil al teatro español.

Su última presentación ante el público fue *El señor Villanueva y su gente,* serie televisiva (VIII-XI-79) que no gustó a casi nadie, ni siquiera a él mismo. Recibió muchas críticas adversas que agudizaron su crisis interior.

Su salud se había resentido últimamente. Sufría fuertes dolores en las rodillas y el reumatismo de su poco afortunado físico se agudizaba limitando cada vez más su capacidad de movimientos. Sin embargo, no padecía enfermedades graves.

Estaba triste. Por las mañanas iba a su despacho del Montepío, en la calle Pelayo; por la tarde dedicaba horas a examinar profundamente la prensa y, eso sí, seguía leyendo abundantemente. Salía a cenar fuera de vez en cuando y sólo con viejos amigos, que son cada vez menos: López Rubio, Jesús Revuelta, Azcoaga, Amelia de la Torre y Enrique Diosdado. Va perdiendo contacto con buena parte de su amplísimo círculo de amistades. Años hacía ya que no iba por el Gijón de manera regular. Declina con facilidad las invitaciones que recibe para reuniones sociales o culturales.

En compañía de López Rubio seguía asistiendo a los estrenos de la temporada, pero la mayoría de las veces contribuían a acentuar su pesimismo acerca de la situación del teatro español, falto de ideas, escasísimo de autores, sin público.

Por otra parte, la presidencia del Montepío no es ni mucho menos un destino burocrático, sino que le enfrenta diariamente a serios problemas que, por su carácter, no es capaz de afrontar con una cierta distancia. Su excesivo celo y su extremada reserva van robándole la tranquilidad.

En abril de 1982 muere en Valencia su madre, a los casi cien años. Llevaba tiempo enferma de gravedad y su fallecimiento no coge a la familia por sorpresa, pero a él le afecta de un modo especial.

Terminado el verano, hacia comienzos de octubre, unas pastillas que toma para curar un leve insomnio le producen unos efectos muy extraños: dificultades en el habla y en la coordinación de movimientos. La visita al neurólogo no descubre ningún síntoma de gravedad. Esa noche duerme con una profundidad desacostumbrada —a las siete estaba siempre despierto—. Alarmada, su hermana María Luisa avisa urgentemente al médico, pero, cuando llega, Víctor Ruiz Iriarte ya ha fallecido a causa de una insuficiencia cardíaca. El sacerdote le administra los Ultimos Sacramentos. Es el 14 de octubre de 1982.

NOTAS AL CAPITULO I

[1] De un texto mecanografiado, leído en TVE (28-VIII-58), folio 1, versión de «Viaje alrededor de un escenario», cit. en nota 4.

También Benavente, en sus memorias (*Recuerdos y olvidos*, OC, XI, Aguilar, M, 1950, 511) hace un comentario semejante: «Predestinado a la gran pasión de mi vida, que ha sido la lectura, aprendí a leer sin darme yo mismo cuenta, sin dificultad ni esfuerzo por mi parte, con algunas lecciones de mis hermanos y mi amor a los libros».

Muchos de los datos de este bosquejo biográfico proceden de mis conversaciones con la familia.

[2] Me ha sido imposible conocer la documentación escolar de Ruiz Iriarte. La que llevaban los HH Maristas desapareció durante la guerra. Se conserva la del Instituto Nacional de San Isidro, adonde obligatoriamente debían acudir en aquella época los alumnos de la enseñanza colegiada para hacer sus exámenes. El problema está en que la documentación de los años anteriores al 36 hasta el año 15 fue trasladada para su seguridad durante la guerra a la antigua Facultad de Medicina de San Carlos. Devuelta años más tarde al Instituto de San Isidro, yace actualmente en completo desorden a la espera de funcionarios del Cuerpo de Archiveros.

[3] Aparte de a San Sebastián, algunos veranos la familia se trasladó a Paniza, el pueblo natal de la madre. A estos veraneos rurales, con su negativa experiencia, se refiere en un artículo —«Cuando el campo es confortable»— incluido en una colectánea que publicó a sus expensas, *Un pequeño mundo*, M, 1962, 53-57.

[4] «Viaje alrededor de un escenario (II). Cómo surge un autor novel», *Teatro*, 2, XII-52, 44 a.

La revista *Teatro* surgió como un complemento de la conocida colección Alfil de obras dramáticas de la editorial Escelicer y la dirigía Manuel Benítez Sánchez-Cortés. Aspiraba a ser «la mejor revista teatral del mundo», como se anunciaba en la página final de las obras de la colección que se iban publicando. La revista contiene colaboraciones y noticias de interés y apareció regularmente, al menos desde XI-1952 (núm. 1) hasta I-II-III-1957 (número 21).

«Viaje alrededor de un escenario» constituye una serie de cuatro artículos, publicados en esta revista con cuatro subtítulos distintos —(I), «Los niños de ahora y los de antes», *Teatro*, 1, XI-59, 41-45; (II), «Cómo surge un autor novel», cit. más arriba; (III), «La primera juventud», núm. 3, I-53, 37-41; (IV), «El estreno», número 6, IV-53, 25-30—, en los que Ruiz Iriarte rememora su infancia y juventud, sus fracasos de autor novel y su primer estreno. Estos cuatro artículos constituyen la principal fuente para la biografía del autor. En adelante citaré la revista *Teatro* como *T*. Como se anuncia en el núm. 1, 39, esta serie de artículos, que quedó interrumpida, estaba destinada a constituir un libro extenso.

Phyllis Zatlin Boring (*Víctor Ruiz Iriarte,* Twayne's World Authors Series, 540, Boston, 1980, 13-22) hace una breve biografía sirviéndose de esta misma fuente.

Sainz de Robles, F. C. (*Ensayo de un diccionario de la literatura. (II) Escritores españoles e hispanoamericanos,* Aguilar, M, 1964, 1038 b-1039 a) incluye una breve reseña biográfica. Tiene algún interés porque sospecho que está redactada por el propio Ruiz Iriarte (vid. capítulo Bibliografía secundaria).

[5] BENAVENTE, J., *Recuerdos y olvidos,* cit. 649-51.

[6] Vid. PEREZ BOWIE, José Antonio, «La colección dramática *La novela teatral* 1916-1925», *Segismundo,* 25-26, 1977, 236-326.

[7] Fue publicada en un breve reportaje gráfico sobre el autor en la revista *Dígame,* 8-XI-66.

[8] De un texto mecanografiado con fecha 12-IV-56, leído ante el monumento a los Quintero.

[9] Ed. Nauta, B, 1969. Ruiz Iriarte, 553-58. Creo que, aparte del influjo de *La sirena varada,* de Casona, puede verse un eco personal de esta experiencia en la madre de Daniel, el protagonista de *El puente de los suicidas,* en su versión primitiva especialmente (vid. *VRIAS,* textos citados en el análisis a *El puente...,* C-2.1.).

[10] «En los años muy inmediatos al 36 me lancé al periodismo», dice en el texto citado en nota 1, fol. 4. Puede encontrarse información acerca de las obras estrenadas en Madrid durante la II República en McGAHA, Michael, *The Theater in Madrid during the Second Republic,* Research, Biographies and Checklists 29, Grant & Cutler Ltd., Londres, 1979.

[11] En el barrio de Chamberí se desarrolló toda la existencia del dramaturgo, excepto los años 1934-36, en que se trasladaron a General Oráa, 60, en el barrio de Salamanca. Hasta 1934 vivieron en Santa Engracia, 44; glorieta de Bilbao, 15; Magallanes, 16; Fernando el Católico, 38; Jordán, 23; Ponzano, 22; Alvarez de Castro, 10.

[12] Cfr. T, 3, I-53, 37-38.

El primer artículo publicado por Ruiz Iriarte que he podido localizar es «Fémina oradora», *Nueva Política,* 13, 8-IV-1933, 17. En este semanario, portavoz del Partido Republicano Conservador, inspirado por Miguel Maura, publicó Ruiz Iriarte hasta 16 colaboraciones (vid. capítulo Bibliografía Primaria 4.2.1.).

El contenido de este artículo no corresponde en absoluto a los comentarios hechos por el autor en T, 3, ni se alude para nada a incidente alguno, sino que, por el contrario, es una defensa de la capacidad de la mujer para intervenir activamente en la política.

En vista de esta contradicción parece claro que en estas recreaciones autobiográficas no debe buscarse la exactitud documental de todos sus datos, sino un aprovechamiento humorístico de la propia biografía sometida a una cierta deformación.

[13] Entrevista de López Castillo, *Nuevo Diario*, suplemento, 27-I-1974.

[14] Las palabras de Ruiz Iriarte en T, 3, 37-38, pueden inducir a pensar que su primer artículo publicado, que versaba sobre las mujeres oradoras, apareció en *Ciudad*. Sin embargo, en los 17 primeros números —los únicos que he podido consultar— no hay otro artículo suyo que «La posesión del jardín», que no trata en absoluto de ese tema. En una entrevista en *Informaciones* (15-VIII-72) dice que consiguió ver impreso su primer artículo en *Ciudad*, pero que no recuerda el tema.

[15] Fuera ya de la órbita de Urgoiti y después de una brevísima etapa monárquica, *El Sol*, después del 14 de abril del 31, pasa a ser un periódico de centro insertado en la prensa republicana y dirigido por Manuel Aznar. Entre sus colaboradores figuraban Unamuno, Valle-Inclán, Araquistáin, Víctor de la Serna, Cipriano Rivas-Xérif, Ciges Aparicio. En redacción estaban Mourlane Michelena, R. Sánchez Mazas, E. Giménez Caballero, Santiago Carrillo (ignoro si se trata del líder político), José María Alfaro, Carmen de Icaza, Eduardo Salazar Chapela, etc. (cfr. REDONDO, G., *Las empresas periodísticas de José Ortega y Gasset*, Rialp, M, 1970, II, 270, nota 93).

De sus colaboraciones sólo me ha sido posible localizar una crítica de un libro de W. Fernández Flórez (19, VIII-34, 5) y otra de R. J. Sender (29-VII-34, 7) (vid. Bibliografía Primaria, 4.1.3.).

[16] V. R. I., *Tres maestros (Arniches, Benavente, Valle-Inclán)*, M, 1965, 11. El texto corresponde a la lección inaugural del curso 1965-66 en la Real Escuela Superior de Arte Dramático de Madrid.

El doctor Frégoli (La comedia de la felicidad) fue traducida por Azorín y estrenada en el teatro Alkázar, de Madrid, el 3-II-28.

[17] En «La muerte cerca del cielo», artículo publicado en *El Español* (30-IX-46) con motivo de la muerte de Marquina en Nueva York, recoge esta misma anécdota entre el cariñoso recuerdo a don Eduardo.

[18] Del manuscrito del texto pronunciado ante el monumento a los Quintero el 12-IV-56.

[19] CARO BAROJA, J., «La República en anécdotas, ¿o más que anécdotas?», *Revista de Occidente*, 7-8, XI-81, 183-84.

[20] En T, 3, 38 b, Ruiz Iriarte cita a Azcoaga como compañero en la redacción de *El Sol*. Se trata de un error de memoria —no figura en la nómina de la nota 15—, y así me lo ha confirmado el mismo Azcoaga, que me asegura que se conocieron en la tertulia del Lys.

[21] Entrevista con F. Umbral, *Ya*, h. 1966.

Cfr. MARTINEZ CACHERO, J. M., *Historia de la novela española entre 1939-1975*, Literatura y Sociedad, 20, Castalia, M, 1979, 52: «Cabe hablar de la política literaria de Juan Aparicio, identificada con el régimen vigente en España, siendo su portavoz y apologista, y fácilmente podrían aducirse al respecto textos suyos y de algunos colaboradores de sus publicaciones; lo cual ha sido motivo para que, desde posturas ideológicas contrarias y no menos comprometidas, se haya mirado con hostilidad y menosprecio esta labor, olvidando muy importantes circunstancias de tiempo y lugar». Cfr. también URRUTIA, J., «*La familia de Pascual Duarte*». *Los contextos y el texto*, Sociedad General Española de Librería, M, 1982 (reseña en *Revista de Literatura*, 90, 1983, 222 a). Vid. también PEREZ FERRERO, Miguel, *Tertulias y grupos literarios*, Ediciones de Cultura Hispánica, M, 1975, y para lo relativo a las publicaciones, RUBIO, Fanny, *Las revistas poéticas españolas (1939-1975)*, Ediciones Turner, M, 1976, 56-74.

[22] Vid. capítulo Bibliografía Primaria.

[23] Cfr. HARO TECGLEN, E., «Víctor o el optimismo», *El País*, 15-X-82, 15 b.

[23 bis] Recientemente, Fernando Díaz-Plaja, otro contertulio del Gijón, escribe, recordando a los distintos personajes del café: «Y Víctor Ruiz Iriarte. Uno de los hombres más buenos que he conocido en mi vida, bondad más de admirar cuando la naturaleza le había reducido los miembros (...) y que en lugar de prorrumpir en el lógico grito de rabia, ¿por qué yo? (...), era capaz de otorgar cualquier favor y de aceptar cualquier actitud política y literaria con mucha mayor amplitud que los seres normales» («Mi café Gijón», *Diario de Navarra*, 19-I-87, 14). Años más tarde, Alfonso Paso recordará que su *Veneno para mi marido* se estrenó gracias a la intercesión de Ruiz Iriarte por el entonces desconocido autor (A. MARQUERIE, *Alfonso Paso y su teatro*, Escelicer, M, 1960, 151-52).

[24] Así lo declara Ruiz Iriarte en palabras pronunciadas con motivo de la lectura de esta obra de Angulo en el Ateneo de Madrid.
Julio Angulo, autor hoy desconocido, médico, escribió crónicas de viajes, relatos breves, novelas —por *Del balcón a la calle* obtuvo en 1948 el Premio Nacional de Literatura— y teatro. Colaboró también en periódicos y radio.
En cuanto a la historia de este primer estreno, vid. *España Semanal*, 3-III-68, 4.
Para la labor de los T.E.U. puede verse SUELTO DE SAENZ, Pilar G., «El Teatro Universitario Español en los últimos treinta años», *Thesaurus* (Instituto Caro y Cuervo, Bogotá), XIX, 1964, 543-57.

[25] Del texto cit. en nota 1, fol. 5. Los originales existentes de obras anteriores a esta fecha demuestran que no todas fueron destruidas. Vid. mi «Víctor Ruiz Iriarte inédito» que próximamente publicará la revista norteamericana *Estreno*, junto a una de estas obras.

[26] *Fantasía*, 3, 25-III-45, 14-22. La primera escena había aparecido ya en *Garcilaso*, 17, IX-44, s.p. En *España Semanal* (3-III-68, 4) declara: «Probablemente entre la fecha en que se publicó y el momento en que pude estrenarla dejó de interesarme».

[27] Eduardo Haro, en carta de 19-V-45 escrita a Ruiz Iriarte desde Africa, donde cumplía el servicio militar, dice: «Llega hasta mí en un número de *Fantasía* tu "Yo soy el sueño" (...) Me trae a la memoria las vicisitudes de aquel infame premio del Teatro Español (...) fue en Coso donde Alfredo Marquerie me dijo una tarde

estas palabras: "He leído una de las obras presentadas al concurso. No sé de quién es. Su lema es 'Aventura'. Sin leer las demás, sé, seguro, que no habrá ninguna mejor". Luego ocurrió la vergüenza...»

[28] Estrenada en Valencia (27-XI-47), Zaragoza (22-II-48), Barcelona (28-III-48). En Madrid, 16-IV-49, se produjo el éxito de público.

[29] Del texto cit. en nota 1.

[30] Entrevista de F. Umbral, *Ya*, h. 1966. A continuación hace un resumen del asunto. Vid. el artículo de Haro cit. nota 23, y *A B C*, 10-VII-48, 15; también lo que digo en 4.1.1.2. acerca de esta comedia.

[31] Apareció en uno de los primeros números de esa revista hacia 1949. La colección Alfil de obras dramáticas la recogió también en su número 100 de antología (M, 1954).

[32] «Un "fenomeno nacional"», *EL*, 1, 5-III-44, 10.

[33] Barcelona, Teatro Borrás, 3-VI-49; Madrid, Teatro Infanta Isabel, 9-IX-49.

[34] *El landó...*, Teatro María Guerrero, M, 26-V-50; *El gran minué*, Teatro Español, M, 8-XII-50.

[35] Prólogo a *La pequeña comedia*, Colección 21, núm. 42, Escelicer, M, 1967, 11-12. Vid. entrevista de J. Arroyo en *Ya*, dominical, 30-I-66, s.p.

[36] Ibídem, 9.

[37] «Retiré mis guiones porque TVE no podía conceder a mis programas los medios imprescindibles», declaró en abril de 1971.

[38] Palabras del consejero-delegado Antonio Quintero.

[39] «El inefable Víctor Ruiz de (sic) Iriarte», *El Día* (Sta. Cruz de Tenerife), 31-VIII-69.

[40] *Sábado Gráfico*, 869, 20-I-74, 14 a y b.

[41] De un folleto informativo del XXIV Festival de Cine. Este Festival se celebró entre los días 11 y 23 de septiembre de 1976 (cfr. *Diario Vasco* de esas fechas).

[42] «Víctor Ruiz Iriarte habla de la comedia», *Estreno*, IV, 2, 1978, 17 b. Sospecho que esta obra, *El juicio de los ángeles*, es la misma, o una refundición, que *Una pistola en el bolsillo* (véase 4.1.3.2.).

[43] Para la situación del teatro español en estos años puede verse: la revista *Primer Acto* (119, IV-70; 123-124, VIII-IX-70; 149, X-72; 152, I-73); WELLWARTH, G, *Spanish Underground Drama*, The Pensylvania State University Press, 1972; SALVAT, R., *El teatro de los años 70*, Ediciones Península, B, 1974; BUERO VALLEJO et al., *Teatro Español Actual*, Fundación Juan March, Cátedra, M, 1977; MIRALLES, A., *Nuevo teatro español: una alternativa cultural* [tachado] *social*, Col. Hoy es siempre todavía, Ed. Villalar, M, 1977; «La peripecia del desencanto en el teatro español:

la culpa es de todos y de ninguno», *Estreno*, VI, 2, 1980, 7-11; CASA, Frank, «Theater after Franco: the First Reaction», *Hispanófila*, 66, 1979, 109-22; BORING, P., «Encuesta sobre el teatro madrileño de los años 70», *Estreno*, VI, 1, 1980, 11-22; «Theater in Madrid. The Difficult Transition to Democracy», *Theater Journal* (Montpellier), XXXII, 1980, 459-74; GARCIA LORENZO, L., «El teatro español después de Franco», *Segismundo*, 27-32, 1980, 271-85; *Documentos sobre el teatro español contemporáneo*, Col. «Temas» 17, Sociedad General Española de Librería, M, 1981; RAGUE ARIAS, M. J., «Cuatro autores ante la transición», *PA*, 186, 1980, 150-55; TORRENTE BALLESTER, G., «¿Vuelve el teatro burgués?», *A B C*, Sábado Cultural, 23-I-82; HARO TECGLEN, E., «El teatro posible», *Insula*, 443, X-83, 15; LLOVET, E., «Comedias», *A B C*, 27-V-83; FERNAN-GOMEZ, F., «En nombre del teatro», *A B C*, 27-III-84, 3; CABAL, F., «Teatro para el público», *A B C*, 26-III-84, 3; número monográfico sobre el teatro español, *Insula*, 456-57, XI-XII-85.

48

Capítulo II
BIBLIOGRAFIA DE VICTOR RUIZ IRIARTE

Este capítulo pretende ser una exhaustiva recopilación de toda la bibliografía relativa a Víctor Ruiz Iriarte. En primer lugar, la bibliografía primaria, es decir, la producción literaria de nuestro autor, dramática y no dramática. Para la bibliografía secundaria, bibliografía sobre Ruiz Iriarte, he aspirado a registrar todo lo existente hasta la fecha (1985), sean libros de conjunto, artículos, prólogos a ediciones de sus obras, referencias dentro de obras no dedicadas exclusivamente a Ruiz Iriarte y también todas aquellas colaboraciones periodísticas aparecidas en la prensa, siempre que tengan algún interés, durante los últimos treinta y cinco años que me ha sido posible rescatar.

I. BIBLIOGRAFIA PRIMARIA

1. OBRAS DRAMÁTICAS [1]

1.1. *Estrenadas*

1. *Un día en la gloria,* farsa en un acto.

   Teatro Argensola, Zaragoza, 23-IX-43. TEU. Director: José María Forqué.
   Teatro Español, M, 4-VII-44. TEU.

   En *Haz* (*Revista Nacional del SEU*), 1, II-43 (s. p.). Gráficas Uguina, Madrid, 1943, cien ejemplares fuera de venta, con el sello de *Garcilaso* en la contracubierta.

En *Tres comedias optimistas,* Artegrafía, M, 1947, 9-30 (BN T-31753 y T-34272).

Alfil, 35, M, 1952, junto a *El aprendiz de amante.*

Fragmento en GORDON, José, *Teatro experimental español (antología e historia),* Escelicer, Colección 21, 39, M, 1965, 115-120.

Traducida al italiano.

Emitida en el espacio *Teatro Breve,* TVE, 22-II-81.

2. *El puente de los suicidas,* comedia dramática en tres actos.

Teatro María Guerrero, M, 27-V-44, «première» para invitados.

Teatro Principal, San Sebastián, 2-VI-44. Compañía de María Arias.

Teatro Reina Victoria, M, 6-II-45. Compañía de Fernando Granada y Tina Gascó.

En 1946 fue representada en Barcelona.

Garcilaso, 5 (IX-43), 6 (X-43), 7 (XI-43), un acto en cada número. Primera versión.

Gráficas Uguina, M, 1943, cien ejemplares fuera de venta. Primera versión (BN T-36002).

En *Tres comedias optimistas,* cit., 34-88. Segunda versión.

Existen dos copias mecanografiadas de un comienzo de sinopsis cinematográfica que no llegó a realizarse.

3. *Don Juan se ha puesto triste,* comedia en tres actos.

Teatro Príncipe, San Sebastián, 11-IX-45. Compañía de Fernando Granada y Tina Gascó.

Próxima a publicarse en Editorial Almar, en Salamanca, a cargo de Enrique Ruiz Fornells.

Un ejemplar mecanografiado.

4. *Academia de amor,* comedia en tres actos, el tercero dividido en tres cuadros.

Teatro Gran Kursaal, San Sebastián, 17-VII-46. Compañía de Irene López Heredia.

Teatro Calderón, Madrid, 7-X-46.

Tres comedias optimistas, cit., 93-155.

Premio Piquer de la Real Academia Española, 1946.

5. *El cielo está cerca,* comedia romántica en tres actos.

Teatro Infanta Beatriz, M, 8-I-47. Compañía de Basso-Navarro.

Tres copias mecanografiadas.

6. *La señora, sus ángeles y el diablo,* comedia en tres actos y un prólogo.

Teatro Ayala, Bilbao, 25-X-47.
Teatro Infanta Beatriz, M, 10-I-48. Compañía de Basso-Navarro.

Una copia mecanografiada.
Dos copias mecanografiadas de una adaptación a guión literario presentado a un concurso de guiones del Sindicato Nacional del Espectáculo para el apartado c): comedia de humor. Sin fecha.

7. *El aprendiz de amante,* comedia en tres actos.

Teatro Eslava, Valencia, 27-XI-47. Compañía de Antonio Vicó y Carmen Carbonell.
Teatro Infanta Isabel, M, 16-IV-49. Compañía de Vicó-Carbonell.

Prensa Castellana, M, 1949.
Alfil, 35, M, 1952, junto a *Un día en la gloria.*
Fragmento en ESPINA, Antonio, *Las mejores escenas del teatro español e hispanoamericano (desde sus orígenes a la época actual),* Aguilar, M, 1959, 1022-1027.

Traducida al portugués (4-IX-50).
Emitida en tres ocasiones en el espacio de TVE *Estudio 1* (26-XII-67, 4-VIII-75 y 25-VII-78).
Vertida al cine con el título de *Recién casados, no molestar.*

8. *Los pájaros ciegos,* comedia dramática en tres actos.

   Teatro Lope de Vega, Valladolid, 1-VII-48. Compañía
   de Irene López Heredia.
   Teatro Pereda, Santander, 9-VII-48.

   Cuatro copias mecanografiadas.

9. *Juanita va a Río de Janeiro,* comedia dramática en
   un acto.

   Estreno privado en casa de José Luis Mañes, M, 1948.
   Teatro Club Elena, B, 7-III-59.

   Publicada en uno de los primeros números de la revista
   Manantial (Melilla), que dirigía Jacinto López Gor-
   gé, h. 1949.
   Alfil, 100 (número extraordinario), M, 1954, 139-148.
   Estreno, X, 1984, 1, 10-12.

   Una copia mecanografiada.

10. *Las mujeres decentes,* farsa en tres actos.

    Teatro Borrás, B, 3-VI-49. Director: Arturo Serrano.
    Teatro Infanta Isabel, M, 9-IX-49. Director: Arturo
    Serrano.

    Alfil, 5, M, 1951, con *El gran minué.*

    Traducida al portugués (30-I-53).
    Una copia mecanografiada.

11. *El landó de seis caballos,* farsa en dos actos.

    Teatro María Guerrero, M, 26-V-50. Compañía del
    Teatro Nacional (dirigido por Luis Escobar y Hum-
    berto Pérez de la Ossa). Director: José Luis Alonso.

    Gráficas Cinema, M, 1950.
    SAINZ DE ROBLES, Federico C., *Teatro Español,
    1949-1950,* Aguilar, M, 1951, 311-68. (En adelante
    citaré esta colección *TE,* con indicación de los años.)
    Alfil, 80, M, 1953, con *El pobrecito embustero.*
    Teatro Selecto de Víctor Ruiz Iriarte, Escelicer, M,
    1967, 13-97.

Fragmento en LABAJO, Aurelio, *El teatro español de 1950,* I, Coculsa, M, 1970, 23-37.

Almar, Salamanca, 1979; ed. de Phyllis Zatlin Boring.

Traducida al holandés (17-II-51), al italiano (3-XII-51), al portugués (28-II-57), al alemán, inglés y japonés.

Emitida en TVE, *Estudio 1,* el 4-VI-68.

Hacia 1951, Planeta Films intentó hacer una versión cinematográfica.

12. *El gran minué*, farsa-ballet en un prólogo y tres actos, el último dividido en dos cuadros.

Teatro Español, M, 8-XII-50. Director: Cayetano Luca de Tena.

Gráficas Cinema, M, 1951.
Alfil, 5, M, 1951, con *Las mujeres decentes.*
TE, 1950-51, 1952, 171-233.
TSVRI, 99-191.

13. *Cuando ella es la otra,* farsa en tres actos.

Teatro de la Comedia, B, 27-II-51. Compañía de Vicó Carbonell. Director: A. Vicó.
Teatro Infanta Isabel, M, 12-IV-52. Compañía de Vicó-Carbonell. Director: A. Vicó.
Alfil, 17, M, 1952.

Traducida al francés (26-V-54) y al portugués (15-III-57).

14. *Juego de niños,* comedia en tres actos.

Teatro Reina Victoria, M, 8-I-52. Compañía de Fernando Granada y Tina Gascó. Director: Fernando Granada.

Alfil, 8, M, 1953.
TE, 1951-52, 1953, 227-280.
Fragmento en DIAZ-PLAJA, Fernando, *Teatro español de hoy. Antología (1939-58),* Alfil, 200, M, 1958, 261-76.
Prentice-Hall, Englewood Cliffs, New Jersey, 1965. Ed. de Isabel Magaña-Schevill.

Traducida al italiano (14-VI-52 y 25-X-57), al alemán (20-X-53) y al portugués (9-XI-53).

Emitida en TVE, *Estudio 1*, el 3-XI-72.
Existe versión cinematográfica y discográfica.
Premio Nacional de Teatro 1952.

5. *La soltera rebelde,* comedia en tres actos.

Teatro Reina Victoria, M, 19-IX-52. Compañía de Fernando Granada y Tina Gascó.
Alfil, 37, M, 1952.

Traducida al francés (26-V-54) y al portugués.

16. *El pobrecito embustero,* farsa en tres actos.

Teatro cómico, M, 4-IV-53. Compañía de Antonio Vicó y Carmen Carbonell. Director: A. Vicó.

Alfil, 80, M, 1953, con *El landó de seis caballos.*
En la revista *Teatro,* 7, V-53, 49-62.
TE, 1952-53, 1954, 303-358.

Traducido al portugués.
Emitida en el espacio *Novela* de TVE en cinco capítulos de media hora del 28-VIII al 1-IX-67.
Una copia mecanografiada.

17. *El café de las flores,* comedia en tres actos.

Teatro Reina Victoria, M, 9-X-53. Compañía de Fernando Granada y Tina Gascó.

Alfil, 86, M, 1953.

Traducida al portugués (1-VII-54).
Una copia mecanografiada.

18. *La cena de los tres reyes,* farsa en tres actos.

Teatro Alkázar, M, 19-X-54. Director: Cayetano Luca de Tena.

Alfil, 111, M, 1955.

Traducida al inglés (15-V-61).

54

19. *Usted no es peligrosa,* comedia en tres actos.

    Teatro Infanta Isabel, M, 22-X-54.

    Alfil, 118, M, 1955.

20. *La guerra empieza en Cuba,* farsa en dos actos, el segundo dividido en dos cuadros.

    Teatro Reina Victoria, M, 18-XI-55. Compañía de Fernando Granada y Tina Gascó. Director: Fernando Granada.

    Alfil, 142, M, 1956.
    TE, 1955-56, 1957.

    Traducida al inglés.
    Emitida en *Estudio 1* el 27-XII-78.
    Versión cinematográfica.

21. *La vida privada de mamá,* comedia en tres actos.

    Teatro Reina Victoria, M, 3-X-56.

    Alfil, 168, M, 1956.

    Traducida al portugués (2-IV-57).
    Emitida en *Estudio 1* (24-XI-72) y en *Risa Española* (6-V-69).
    Una copia mecanografiada de la adaptación para *Risa Española.*

22. *También la buena gente...,* farsa en tres actos.

    Teatro Tarragona, Tarragona, 31-X-57. Compañía de Lilí Murati.
    Teatro Fortuny, Tarragona, 4-XI-57.
    Teatro Barcelona, Barcelona, 12-XI-57.

23. *Esta noche es la víspera,* comedia en dos actos y un prólogo.

    Teatro Goya, M, 12-XII-58. Director: Manuel Benítez Sánchez-Cortés.

    Alfil, 218, M, 1959.

TE, *1958-59*, 1960.
TSVRI, 193-291.
Odyssey Press, Nueva York, 1968; ed. de Judith
  Merrill.

Traducida al japonés.
Emitida en *Estudio 1* (23-IV-70).
Una copia de la traducción al japonés.

24. *Una investigación privada,* farsa en dos actos.

Teatro carrión, Valladolid, 10-V-58.
Teatro Cómico, M, 25-IX-58.

Una copia mecanografiada.

25. *Tengo un millón,* comedia en dos actos.

Teatro Lara, M, 10-II-60. Director: Adolfo Marsillach.

Alfil, 288, M, 1961.
Traducida al mejicano [sic] (9-III-63) y al portugués
  (23-III-68).
Emitida en Estudio 1 (15-X-71).

26. *De París viene mamá,* farsa en tres actos.

Vitoria, 19-VIII-60. No dispongo del dato del lugar
  de representación.
Teatro Goya, M, 7-X-60. Cía de Lilí Murati. Director:
  Janos Vaszary.

Una copia mecanografiada.

27. *El carrusell,* comedia en dos actos.

Teatro Lara, M, 4-XII-64. Director: Enrique Diosdado.

Alfil, 457, M, 1965.
TE, *1964-65*, 1966, 287-351.
TSVRI, 293-398.
Appleton-Century Crofts, Nueva York, 1970; ed. de
  Marion P. Holt.

Emitida en *Estudio 1* (8-III-67).

Otra versión adaptada a televisión que no llegó a emitirse.

28. *Un paraguas bajo la lluvia,* comedia en dos actos y ocho cuadros.

Teatro de la Comedia, M, 14-IX-65. Director: Víctor Ruiz Iriarte.

Alfil, 503, M, 1966.
TE, 1965-66, 1967, 107-86.
TSVRI, 399-521.

Traducida al inglés.
Emitida en *Estudio 1* (11-II-69), y en *Tarde de Teatro* (28-XII-86).
Versión cinematográfica por May Marqués.
Adaptación cinematográfica basada en esta comedia con el título *Las alegres seducciones de la Plaza de la Encarnación.*
Una copia mecanografiada de la traducción al inglés.
Una copia mecanografiada del guión cinematográfico de May Marqués (BN T-48949).
Una copia mecanografiada del guión de la película *Las alegres...,* basada en esta comedia.

29. *La muchacha del sombrerito rosa,* comedia en dos actos, el segundo dividido en dos cuadros.

Teatro Arlequín, M, 18-IV-67. Director: Enrique Diosdado.

Alfil, 555, M, 1967.
TE, 1966-67, 1968, 303-364.

Emitida en *Estudio 1* (6-I-73 y 25-X-82).
Premio Nacional de Literatura *Calderón de la Barca* 1967.

30. *La señora recibe una carta,* comedia en dos actos.

Teatro de la Comedia, M, 15-IX-67. Director: Víctor Ruiz Iriarte.

Alfil, 568, M, 1967.
TE, 1967-68, 1969, 93-149.

Fragmento en GONZALEZ OLLE, Fernando, *Textos para el estudio del español coloquial,* Eunsa, Pamplona, 1976, 59-63.

Traducida al inglés.
Una copia mecanografiada de la traducción al inglés.

31. *Primavera en la Plaza de París,* comedia en dos actos y tres cuadros.

Teatro Arlequín, M, 1-II-68. Director: Enrique Diosdado.

Alfil, 577, M, 1968.

Emitida en *Estudio 1* (12-I-73).
Premio *María Roland* del Montepío de Autores Españoles 1968.

32. *Historia de un adulterio,* comedia en dos actos.

Teatro Valle-Inclán, M, 27-II-69. Director: Enrique Diosdado.

Alfil, 619, M, 1969.
TE, 1968-69, 1970, 305-371.

Traducida al francés.
Emitida en *Estudio 1* (23-III-74).
Una copia mecanografiada de la traducción al francés.

33. *Buenas noches, Sabina,* comedia en un prólogo y dos actos, divididos en cinco cuadros.

Teatro Arlequín, M, 25-IX-75. Dirigida por Víctor Ruiz Iriarte.

Arte Escénico, 1, Colección Teatral de Autores Españoles, PREYSON, M, 1983. Prólogo de José López Rubio.

Dos copias mecanografiadas.

1.2. *No estrenadas* [2]

1. *Te veré una noche en el mar,* aventura en tres actos.

Enero-febrero de 1936.
Una copia manuscrita.

2. *Un recuerdo nada más,* comedia dramática en tres actos, el último dividido en dos cuadros.

   De septiembre de 1940 a enero de 1941.
   Dos copias mecanografiadas.

3. *Al acorde del violín,* comedia en un acto.

   Sin indicación de fecha de composición. H. 1940-45.
   Próximamente se publicará en la revista *Estreno.*
   Una copia mecanografiada.

4. *La boda es a las ocho,* drama en un acto. Lema: *Canción.*

   Sin fecha, h. 1940-45.
   Una copia mecanografiada.

5. *Margarita y sus ángeles,* comedia en un prólogo y tres actos.

   1945.
   Una copia mecanografiada en tres volúmenes, revisada por la censura teatral el 16-XI-45.

6. *Yo soy el sueño,* comedia dramática en tres actos.

   Publicada en *Fantasía,* 3, 25-III-45, 14-22.
   La primera escena apareció en *Garcilaso,* 17 (IX-44), s. p.

7. *Para ser un poco tonta,* monólogo.

   Sin fecha; después de 1945.
   Una copia mecanografiada.

8. *¿Quiere usted tomar una copa?,* comedia en un prólogo y dos actos.

   Sin fecha, h. 1957.
   Una copia mecanografiada.

9. *Una pistola en el bolsillo,* comedia en dos actos.

   Sin fecha, h. 1976.

Una copia mecanografiada.
Una copia mecanografiada y corregida ológrafamente.

10. *El juicio de los ángeles.*

H: 1978.
No existe manuscrito (vid. 4.1.3.2, cuando me ocupo de *Una pistola en el bolsillo*).

1.3. *Adaptaciones y versiones*

1.3.1. Estrenadas

1. *La puerta estaba abierta,* versión libre de *El pájaro de fuego,* de Lajos Zilahy, en cinco cuadros.

Teatro María Guerrero, M, 13-I-55.
Una copia mecanografiada.

2. *El príncipe durmiente,* comedia en dos actos, el primero dividido en dos cuadros y el segundo en tres. Adaptación de la obra del mismo título de Terence Rattigan por Víctor Ruiz Iriarte. Traducción de Diego Hurtado.

Teatro-Club Recoletos, M, 24-V-57.
Alfil, 193, M, 1958.
Una copia mecanografiada.

3. *La fierecilla domada,* versión libre de la obra de William Shakespeare, en dos actos.

Teatro Infanta Beatriz, M, 3-X-58. Director: Fernando Fernán-Gómez.
Alfil, 229, M, 1959.

4. *Présteme usted mil francos,* comedia en dos actos, el segundo dividido en dos cuadros. Adaptación de la obra del mismo título de Barillet y Gredy.

Teatro Windsor, B, 9-III-60.
Tres copias mecanografiadas.

5. *El capitán Veneno,* adaptación escénica de la novela de Pedro Antonio de Alarcón en un prólogo y dos actos.

   Teatro Marquina, M, 21-XI-63. Dirigida por Fernando Fernán-Gómez y Víctor Ruiz Iriarte.
   Una copia mecanografiada.

6. *Manzanas para Eva,* adaptación de cuentos de Chejov reunidos por Gabriel Arout.

   Teatro Valle-Inclán, M, 20-II-70.
   Tres copias mecanografiadas.

7. *Las tres gracias de la casa de enfrente,* versión de la obra de Eric Schneider.

   Teatro Reina Victoria, M, 14-IX-73.
   Una copia mecanografiada.

1.3.2. No estrenadas

1. *«Rendez-vous» de madrugada,* comedia en tres actos de Yves Chatelaine. Versión española de Ruiz Iriarte.

   Una copia mecanografiada.

1.4. *Colaboraciones*

1.4.1. Estrenadas

1. *Cantando en primavera,* espectáculo musical en colaboración con López Rubio, Arozamena y Mañas; música de los Maestros Parada y Moraleda.

   Teatro Goya, M, 23-IV-59.
   Dos copias mecanografiadas.

2. *Elena, te quiero,* comedia musical en colaboración con Janos Vaszary, música del maestro Parada, en dos actos, divididos en ocho cuadros.

   Teatro Cómico, M, 11-III-60.
   Una copia mecanografiada.

3. *Ocúpate de Amelia,* adaptación de la obra de Feydeau, con Javier Regás.

Teatro Goya, M, 2-XII-61.
Tres copias mecanografiadas y otro ejemplar del acto I.

4. *Nina,* adaptación de la obra de André Roussin, con José María Arozamena.

Teatro Reina Victoria, M, 1-II-63. Dirigida por Ruiz Iriarte.

1.4.2.   No estrenadas

1. *La última noche de solteras,* opereta en dos actos. Libro de Ruiz Iriarte (la música no llegó a encargarse).

Tres copias mecanografiadas.

1.5.   *Proyectos de obras sin terminar*

1. *El smoking rojo.*

No existe manuscrito, pero consta que estaba comenzada.

2. *Palco platea.*

Cuatro folios manuscritos.

3. *Mademoiselle y el dictador.*

Trece folios manuscritos.

4. *Una familia muy distinguida.*

Cuatro folios manuscritos.

5. *Las muchachas salen de noche.*

Veinte cuartillas mecanografiadas.

6. *Estación fin de trayecto.*

Esbozo argumental.

1.6. Colectáneas

1. RUIZ IRIARTE, Víctor: *Tres comedias optimistas,* Artegrafía, M, 1947.

   Contiene un interesante prólogo (3-6) sobre el concepto de *optimismo* y tres obras: *Un día en la gloria* (7-30), *El puente de los suicidas* (31-88) y *Academia de amor* (89-155).

2. *Teatro Selecto de Víctor Ruiz Iriarte,* Escelicer, M, 1967.

   Prólogo de Ruiz Iriarte (5-12) donde afirma que la selección ha sido hecha buscando la diversidad en el autor de siempre. Comenta luego cada una declarando la intención que le movió, su tema básico y sus propósitos. Las obras incluidas son *El landó de seis caballos, El gran minué, Esta noche es la víspera, El carrusell* y *Un paraguas bajo la lluvia.*

2. Obras para televisión

2.1. Series originales

1. *La pequeña comedia.* Premio Nacional de Televisión 1967.

   Milady, objetos para regalo (1-I-66).
   El presidente y la felicidad (8-I-66).
   Víspera de boda (12-I-66).
   Como un vuelo de palomas (20-I-66).
   Un ramo de rosas (29-I-66).
   Cándida (5-II-66).
   Esta noche en el campo (12-II-66).
   Los egoístas (19-II-66).
   Amador el optimista (26-II-66).
   El collar (12-III-66).
   El secreto (19-III-66).
   Cuando ellas quieren ser (26-III-66).
   Sala de espera (2-IV-66).
   El buscador de maravillas (16-IV-66).
   Daniel (7-V-66).
   Después del coktail [sic] (21-V-66).

La fuga (28-V-66).
El hombre del organillo (4-VI-66).
Los padres y la primavera (11-VI-66).
El piso (18-VI-66).
El café (25-VI-66).

2. *La pequeña comedia* (segunda parte).

El coche (10-X-66).
Llamada a media noche (17-X-66).
Los celos (29-X-66).
El barrio y el rascacielos (5-XI-66).
La estrella vuelve (12-XI-66).
Los novios de la Plaza Mayor (19-XI-66).
Viaje a Roma (26-XI-66).
Invitación para cenar (3-XII-66).
El último sentimental (10-XII-66).
Los viejos amigos (17-XII-66).
La velada (31-XII-66).

3. *La pequeña comedia* (tercera parte).

Un ladrón extravagante (31-I-68).
Claveles en la oficina (7-II-68).
El ensayo (14-II-68).
Un pequeño milagro (21-II-68).
Velada sentimental (4-III-68).
Rosita (11-III-68).
El fantasma (18-III-68).
Tú y yo (25-III-68).
En el bar (1-IV-68).
El día más brillante (8-IV-68).
En el patio (15-IV-68).
Ida y vuelta (3-V-68).
Este fin de semana (17-V-68).
La visita (24-V-68).
Petición de mano (31-V-68).
El anuncio (21-VI-68).
Un cheque al portador (28-VI-68).
Un pequeño drama (5-VII-68).
Una noche de verano (12-VII-68).

4. *Juegos para mayores.*

    Comedor reservado (18-I-71).
    Una mañana (25-I-71).
    La visita del médico (1-II-71).
    La finca (8-II-71).
    La llave (15-II-71).
    El jubilado (22-II-71).
    Gente divertida (1-III-71).

5. *Buenas noches, señores.*

    Presentación (10-V-72).
    La mano derecha (17-V-72).
    Evasión (7-VI-72).
    Nuestro hogar (14-VI-72).
    Intermedio sentimental (21-VI-72).
    Nocturno (28-VI-72).
    Profesora de inglés (5-VII-72).
    Esta vida difícil (12-VII-72).
    Un día en casa (19-VII-72).
    Diálogos de medianoche (26-VII-72).
    El aniversario (2-VIII-72).
    La hora del ángel (9-VIII-72).
    Despedida (16-VIII-72).

6. *Telecomedia.*

    El viajero impertinente (12-X-74).
    Se vende un apartamento (19-X-74).
    Intermedio (2-XI-74).
    Martínez y el director (9-XI-74).
    La oportunidad (16-XI-74).
    El teléfono (23-XI-74).
    El granuja (30-XI-74).
    El homenaje (7-XII-74).
    Comida de boulevard (14-XII-74).
    Velada confidencial (28-XII-74).
    Madrugada sentimental (4-I-75).

7. *El señor Villanueva y su gente.*

    Noche de invitados (16-VIII-79).
    Una mañana de primavera (23-VIII-79).

El amor en casa (30-VIII-79).
Una cana al aire (6-IX-79).
Una conquista de mamá (13-IX-79).
Una situación difícil (20-IX-79).
El chico no ha dormido en casa (27-IX-79).
Una pequeña aventura (4-X-79).
Un invitado en domingo (11-X-79).
La hospitalidad (18-X-79).
Una visita de cumplido (25-X-79).
La boda (1-XI-79).
El aniversario (8-XI-79).

2.2. *Adaptaciones para TV de obras dramáticas de otros autores*

1. *La comedia nueva o el café*, de Leandro Fernández de Moratín (27-II-81).

2.3. *Adaptaciones a TV de obras dramáticas de Ruiz Iriarte*

1. En *Estudio 1*:

    El carrusell (8-III-67).
    El aprendiz de amante (26-XII-67, 4-VIII-75 y 25-VIII-78).
    El landó de seis caballos (4-VI-68).
    Un paraguas bajo la lluvia (11-II-69).
    Esta noche es la víspera (23-IV-70).
    Tengo un millón (15-X-71).
    Juego de niños (3-XI-72).
    La vida privada de mamá (24-XI-72).
    La muchacha del sombrerito rosa (5-I-73 y 25-X-82).
    Primavera en la Plaza de París (12-I-73).
    Historia de un adulterio (23-III-74).
    La guerra empieza en Cuba (27-XII-78).

2. En *Risa Española*:

    La vida privada de mamá (6-V-69).

3. En *Novela*:

    El pobrecito embustero (cinco capítulos de media hora) (28-VIII a 1-IX-67).

66

4. En *Teatro Breve*:

Un día en la gloria (22-II-81).

5. En *Tarde de teatro:*

Un paraguas bajo la lluvia (28-XII-86).

2.4. *Ediciones de obras para televisión*

1. RUIZ IRIARTE, V., *La pequeña comedia*, Colección 21, 42, Escelicer, M, 1967.

Incluye una selección de trece telecomedias y un prólogo.

2. HOLT, M., y WOODYARD, G., *Tres telecomedias de España,* Heath and Company, Massachusets, 1971.

Incluye *El presidente y la felicidad, Amador el optimista* y *Sala de espera.*

3. GUIONES DE CINE

3.1. *Como guionista o colaborador*

1. *Una gran señora.* Sobre la obra del mismo título de Enrique Suárez de Deza. Planificada por Ruiz Iriarte, Marquina y Luis C. Amadori.

2. *Mi noche de bodas.* Inspirada en un asunto original de André Solft e Istvan Bekeffi, adaptado por Ruiz Iriarte y Tulio Demicheli.

3. *Carta al juez.* Autor: Manuel María Salón. Diálogos: V. Ruiz Iriarte, M, 1977 (BN T-51847 y T-53112).

4. *Papá, mi caballo y tú.* Argumento y diálogos: V. Ruiz Iriarte. Basado en una novela corta original de José Mallorquí [3] (*La llamada de Anytt*; desconozco los datos de edición). Guión técnico de Antonio del Amo (BN T-38326).

5. *Crucero de verano.* Guión en colaboración con Luis Marquina y José Vicente Puente (BN T-39436).

6. *De mujer a mujer,* de la obra de Benavente *Alma triunfante,* con Pemán, Escrivá, Ricardo Juan, Luis Lucía y Abad Ojuel.

3.2. *Como asesor*

1. *Experiencias prematrimoniales.* Argumento y diálogos: Pedro Massó. Diálogos adicionales: José Luis Martín Descalzo, con la colaboración de V. Ruiz Iriarte, M, 1972 (BN T-45396).

2. *Me gusta mi amante, aunque sea mi mujer.* Autores: Javier Aguirre y Alberto Sánchez Insúa, con la colaboración de V. Ruiz Iriarte, M, 1977 (BN T-51435 y T-51698).

3.3. *Inédita*

1. *El puente de los suicidas.* Se conservan dos copias de una sinopsis cinematográfica inacabada de esta obra, que ocupa seis folios. H. 1946.

4. ARTÍCULOS EN PUBLICACIONES PERIÓDICAS [4]

4.1. *Artículos literarios*

4.1.1. Autobiográfico

1. «Vaje alrededor de un escenario. I. Los niños de ahora y los de antes», *Teatro,* 1, XI-52, 41-45.
   Rememora los años de su infancia madrileña, especialmente el Grupo Artístico que fundó su padre con unos amigos aficionados al teatro, que daba representaciones benéficas, y en el que Ruiz Iriarte, siendo niño, debutó como actor.

2. «Viaje alrededor de un escenario. II. Cómo surge un autor novel», *Teatro,* 2, XII-52, 42-47.
   Adolescencia: decidió ser pintor. Con el nacimiento de su vocación por el teatro comienza su lucha por estrenar las comedias que va componiendo. Comentarios sobre los ambientes teatrales de los años 30.

3. «Viaje alrededor de un escenario. III. La primera juventud», *Teatro,* 3, I-53, 37-41.

Sus inicios en el periodismo con el fin de adquirir un nombre. Esta experiencia como periodista le benefició en su carrera dramática, porque le hizo sentir la necesidad de tender a la síntesis.

4. «Viaje alrededor de un escenario. IV. El estreno», *Teatro*, 6, IV-53, 25-30.
   Historia personal de su primer estreno en 1945. Se enfrenta con la necesidad de buscar «su público». Amigos y ambiente literario de la posguerra.

5. Refundición de los cuatro artículos precedentes leída en Televisión Española (24-VIII-58). Nueve folios mecanografiados.
   Incluye comentarios acerca de sus primeros años como autor profesional.

4.1.2. Sobre temas teatrales

4.1.2.1. Naturaleza del teatro

— «El romanticismo y el otro sentido de lo teatral», *Juventud*, 8-II-43.
   El teatro romántico periclitó con su énfasis, pero el teatro permanece. ¿Cuál es su núcleo? *El más importante valor de una obra dramática [está] (...) en el tufo y en el cariz de su ambiente (...) el teatro es arte de gigantescas peculiaridades intuitivas, como poesía que es en fin de cuentas (...) el sentido dramático es prebenda natural que portan algunos hombres (...) como un miembro más de fisiología espiritual (...) gentes innocuas e insólitas guardan, aunque lo aceptemos de mal grado, la técnica intuitiva de cualquier gran autor de voz universal sin su previsión [sic] de cultura. Sin la otra sensibilidad que el saber da a la sensibilidad natural.*

— «Pregunta al porvenir sobre el teatro. Derrumbamiento del énfasis en la humanidad», *El Español*, 9-X-43, 3.
   Con el presupuesto de que el teatro se ha conformado históricamente con la sociedad que lo rodeaba, hace un brillante recorrido a la historia mundial de la escena y concluye que, sin embargo, hoy no tenemos el teatro natural, inteligente y poético que nuestro momento reclama. *El teatro necesita un poeta, iluminado y mesías, que le invente una*

retórica nueva (...) Necesitamos un poeta que, manejando las buenas sustancias antiguas, invente un teatro para un mundo sin énfasis. Este texto sirvió como base para su conferencia «El teatro, su gracia y su desgracia» (vid., más adelante, 4.6).

— «De la naturalidad», *Informaciones* (en adelante, *Inf*), 4-IV-53; *La noche* (Santiago de Compostela), 17-IV-53.
El teatro es el eterno reflejo de la sociedad: la sociedad ya no es enfática y el teatro tampoco. Es natural y transparente. *El permanente problema de aderezar una situación con un diálogo acorde sigue en pie.* Se refiere a *este juego de tres —autor, actor, público— que en definitiva es el teatro (...) ante un público que por ser mejor es más difícil, la labor del autor se hace más dura y complicada.*

— «Teatro con naturalidad», *EL*, 14.
Hay que hacer un teatro donde los viejos sean viejos, los jóvenes, jóvenes (...) Tenemos que inventar nada menos que la naturalidad (...) La juventud no aceptará jamás el teatro con el énfasis que nosotros lo sentimos.

— Respuesta a la encuesta «El autor, frente al público y la escena», *El Español*, 8-VI-46, 5.
El milagro de la comunión escena-público tiene su origen en un brote espiritual: la imaginación del autor, que es *todo* el teatro, aunque, como arte que no es puro, necesite unos colaboradores. Pero *el arte de interpretar no es ni más ni menos que la soberana humildad de comprender. Después, a mayor humildad, más genio.*

— «Monólogo ante la batería», *EL*, 29.
La mentira se deriva de la verdad. Es su mohín, travieso y alegre. Es, casi siempre, la forma.

— «Monólogo...», *EL*, 32.
Teatro de masas y teatro de minorías: el teatro es un arte de minorías. A él acude no la masa, sino el público, que, por numeroso que sea, es siempre una selección de la masa. *El teatro se enfrenta con el hombre —con los hombres, con el público— de un modo individual. ¿Cómo, pues, ha de ser el teatro un arte de masas? (...) el teatro puede mostrar lo que la vida no muestra. No conocemos otra definición más hermosa.*

70

— «Los viejos tópicos: De la minoría a las masas». (Sin localizar.)

Ya no hay teatro de minorías y teatro de masas y en realidad nunca lo hubo. De minorías se llamaba a lo pedante, de masas a lo vacío de sentido literario. El teatro nunca ha sido de masas porque siempre se ha dirigido al público, que es una autoselección de la masa. Paradoja: el teatro de hoy se llamaría de minorías hace unos decenios y es precisamente hoy cuando los públicos abarrotan las salas.

— «El teatro, la literatura y los escritores», *EL*, 5.

Se da una diferenciación boba y callejera entre «autor» y «escritor» (...). El teatro es un menester literario, una forma de expresión que precisa para sí, para expandir su contenido, una peculiar filosofía de escritor. La realidad es que en todo autor ha de existir un hombre de letras, pero ello no quiere decir que en todo escritor haya un dramaturgo. El teatro es una intuición, un puro trance casi milagroso. Pero milagrería inútil —truco— cuando no se enriquece con la depuración de la gracia, con el pensamiento y la cultura.

— «Monólogo...», *EL*, 18.

Creemos en la verdad, linda, mágica y hechicera de la palabra. Sabemos que el más prodigioso encanto del teatro está en su voz, en su música, en su polifonía dialéctica... En lo que no es ciencia u oficio, sino poesía. ¿Que todos los temas están hechos? Naturalmente. Por eso es tan difícil hacer teatro. Porque hay que hacerlo «otra vez».

— «El teatro en España», *EFE*, 30-V-66.

¿Que a un autor sólo le importan sus palabras? Sí. ¿... lo demás, decorados, luces y vestidos, que es importantísimo y accesorio a la vez, puede suplantar la importancia de la frase dicha a punto con emoción y con gracia, con ritmo y con sentido? (...) Para el autor, ¿quién es el mejor director de su obra? Aquel, sin duda, que fiel al espíritu de un manuscrito monta esa obra y no «otra».

— «Risa, risa, risa», *EL*, 2.

Enérgico repudio del teatro cómico español: *Consecuencia de un teatro para reír sin clasicismo, son estos cincuenta años últimos de juguetes cómicos (...) en los cuales ni en*

71

un solo caso probablemente se promovió la risa por elementos inteligentes dependientes de la sensibilidad y la cultura, sino por visajes caricaturescos y zafios (...). Carcajadas de este hombre medio español que ríe de un modo mecánico y muscular. Como remedio se apunta la creación de un humor inteligente: *junto a la permanencia augusta de un teatro dramático con vigor universal (...), necesitamos crear un humor nacional nuestro, genérico, pero tan importante que resulte con gratitud de arte ante todos los climas.*

— «Monólogo...», *EL*, 27.

La comicidad en el teatro se puede provocar de muy diversas maneras, casi todas nobilísimas. Por una razón de diálogo, por un regocijo de situación, por un accidente extraño a la situación y al diálogo. Se puede hacer reír también a la gente a propósito de un ramo de flores o de un botijo...

— «El teatro en España», *EFE*, 25-IV-66.

El humor precisa del espectador que está en el secreto. Del humorismo se espera siempre una fuga hacia el drama, porque la ironía es una actitud de desconsuelo velada por una elegante discreción mental (...). Lo cómico (...) opera de un modo fulminante y casi físico sobre sus más íntimos resortes sensibles. García Alvarez, Muñoz Seca, Alonso Millán son cómicos.

— «El teatro en España», *EFE*, 4-IV-66.

Se ha perdido para el teatro un caudal de gente que acude con pasión al fútbol o al cine de barrio y que no parece recuperable a corto plazo. ¿Que no encuentran un eco de su propia vida? *El teatro de hoy, como el de ayer y de mañana, es un puro receptáculo de los latidos de su tiempo (...) Hasta la ficción más desprendida de la realidad inmediata, en el teatro llamado de evasión, que es, por fortuna, irremediable y eterno, que surge por una razón poética, intemporal, se descubre bien visible la huella del presente. Las esencias del teatro son el pensamiento, la imaginación, la poesía, la gracia y el ingenio, servidos por la palabra.*

— «Monólogo...», *EL*, 22.

Cuando se nos dice que este o el otro escritor ha pergeñado una comedia profunda, a priori nosotros estamos dis-

puestos a no creerlo. Porque la profundidad en el teatro, si es auténtica, no se nota. Por el contrario, cada día amamos más la deliciosa y aparente intrascendencia como sutilísimo camino de la belleza hacia la verdad.

— «Monólogo...», *EL*, 18.

El más bello teatro sería aquel en que al comenzar la representación, a telón corrido, un comediante, adelantándose hasta la batería, se dirigiese al público así: ¡Señoras y señores! ¡Márchense los que no sueñen!

— «Monólogo...», *EL*, 24.

El teatro es un problema de equilibrio de sueños. No sueñe usted demasiado. Pero, por favor, no escriba usted sin soñar nada. Y, sobre todo, que sus sueños vivos, alegres, emocionados, tiernos, nos convenzan con su belleza y no con sus gritos (...) sólo aceptamos los que pueden dialogar correctamente entre sí y con los sueños de los demás.

— Entrevista en *EL*, 27.

El producto artístico —teatro, novela, pintura, poesía, música— es la quintaesencia de una sensibilidad en alianza con la inteligencia.

4.1.2.2. Géneros dramáticos

— «De lo cómico y de lo dramático», *Triunfo*, 28-XII-55.

Interesantísimo artículo. *Sería muy curioso exponer, largo y sin prisa, cómo por paradoja sobre lo que comúnmente se cree, desde el punto de vista literario significa una mayor función intelectual la elaboración de una farsa que la composición de un drama. Porque el drama cuando más se aparta del intrincado y complejo mundo del cerebro, más resortes dramáticos, esto es, sensibles —mundo del corazón—, obtiene. Por el contrario, la obra cómica —con su extensa escala de estilos (...)— ha de estar toda ella formada por elementos de clarísima fuente literaria: la caricatura, la ironía, el anacronismo, la paradoja.* Distinta suerte en el tiempo de ambos géneros: lo cómico es irremediablemente pasajero, porque pierde su efecto. *Sólo hay una zona difícil y prodigiosa de lo cómico: cuando se logra alcanza posibilidades de posteridad. Es precisamente cuando se roza con lo trágico... Me refiero a la tragicomedia, quizá el más bello de todos los géneros teatrales.*

73

— «De la comedia y de los géneros», *EL*, 26.

Muy interesante artículo. *El drama es un género popular, la peripecia cómica también; la comedia es un género minoritario. La risa y el llanto son propiedad de todos los hombres; lo sutil, la captación del matiz, la ironía, las lágrimas apenas descubiertas son facultad de unos cuantos... La comedia, que puede ser un compendio armonioso e ingrávido de todos los géneros teatrales, es el menos teatral de todos los géneros. Pero es el más bello. Y el más importante (...). La comedia es el género teatral de este tiempo, no lo es la tragedia (...), no lo es el juguete cómico (...). Una comedia tiene su encanto, más que en el brío de su argumento o en lo prolijo de sus situaciones, en la gracia de su dialéctica.* Reconoce el influjo francés de este punto de vista: Molière.

— «El actor para todo el juego». No localizado.

Rechazo de la vieja obstinación de algunos actores fieles a lo cómico o dramático exclusivamente, que se da en España, pero no en Francia. Citando a Lorca, *en el teatro todo es noble, desde la tragedia al vodevil.*

— «El teatro musical», *Inf*, 10-IV-66.

Expresa su deseo de que en el Teatro de la Zarzuela, aparte de las obras del género, empiece a cultivarse teatro musical adaptando obras ya consagradas como se hizo fuera de España con *Pigmalion* y *Romeo y Julieta.*

— «Monólogo...», *EL*, 25.

... en el teatro todo puede ser poesía. Hasta la frivolidad.

— «El teatro en España», *EFE*, 14-II-66.

Se pregunta si la zarzuela es un género vivo o una pura y soñadora nostalgia.

4.1.2.3. Crítica teatral

— «La otra crisis», sin localizar, h. 1953.

Se chancea de los que continuamente hablan sobre la crisis del teatro. Antes que nada, lo mismo ocurre en toda Europa. Lo que ocurre es que se ha producido un desconcierto en el público, fruto de una transición en el modo de hacer teatro. Resulta que hay melodramas ya pasados que triunfan y obras de mérito de autores que hace años triunfaron con producciones semejantes que son rechazados por el público. *¿No será que al viejo teatro apasionado y elemental, «todo corazón», le faltaba un poco de inteligencia y a este teatro de hoy, tan inteligente que a veces un concepto levanta todo un argumento, le falta en ocasiones un poco de corazón?*

— «El tiempo de la naturalidad», libreto del Teatro de Cámara, 9, con *Frenesí,* de Ch. Peyret-Chappuis. Teatro de la Comedia, M, 29-V-50.

...inventar esa verdad graciosamente, artísticamente, restarle a la teatralidad el viejo énfasis, es uno de los más puros milagros literarios que puede ofrecernos una evolución teatral (...) el teatro contemporáneo más eficaz es el teatro menos «teatral» que ha existido. (...) el teatro no es sólo ingenio y literatura, como muchos creen, sino arquitectura también, desde los griegos hasta hoy. (...) La personalidad dramática no está en los temas ni en las situaciones, sino en el garbo y el acento del diálogo. Todo lo demás, en el teatro y en la vida, se repite a lo largo del tiempo.

— «Meditación de un optimista», *Inf,* 24-IV-51.

Balance del teatro español del siglo XX. Otros hacen malos augurios, pero Ruiz Iriarte lo ve con optimismo: se ha elevado el nivel del público; hay buenos actores, directores y espectáculos teatrales; se estrenan de vez en cuando excelentes comedias; en los Estados Unidos se habla de «decidido resurgimiento del teatro español». En definitiva, el teatro está como siempre, luchando, como en el siglo XVI o en tiempos de las censuras a Benavente, Arniches o los Quintero.

— «Teatro Español», *Boletín del «Teatro del Arte»* (lo dirigía Pablo Puche), M, febrero 1952.

Brillante defensa del teatro español y su vitalidad, frente a los pesimismos, apoyándose en dos bases: lo mismo ha ocurrido con los hoy indiscutibles Benavente, Quintero, etcétera. Las estadísticas engañan; puede dárseles la vuelta y entonces resulta que el teatro español sale ganando.

— «El teatro español en el extranjero», *Inf,* 17-IV-54.

La situación en este aspecto ha mejorado con respecto a años anteriores, pero ¿no podría hacerse algo de manera más organizada y eficaz?

— «El teatro en España», *EFE,* 7-III-66.

Franz Molnar, Ladislao Fodor y Janos Vaszary habían inventado el teatro de la sonrisa, el «teatro húngaro», que hoy ya no interesa. *La sonrisa, que sigue siendo una prenda preciada e impagable, hay que provocarla con más resuelta y decidida intención.*

— «El teatro en España», *EFE,* 8-V-66.

La parcialidad y deslealtad intelectual de las habituales clasificaciones críticas molesta a los autores.

— «El teatro en España», *EFE,* 3-X-66.

Es curioso observar una y otra vez cómo el teatro de intención social avanzada (en este caso, *Raíces,* de Arnold Wesker) *sólo se impone cuando se ve asistido por la burguesía.*

4.1.2.4.   De circunstancias

— «El teatro en España», *EFE,* 7-II-66.

Es necesario estimular las intuiciones y dar cauce a las novedades. Pero no se puede obligar al público a que las apoye y sin público no hay teatro posible. Actitud favorable hacia los Teatros Universitarios.

— «Un teatro de cámara», *EL,* 7.

Es necesario un público de vanguardia, instalar un Teatro de Cámara para la formación de nuevos autores, directores y actores al margen del teatro comercial.

— «El teatro en España», *EFE,* 21-III-66.

En el Ateneo de Madrid se ponen en escena, con gran éxito, obras de vanguardia ante un juvenil auditorio. ¿Qué dirá el gran público, *que es, en resumen, el receptor insobornable de todos los mensajes?*

— «Pero la melancolía no se filma en technicolor», *Inf,* 31-XII-49.

El color es *la expresión plástica y animada del candor y del gozo,* pero *me atrevo a profetizar que el espíritu europeo (...) no admite su expresión cinematográfica en technicolor.* A propósito del estreno de *César y Cleopatra,* de G. Bernard Shaw, en color.

— «Carta a Miss Silvia a propósito de Mattie» (sin localizar).

En forma epistolar, comenta la diferencia de sensibilidades entre Europa y América.

— «¿Dónde estuvo usted anoche?», *Inf,* 5-IV-58.

La televisión no podrá desplazar al teatro en cuanto a público. Si acaso, lo hará con el cine. El teatro no es teatro fuera del teatro. *La voz, la presencia, la realidad viva de los actores no existen fuera de sí mismos.*

— «El teatro en España», *EFE,* 14-III-66.

La televisión combina el teatro (la situación) y el cine (juego de tiempo, brinco de escenario). La gran ventaja de la televisión es la posibilidad de estrenar semanalmente ante decenas de miles de personas de la más variada condición.

— «De Broadway a Moscú», *La Región. Diario de los españoles en Europa,* XII-66.

Repaso a la cartelera madrileña.

— «Dias de diversidad», *La Región,* h. I-67.

Comentarios a la cartelera madrileña.

— «El teatro en España», *EFE,* 23-V-66.

Pulso de la actividad teatral.

— «El teatro en España», *EFE,* 28-VI-66.

Elegante rechazo de un número monográfico de una revista madrileña sobre teatro español (se refiere a *Cuadernos para el diálogo,* III, VI-66). *Sus pesimistas redactores no son (...) objetivos. (...) sentido político más que literario.* Se pregunta si, como dice esa revista, el teatro español no ha existido.

— «Un nuevo éxito del primer teatro español, *Fuenteovejuna,* una realización sorprendente», *EL,* 15.

La fuerza de la obra hace olvidar sus defectos de construcción. La realización de Cayetano Luca de Tena suscita rendidas alabanzas, especialmente en el aspecto plástico y espectacular.

77

— «El teatro en España», *EFE,* 24-I-66.
A propósito del estreno de *Los siete infantes de Lara,* de Lope de Vega, se muestra poco partidario de los montajes abundantes de medios para las obras clásicas.

— «La noche del estreno», *Inf,* 28-III-59.
Sobre la composición del público la noche del estreno.

— «Del TEU al Teatro de Cámara», 17-IV-65.
Recuerdos y elogios del TEU de Madrid que dirigió Modesto Higueras, ahora nombrado director del Teatro Nacional de Cámara y Ensayo.

— «El teatro en España», *EFE,* 26-VII-66.
Sobre el problema de las dos representaciones diarias. No se pronuncia, pero augura que acabará imponiéndose la representación única.

— «El teatro en España», 19-VII-66.
Sobre la figura del autor-empresario como procedimiento para explotar por provincias los éxitos madrileños. La experiencia con las jiras de Casona fue negativa. La solución debe ser un hombre de teatro integral al modo de Lope de Rueda.

— «El teatro en España», *EFE,* 20-VI-66.
Resulta muy prometedora la nueva Ley de Protección al Teatro.

— «El teatro en España», *EFE,* 2-V-66.
La Fundación March construye el Teatro de la Opera sobre el viejo Teatro Real. En el de la Zarzuela se representa una ópera con todo su fasto social.

— «París, este invierno», *Teatro,* 14, I-II-55, 49-54. Incluido en *Un pequeño mundo* como «Postal de París», 19-29.
Impresiones y comentarios sobre la temporada teatral en la capital francesa.

4.1.3. Sobre figuras del teatro y literarias [5]

— «El teatro en España», *EFE,* 21-II-66.
Juicio negativo sobre la obra de Edward Albee *¿Quién teme a Virginia Woolf?* En occidente aún *quedan indivi-*

78

duos (...) de los que alzan en vilo a todas horas su pequeño
y delicado tesoro de honestidad (...). Porque el pesimismo
puro es una actitud intelectual tan falsa, tan inmoral y tan
sectaria como el optimismo a ultranza.

— «De dos a cuatro», *Juventud,* 1-III-44.
Reseña de la recopilación de trece cuentos de humor,
encabezados bajo ese título, de Julio Angulo.

— «Un romántico» (Julio Angulo), *ABC,* 19-VI-69.
Cariñoso recuerdo de su amigo recién fallecido. Angulo
amaba el oficio de escribir, pero no tuvo ninguna fortuna.

— «El teatro en España», *EFE,* 17-I-66.
Se estrena en Madrid *Romeo y Jeannette,* de Anouilh.
Comentarios laudatorios a su teatro. Defiende su actualidad
y la vigencia eterna del humor.

— «El autor y *La Alondra*». Sin localizar.
Excepto *El armiño* y *La salvaje,* todas las obras de
Anouilh le seducen. Caracteriza los elementos de su teatro:
un diálogo donde se yuxtaponen lo lírico y lo vulgar, unos
personajes constantes (padre borracho, madre pintarrajeada
y descocada, joven pervertida) y un tema único: la búsqueda de la felicidad mediante la pureza, cuando la pureza se
ha perdido.

— «La casa del poeta». Sin localizar, 1971.
En una casa tan pintoresca como la de D'Annunzio ¿era
posible trabajar?

— «El teatro en España», *EFE,* 31-I-66.
Versión reducida de *Tres maestros...* Análisis de los
tres autores cuyo centenario se celebraba aquel año. Arniches era un genial conocedor del oficio, creador de *pobres*
hombres que provocan igualmente lágrimas y carcajadas.
Valle-Inclán, un artista de la palabra con todo lo que tiene
de dramático —ironía, humor—, pero carente por completo
de oficio. Benavente es el diálogo sencillo y luminoso, radicalmente opuesto a Echegaray, cualidad hoy poco atendida.
Ante cualquier comedia del día, dialogada con donosura
e inteligencia y construida armoniosamente, la evocación de
Benavente se hace irremediable. Y allí donde surge un pobre
hombre, *un ser cómico y desventurado que nos hace reír*

y llorar a la vez, queramos o no, está Arniches. (...) La huella de Valle-Inclán se halla, por ejemplo, presente en el mejor teatro de Casona y García Lorca.

— «El teatro en España», *EFE,* 28-VI-66.
Elogios a Fernando Arrabal, al que en círculos minoritarios se considera como el único autor español de vanguardia.

— «El teatro en España», *EFE,* 28-II-66.
Describe la historia artística de Arrabal. *Aquí, como en todas partes, el teatro vive un tenso período de transición. Por eso todas las audacias son bien venidas.*

— «Las *Entregas,* de Enrique Azcoaga», *EL,* 32.
Insistencia en el arte para la «inmensa minoría».

— «El secreto del teatro. Don Jacinto en los escenarios», *EL,* 12.
Enfrenta a Benavente y a Echegaray, rememorando *El nido ajeno* y su novedad y parentesco respecto a *El gran galeoto.* Benavente lo hizo todo en un ambiente adverso. Su secreto inaprehensible consiste en haber construido un teatro admirable con el elemento más *antiteatral*: hablar, hablar, hablar.

— «Benavente y su milagro», *Arriba,* 23-I-66, 21.
El más brillante y variado autor dramático desde Lope. Hizo testimonio sin que se notara, por ejemplo, con la presencia en su teatro de las nuevas teorías freudianas (puede referirse a *Nieve en mayo,* estrenada el 19-I-45). En los años 50 quiso atrapar el espíritu de los jóvenes, pero no lo consiguió, y continuaba estrenando porque no tenía más remedio.
Su técnica era asombrosa: sus *antisituaciones* de mesa camilla son lecciones de enseñanza teatral. Enumera ejemplos de efectos patéticos, pondera la teatralidad de los diálogos que, en realidad, son monólogos en su mayoría.
Aunque hoy Benavente no se cotiza en España, augura una segunda vida a su teatro, especialmente a una docena de obras.

— «El centenario de Benavente», *ABC,* 23-XI-66, 3.
Destaca la crítica negativa a que se somete el teatro de Benavente, en contraste con los elogios que se dedican a

Arniches y Valle-Inclán. No entra en su defensa, sino en la inoportunidad del desprecio precisamente en su centenario. (...) *para decir otra vez y con mayor ahínco, si cabe, que Benavente es un escritor sin compromiso, un autor decadente, frívolo, ligero y superficial, un redomado burgués, en suma —todo lo cual es alarmantemente subjetivo y discutible—, siempre hubiera quedado tiempo.*

— «El último estreno», en el libreto de un homenaje a Benavente.

Recuerdos personales.

— «El teatro en España», *EFE*, 13-X-66.

¿Por qué falta calor en el esperado estreno de *Madre Coraje*, de Bertold Brecht? Por la difícil asociación del espíritu germánico y el latino, porque falla la *distanciación*, porque el alegato contra la guerra ha perdido actualidad y es, por otro lado, universal.

— «El teatro en España», *EFE*, 13-VI-66.

Con la muerte de Ricardo Calvo muere el teatro en verso.

— «El teatro en España», *EFE*, 3-I-66.

¿Por qué las reposiciones de Lorca, tan esperadas, no logran éxito de público? ¿*...es que, hoy como ayer, (...) García Lorca sigue siendo, nada más y nada menos, un prodigioso y exquisito autor de minorías? (...) A la vuelta de una tremenda esquina del tiempo, las cosas están en principio como estaban entonces, cuando hace ya treinta años se daba* Nuestra Natacha *en el Reina Victoria, rebosante de espectadores todas las noches, y* Yerma, *aplaudida con la locura en la velada de estreno, languidecía en el Teatro Español.* Alude a causas estrictamente literarias.

— «Primera novela», *Juventud*, 25-II-43.

Reseña de *La familia de Pascual Duarte*. Señala la condición antiheroica, casi de romance de ciego, de Pascual. Cela, que conoció personalmente esa Extremadura, ve y cuenta. El resultado es un *grabado realista, violento, crudo (...) con la furia de un esperpento valleinclanesco.* Señala también que la novela se halla en línea con la picaresca y las novelas de aventuras del XIX. Su mayor encanto: la ternura no lograda.

— «El teatro en España», *EFE*, 11-IV-66.

Aprecio del Calderón de capa y espada. Los clásicos deben ser adaptados: así gran parte del éxito de *La Celestina* se debe a la mano de Casona, mientras que *La dama duende,* ofrecida sin adaptación, adolece de defectos de construcción desde la perspectiva actual.

— «Encuentro con la inteligencia». Sin localizar, 1970.

Alabanzas a *El square,* de Marguerite Duras.

— «El teatro en España», *EFE*, 7-II-66.

Sobre *Proceso por la sombra de un burro,* de Dürrenmat. Se nota que era originalmente un guión radiofónico. *Cuando el objeto de la sátira no se presenta con verosimilitud y lealtad intelectual, la sátira, por desgracia, pierde nobleza y eficacia.*

— «Un "fenómeno nacional"», *EL,* 1.

Arremete, duramente pero sin sarcasmo, contra Echegaray. Lo suyo es teatralería: poca dedicación, dilettantismo, superficialidad, contenido hueco y exceso de ripios. *Ofrecemos a los futuros dramaturgos este ejemplo de teatro —teatralería o teatralina, si se quiere— para que lo observen, sonrían y no crean en él.*

— En *El Sol,* 19-VII-34, 5.

Reseña de *Unos pasos de mujer,* de W. Fernández Flórez.

— «El teatro en España», *EFE*, 10-I-66.

Con motivo del estreno de *El sol en el hormiguero,* de A. Gala, le señala defectos —quiso concentrar toda su potencia en una obra— y expresa su mayor confianza en él.

— «Monólogo...», *EL,* 25.

Sobre la primera obra dramática de J. García Nieto, *El retablo del Angel, el Hombre y la Pastora,* estrenada en el Teatro Español.

— «El ibsenismo en 1944», *EL,* 5.

Ibsen tiene un teatro de pregón sociológico, otro de psicología perversa y lejana para nosotros y otro de fábula escénica del que beben Kaiser y Pirandello. *Ibsen quiso (...) revolucionar la sociología y el mundo. No lo consiguió porque la poesía que conmociona no se lo propone nunca.*

Pero, en cambio, de él, de su mundo maravilloso de sus «fiords» y sus crestas heladas, nos vino un teatro en el que todavía estamos aprendiendo.

— «Monsieur Ionescu [sic] publica su *Diario*», sin localizar, 1971.

Nota de lectura.

— «Febrero», *Inf*, 31-XII-52.

Cariñoso recuerdo de Jardiel Poncela, a su muerte. Exalta su pirueta intelectual.

— «Recuerdo de Jardiel Poncela», *ABC*, X-80.

Elogio de Jardiel y lamento de que su prematura muerte le haya impedido contemplar el éxito pleno de su nuevo humor.

— «Los nuevos valores. Benjamín Jarnés» [entrevista], *Ciudad*, 1-V-35.

No he podido encontrar esta entrevista.

— «Breve nota sobre H. R. de Lenormand», en un folleto del Teatro de Cámara, III-51.

Un gran autor al que faltó algo esencialísimo al teatro: la simpatía. Su pureza daba a sus obras ese algo glacial que tiene la verdad absoluta.

— «El teatro en España», *EFE*, 4-VII-66.

López Rubio pertenece a una generación que entiende el teatro como *un problema literario, un menester de gentes de letras, en suma, y no una simple y un poco ruda y compensadora artesanía*. Su generación forma *ahora, sin duda alguna, y a pesar del temporal desvío de críticos y teóricos «comprometidos», el sector consagrado de nuestra literatura dramática.*

— «La muerte cerca del cielo», *El Español*, 30-IX-46.

Semblanza muy elogiosa y emotiva de la personalidad de Eduardo Marquina, que ha muerto en un rascacielos neoyorquino.

— «El teatro en España», *EFE*, 17-IX-66.

Breves y muy positivos comentarios sobre la carrera de Adolfo Marsillach.

83

— «El teatro en España», *EFE,* 13-VII-66.

Mihura tuvo éxito de crítica, pero no de público, en los años cuarenta. Es un precursor del humor moderno y del «teatro del absurdo» desde 1932.

Ahora el público le responde bien y los críticos «comprometidos» le acusan de acomodaticio: *raro es el autor que importa que no se ve envuelto en esa sutil acusación a la hora de su plenitud creadora.* Mihura declara, por contra, que ha llegado a donde siempre quiso llegar. En sus obras de hoy *brilla un oficio superior a la pura intuición dramática de sus primeras creaciones.*

— «El teatro en España», *EFE,* 14-IX-66.

Ninette, modas de París, de Mihura: ironía primorosa, suave y nada pretencioso testimonio de la vida española. Representa la inteligencia de un escritor en plena madurez que, allá en su soledad, observa, comprende y sonríe.

— «El teatro en España», *EFE,* 28-III-66.

El precio de los sueños, de Carlos Muñiz, ahora estrenada, llevaba diez años en un cajón. Muestra un drama, pero no su solución, no su lección. Es una obra triste. De un joven, porque hoy la juventud es insólitamente triste.

— «El teatro en España», *EFE,* 8-V-66.

Lauro Olmo, que, con razón, puede ser clasificado como autor «avanzado» y «comprometido», es secundado por un público burgués, pero resulta que su tercera obra, *El cuerpo,* que contiene una idea de mayor rango intelectual, no logra encendido aplauso.

— «Alfonso Paso», *Primer Acto,* 3, verano-1957, 21-22.

Generoso elogio de este autor.

— «El teatro en España», *EFE,* 18-V-66.

Sobre una obra de Paso, *una parte de la crítica ha estado amable y la otra un tanto esquiva. Pero lo cierto es que la pequeña y bonita sala del Arlequín se ve a diario rebosante de público (...) La inmensa mayoría (...) ríe y se siente dichosa como pocas veces.*

— «Noches de aquí y de allá. Historia de una amistad», *El Español,* 25-V-45.

Sus vivencias personales junto a Miguel Pérez Ferrero.

84

— «Un libro para recordar», *ABC*, 10-VII-74, 3.
Tertulias y grupos literarios, de Miguel Pérez Ferrero, aviva los recuerdos de Ruiz Iriarte.

— «Adiós a un amigo», *ABC*, 25-VI-78.
Artículo necrológico sobre Pérez Ferrero.

— «Este y el otro Priestley», en un libreto del Teatro de Cámara entre IV-VII-1947.
Señala la absoluta variedad de su teatro, difícilmente clasificable. Cultiva el mundo del ingenio, que es la forma superior de expresión del pensamiento. Es ese casi misterioso y secreto parpadeo de la acción lo que da fuerza y gracia a las palabras.

— En *El Sol*, 29-VII-34, 7.
Reseña a *Proclamación de la sonrisa*, de R. J. Sender.

— «Serrano Anguita», *ABC*, 21-II-68, 3.
Artículo necrológico.

— Presentación en TVE de *Mi distinguida familia*, de Enrique Suárez de Deza. Dos folios mecanografiados. Hacia 1976.
Caluroso elogio.

— En la entradilla de una entrevista realizada por Ruiz Iriarte, «¿Cómo ve usted el teatro del porvenir?», *EL*, 3.
Unamuno soñó una escena sin coliseos y sin jolgorio (...) Retorno en la forma a la simplicidad-elegante de la Grecia antigua y en lo profundo a la elocuencia religiosa de Gómez Manrique, Berceo...

— Respuesta de Ruiz Iriarte a una encuesta sobre el teatro de Valle-Inclán, *EL*, 19.
Valle-Inclán no es una novedad, es una innovación (...) junto con Benavente es lo más importante desde hace muchísimos años (...) Su más bella consecuencia hasta hoy es el gran teatro de Federico García Lorca.

— «El teatro en España», *EFE*, 18-IV-66.
Gran triunfo de *Divinas palabras* y decepción por *Aguila de Blasón*. ¿Por qué? La segunda en realidad no estaba concebida para la representación como la mayoría de sus obras dramáticas o dialogadas. ... *algunas obras de Valle-*

Inclán (...) sólo tendrán posibilidades teatrales cuando surja un taumaturgo fabuloso capaz de convertir en valores dramáticos la increíble y brava gracia de sus acotaciones. (...) Pero aún queda por comprobar la posibilidad del «otro» teatro de Valle-Inclán: ¿Estará en esas adorables piezas pequeñas, en ese teatro de ironía y de zumba, en esos enredos de títeres y marionetas vestidos con deslumbrantes colores la auténtica vigencia del teatro de don Ramón María del Valle-Inclán y Montenegro?

4.1.4. Temas artísticos diversos

— «René Clair y los monstruos», sin localizar.

El cine no es más que un problema de imaginación: literatura. Buena o mala literatura. (...) en el film se resume esa prodigiosa mezcolanza tan suya [de René Clair], *tan europea de elementos inteligentes: ironía, ternura, buen humor, poesía...*

— «El arte impenetrable», sin localizar. Incluido en *Un pequeño mundo.*

Sobre la pintura vanguardista. ¿Es válida la expresión artística cuyo mensaje resulta impenetrable? (...) Sólo hay una cosa más oscura que uno de esos extraños lienzos, y es una crítica elogiosa sobre ese mismo cuadro. El arte es, sí, un secreto, pero un secreto a voces.

— «Escribir y escribir», sin localizar, 1970.

La creación pura es imposible. Sólo caben versiones personales de los temas ya conocidos.

— «De esto y aquello», *Diario Vasco,* 24-XI-76.

Diálogo dramatizado de su indecisión ante la máquina de escribir.

— «Las novelas policíacas», sin localizar (incluido en *Un pequeño mundo;* en adelante, *UPM*).

Es un género cuyos resortes no le impresionan. Leve sátira de sus procedimientos.

— «Los héroes tontos», sin localizar; h. 1960.

La inteligencia, que es el gran síntoma del siglo XX, se reviste de apariencias de estupidez: se afirma que el gran teatro es Echegaray, que Simenon es igual que Balzac, que un folletín de Sardou es más que Giraudoux y, en el cine, un cretino pánfilo que se deja robar la bicicleta se convierte en el módulo de la expresión dramática de nuestro tiempo.

— «El arte y el candor», *Juventud*, 18-III-43.

Difusas divagaciones con toques de lirismo. *El candor, como tema artístico, sólo vendrá al artista (...) cuando sea el sorprendente superhombre que resulta de todo hombre que encontró su verdad...*

— «Pintura de la delicia y el candor», *Jornada* (Valencia), 14-V-46.

García Nieto dijo que el pintor Pedro de Valencia hacía una pintura carente de sentido social. Pero es que de Valencia no pinta la vida. Como artista, pinta el resultado de su lírico proceso imaginativo. Además, pinta el candor, que es una «última dimensión».

— «Pedro Bueno o la elegante melancolía», *El Español*, 22-II-47.

Excelente artículo que consiste en una muda polémica entre dos retratos hechos a Ruiz Iriarte por dos pintores distintos. *...todo arte no es más que una sutil ordenación de valores graciosos (...) en arte lo que no es misticismo es realidad, es decir, simple elemento de composición, parte a ordenar en proporciones.*

— «Pedro de Valencia en su ciudad», *El Español, sin fecha*.
Comentario a la exposición de éste en Madrid.

Papeles sueltos

— *En teoría, el teatro inició su última etapa el día en que un dramaturgo genial —Samuel Beckett— descubrió la nada como elemento dramático.*

— *Paradoja: En los versos y en las canciones —poesía también después de todo— de Bertold Brecht está, precisamente, su más antipoética condición: la demagogia.*

4.2. *Artículos costumbristas y de circunstancias*

4.2.1. Antes de 1936

— «Fémina oradora», *Nueva Política* (en adelante, *NP*), 13, 8-IV-33, 17.

La mujer española, sin dejar de serlo, es digna de ocupar un puesto en la tribuna de los oradores políticos. ... *una mujer que se sepa mujer, que tenga el debido concepto de su calidad femenina, no puede sentir más que anhelos de paz, de orden y de religión.*

— «Política de café», *NP,* 14, 15-IV-33, 14.
Forma dialogada. Comentarios a la política del momento.

— «Pérez Madrigal y... Shakespeare», *NP,* 15, 22-IV-33, 8.
Réplica a un artículo de este diputado de la mayoría en *El Imparcial.*

— «La propia moral», *NP,* 18, 13-V-33, 10.
Sobre la prepotencia del gobierno mayoritario.

— «Política y... literatura», *NP,* 19, 20-V-33, 9.
Arremete contra quienes, *para desgracia suya y nuestra, después de medianos literatos, son deficientes gobernantes (...) porque repartieron sus actividades en los dos aspectos. O, mejor aún, porque ninguno de los dos caminos era el de sus vidas.* A estas posturas opone los dignos ejemplos de Unamuno y Ortega.

— «Izquierdismos», *NP,* 20, 27-V-33, 10.
Artículo dialogado entre un conservador y un izquierdista. *...el socialismo, el comunismo y el sindicalismo (...) no son sino un «preludietto» discordante y precario de funestas y desacompasadas armonías.*

— «Tiempos y siluetas. Quijotes del siglo XX», *NP,* 21, 3-VI-33, 9.
Don Francisco Maciá —Presidente de la Generalidad— y Valle-Inclán —director de la Academia de Roma— han sentido el halago del triunfo por su *estela de martirologio y sus excentricidades y su supremacía de pontífice literario.*

— «Paréntesis de vida», *NP,* 22, 10-VI-33, 4.
Sobre un condenado a muerte en Estados Unidos cuya inocencia fue finalmente probada.

— «Mercaderes del arte», *NP,* 23, 17-VI-33, 9.
En torno a un pleito habido en Francia por unas ilustraciones musicales del Quijote.

— «Séneca asesorado por Rivas-Cherif», *NP, 25,* 1-VII-33, 17.

Arremete contra Rivas, inmerecido ganador del Premio Nacional de Literatura 1932, asesor literario del Teatro Español, anunciado en los carteles de una representación de *Medea* junto a M. Xirgu, E. Borrás y Unamuno.

— «Champagne», *NP, 27,* 15-VII-33, 13.

Cinco comentarios independientes. Sobre una lotera y un señorito: *¡Qué hermoso sería arrancar el odio de los de abajo evitando el alarde de los de arriba!*

— «Champagne», *NP, 29,* 19-VIII-33, 16.
— «Champagne», *NP, 31,* 2-IX-33, 13.
— «Champagne», *NP, 32,* 19-IX-33, 11.

Diversos comentarios sueltos sobre actualidad.

— «Mascaradas», *NP, 33,* 26-IX-33, 9.

Duro ataque a Hitler, los nazis y los fascistas en general. *El fascismo es por excelencia el credo de los oscurecidos.*

— «Champagne», *NP, 34,* 30-IX-33, 10 y 34; 30-IX-33, 10 [sic. Por error, el segundo de los artículos corresponde al número 35].

Comentarios sobre actualidad. En el número 35 hay un comentario sobre un suicidio que resulta interesante poner en contacto con *El puente de los suicidas*: la muchacha *es, probablemente, un espíritu idealista que se ha materializado torpemente (...) No es preciso matar para ser asesino. Romper una ilusión es impulsar a los demás a cometer un crimen con su propia vida.*

— «La posesión del jardín», *Ciudad,* 17, IV-35.
Escaso interés.

4.2.2. Como delineante

— «Cómo se trabaja en las obras del Monumento Nacional a los Caídos», *Arriba,* 21-V-43.

— «Pueblos nuevos en el paisaje antiguo», *Arte y Hogar,* 9, X-44, 25-27.

Nueve fotografías y poco texto. Poética versión de la labor reconstructiva de la Dirección de Regiones Devastadas, donde trabajaba Ruiz Iriarte. Las mejoras materiales y sociales harán mejores a los campesinos. Visión optimista. Ninguna alusión a la guerra.

— «Gozo y sentido de la reconstrucción de España», sin localizar.

4.2.3. Comentarista de los cambios sociales

— «La angustia es muy divertida», *Inf*, 12-III-49.
Ha surgido el esnobismo de sufrir y demostrar que uno tiene penas —Sartre, Camus—. Sin embargo, esto ya pasaba en el romanticismo.

— «Los húsares tenían gracia», *Inf*, 27-IV-49.
El resumen de las nostalgias es el café. Pero los cafés son tristes.

— «Los maridos han cambiado mucho», *Inf*, 22-VII-49.
Ahora hay menos adulterios porque los hombres trabajan mucho y la mujer tiene más libertad para andar siempre con el marido. *Me refiero siempre a esas gentes de la clase media que son, en definitiva, las que sintomatizan la evolución sentimental de una sociedad...*

— «Aquellos jubilosos veraneantes», *Inf*, 9-VIII-49 (en *UPM*).
Rememora el tren especial que llevaba gente a veranear a San Sebastián en los años 20.

— «Los jóvenes con barba», *El Noticiero Universal* (en adelante, *NU*), 8-VII-50. Incluido en *UPM*.
Hace contrastar su juventud alegre y bulliciosa con la de los jóvenes de hoy, tristes y desesperados.

— «El café y los escritores», *NU*, 4-IV-51.
Desaparecen los cafés en España como en el resto de Europa. Eran lugares necesarios para la convivencia.

— «Una copa a las ocho», *NU*, 17-V-51, (en *UPM*).
Contrapunto entre las invitaciones a comer de antaño y las actuales reuniones informales de un grupo de amigos en casas particulares, que acaban abarrotadas de gente.

— «La fiesta nacional», *NU*, 14-VI-51.

Ha decrecido absolutamente la afición a los toros, porque la ha absorbido el fútbol. Contraste con sus recuerdos de la calle de Alcalá, en tarde de toros.

— «Noche de *boite*», *NU*, 16-IV-51.

Las «boites» suponen un incomprensible modo de divertirse a base de no hablar y sufrir a oscuras.

— «La falta de respeto», *Medicamenta*, 30-I-54, (en *UPM*).

Quizá lo único a lo que no se le ha perdido el respeto sea la figura del médico. Su recuerdo de las visitas de los médicos de antes.

— «La nueva indumentaria», *Medicamenta*, 29-X-55 (en *UPM*).

El desaliño indumentario ¿es el resultado de una universal tendencia hacia la sencillez? ... *¿No habrá más cerebralismo en esas mangas remangadas de hoy que en el ringorrango de una peluca dieciochesca?*

— «Defensa de los cafés», sin localizar, 18-VI-59 (en *UPM* como «Los cafés»).

Recuerdo de su primera asistencia a un café. Sus mejores amistades han nacido en los cafés. ¿Dónde hace amigos actualmente la gente? ¿Será un sucedáneo de los cafés la costumbre de cenar fuera?

— «El *gourmet* se ha puesto a régimen», *ABC*, 20-I-63.

La gente ahora se empeña en adelgazar y, como consecuencia, se pone triste. Antes había muchos gordos, pero también mucha alegría. Nuestro mundo es tal malhumorado que no vale la pena adelgazar.

— «¿Dónde se puede vivir?», *ABC*, 17-I-64.

Madrid se ha convertido en una ciudad incómoda y antipática.

— «El infortunado peatón», *ABC*, 8-XI-64.

El peatón ha pasado de rey de la ciudad a mártir. Artículo en tono de farsa.

— «El barrio y la sonrisa», *ABC*, 14-IV-65.

Chamberí, el barrio de Ruiz Iriarte, ha perdido perso-

91

nalidad. Tiene todos los libros, fruslerías y chismes imaginables, pero no hay nadie que sonría y dedique tiempo al saludo y a la conversación.

— «La prisa», *ABC,* 9-VI-65.
La gente tiene prisa, y si uno no la tiene se la meten los demás. Por una prisa descoordinada llegarán antes al tercer mundo los frigoríficos que los víveres.

— «El beso de cada día», *ABC,* 24-III-68.
Comentarios a las diversas alteraciones sociales en los tratamientos.

— «Tres mil canciones», *ABC,* 15-II-69.
Las viejas canciones se están olvidando.

— «La gran paradoja», *ABC,* 20-X-70.
Resulta que ahora que podemos vivir más tiempo nos suicidamos con el alcohol, la droga, el tabaco...

— «Las vacaciones», *ABC,* 9-IX-73, 3.
Diversos tipos de veraneo: el español medio, el francés con su «roulotte», los «hippies», el esnob de Marbella, etc.

— «Entonces y ahora», *EFE,* 15-VII-76.
En 1900 veraneaba la aristocracia, en 1920 también la clase media. Ahora lo hacen todos, cada uno a su modo, pero con coche.

— «El hombre medio», *Las Provincias* (Valencia), 27-II-77.
El ciudadano corriente, que hace unos años compró de todo, hoy día es víctima de la crisis.

— «Comer y no comer», *Diario Vasco* (San Sebastián) y *Las provincias,* 4-VIII-76; *El Faro de Vigo,* 6-VIII-76.
Hoy día, con tanta cena fría, comida de negocios, cenas políticas, regímenes alimenticios autoimpuestos y las prisas, ya no se atiende al acto de comer.

Sin localizar

— «Nuestro mal humor», h. 1949.
Muy semejante a «La angustia es muy divertida», supra.

— «Diviértase usted de noche, señor», h. 1951. Incluido en *UPM*.

Relato de la noche de un juerguista: charla en el bar americano, una «boite» a oscuras, juerga flamenca en una venta, unas copas en casa de un amigo porque aún es pronto: no dieron las seis.

— «Los transnochadores», h. 1951.

Recuerdos de sus paseos nocturnos a la salida del café.

— «La vida que se va», h. 1958.

Ya no se puede salir de noche, porque hay que levantarse temprano para ir a la oficina.

— «El cuplé», h. 1958 (en *UPM*).

Establece una relación entre cada época y sus canciones. Aunque el cuplé no encaja con la sensibilidad actual, se mantiene hoy porque es una llamada a lo más elemental, y de eso siempre queda algo.

— «La ciudad», h. 1965.

Las grandes ciudades son inhumanas, suponen la soledad acompañada.

— «Un mundo frenético», h. 1965.

En tono grave, expresa su alarma por el hecho de que la violencia se esté apoderando de casi todos los ámbitos humanos: deporte, suicidios, violencia, violaciones, etc.

— «Divagación sobre la cortesía», h. 1968.

Simpática ensoñación acerca de un mundo de relaciones sociales cordiales y humanas distinto de la crispación que se vive actualmente.

— «Del *snob* y la esperanza», h. 1971.

El esnob existencialista de antes se ha tornado definitivamente un ser desesperado.

— «Las señoras también beben» (en *UPM*).

Ya no hay bebidas nacionales. Nunca se ha bebido tanto como ahora, especialmente las mujeres actuales.

— «Nosotros, los bohemios» (en *UPM*).

Hoy ya no hay bohemios al estilo de las narraciones de Emilio Carrere.

4.2.4. Sobre el progreso técnico

— «Como una mentira de Hollywood», *NU*, 13-IX-50.
Sobre viajes y trenes.

— «Súplica a los doctores», *Medicamenta*, 9-X-54 (en *UPM*).
El fenómeno de la cultura de divulgación es alarmante cuando se trata del autodiagnóstico médico.

— «El teléfono», *ABC*, 10-IX-64.
Sobre la influencia del teléfono en las relaciones sociales. Además, ha terminado con todo un género literario: el epistolar. Por otra parte, hay críticos de teatro que censuran su presencia en escena.

— «Esta loca sabiduría», *ABC*, 14-VIII-65.
El progreso técnico es una dolorosa arma de doble filo: benéfica y capaz de destruir vidas humanas.

— «El inevitable encuentro», *ABC*, 10-X-68.
Si viniera un «ovni» y le contáramos que, a pesar del progreso, hay hambre, odio, racismo..., ya no volverían más.

— «El bienestar y la felicidad», sin localizar, 1966.
Cuando todos los países tengan el nivel de vida de Canadá y, naturalmente, no por eso sean felices, los hechiceros y brujos serán los más idóneos para desarrollar las campañas electorales.

— «La computadora y los detectives», *Las Provincias* (Valencia), 20-II-77.
Si las computadoras van a hacer desaparecer a los detectives, ¿qué será de la novela policíaca?

— «Poca información», sin localizar, 1971.
Dentro de poco, con un receptor en el cerebro, seremos obedientes a otra inteligencia, como hacen ya con los chimpancés. Pero ¿es que es una novedad que los hombres actúen mentalmente dirigidos, en masa?

— «Los nuevos espías», sin localizar, 1971.
Resulta que hay diminutos micrófonos que pueden ins-

talarse en cualquier parte. ¿Qué será de la convivencia natural?

— «La ciudad», sin localizar, VI-1977.

Los vertiginosos cambios de Madrid provocan crisis de identidad porque revolucionan y hacen imposibles los recuerdos.

— «La magia que hemos vivido», sin localizar ni fechar (en *UPM*).

Con adelantos tan abundantes y rápidos los niños de ahora —en contraste con los de antaño— serán incapaces de asombrarse ante nada.

— «El coche», sin localizar ni fechar.

El coche, signo de progreso en otros tiempos, es hoy día fuente de tantas incomodidades que se diría que el progreso se ha equivocado.

4.2.5. Comentarios de actualidad

— «Torres de marfil muy económicas», *NU*, 29-IX-50 (en *UPM*).

Distingue entre aficionados al cine y buscadores de evasión que sólo en el cine *encuentran el ritmo que enlaza con su propia melodía interior.*

— «Hablemos de fútbol», *NU*, 31-X-50 (en *UPM*).

Anécdotas y comentarios sobre su afición al fútbol.

— «La mujer más elegante de París», *Textil*, V-55 (en *UPM*).

Resulta ser una española que va de visita.

— «De las minorías y de la juventud», *Pueblo*, 5-IV-58.

Hay «minorías» que lo son por esnobismo, por designación propia. Las de verdad reciben el calificativo de los demás.

— «El sabio imprudente», *ABC*, 25-VIII-63.

Un sabio ruso ha descubierto una pastilla que permitirá vivir durmiendo únicamente dos horas. Desgraciadamente, tal como están las cosas, las otras seis horas las dedicaremos a todo menos a cultivar el ocio.

— «Un juego de niños», *ABC,* 5-V-64.

Puesto que hay tantos «niños prodigio», que se dediquen ellos a resolver los problemas del mundo y los mayores a divertirse, que es lo que les gusta.

— «La casa y la libertad», *ABC,* 21-I-65.

Elogio y breve semblanza de la SGAE dado a conocer en los días en que la Sociedad de Autores luchaba por incluir a los autores de libros: novelistas, poetas, ensayistas. Quede aquí como testimonio de un noble intento fracasado.

— «Decadencia de la curiosidad», *ABC,* 5-III-65.

El gran público ha desertado del teatro, de los toros, incluso del fútbol, y se ha refugiado en el cine, que no es un espectáculo, sino una necesidad.

— «La rebelión de los palacios», *ABC,* 5-V-65.

Sobre desavenencias entre los cines y la SGAE.

— «Elogio de San Sebastián», *Hoja del Lunes de San Sebastián,* 2-VI-68.

— «El nuevo director», *ABC,* 4-VIII-68, 3.

Las ofertas para ejecutivos exigen dos condiciones incompatibles: experiencia y no más de veinticinco años.

— «Dolce, dolce vita», *ABC,* 26-X-68.

Ha sido asesinado un «play-boy parisién». A la abyección se llega por la soledad, pero también por la pura estupidez. Maigret, en una de sus novelas, le encajó un soberbio bofetón a un frívolo delincuente.

— «Cuestión de faldas», *ABC,* 13-IX-70, 3.

Las modas cambian vertiginosamente.

— «El tiempo libre», *ABC,* 19-VIII-72, 3.

Leves divagaciones sobre noticias de los periódicos.

— «Los ingleses evolucionan», *ABC,* 28-II-76, 3.

Lamento por la desaparición del mítico paradigma británico de la mesura, sustituido por la violencia como método para ventilar diferencias personales.

— «Una tarde en el cine», *ABC,* 30-III-76, 3.

¿Siempre que aparece un desnudo en el cine lo exige realmente el guión?

— «Historias de millonarios», *ABC*, 15-V-76, 3.

Reflexión acerca de la distinta conducta de dos millonarios: mientras uno regala su dinero, otro sigue haciendo negocios desde su lujosísimo retiro. ¿Hay tanta soberbia en el avaro·como vanidad en el dilapidador?

— «De aquí y de allá», *Las Provincias*, 9-VII-76.

Comentarios variados sobre actualidad.

— «La imagen y la palabra», *Las Provincias*, 12-IX-76.

Mientras que en Europa mandan las ideologías políticas, en Estados Unidos tiene mucha mayor importancia la imagen de los candidatos.

— «Suculenta y bravísima cocina», *El Faro de Vigo*, 10-X-76.

Sobre la dieta y sus problemas.

— «El canciller y el futbolista», *El Faro de Vigo*, 4-XII-76.

¿Es inmoral que un futbolista famoso gane más que el propio canciller de Alemania? El fútbol dejó de ser juego para ser espectáculo, y es lógico que sus estrellas participen del espectáculo que fomentan.

— «Sobre la televisión», *Diario Vasco*, 6-I-77; *Heraldo de Aragón*, 9-I-77.

Eso de decir «no veo la televisión», ¿es verdad o es un nuevo esnobismo?

— «Noticia de Londres», *Domingo*, 16-I-77.

Irónicos comentarios acerca de la cleptomanía.

— «La desmitificación del Sr. ministro», *ABC*, 3-XI-77, 3.

Jocosas apostillas sobre un ministro que declaró que deseaba desmitificar su cargo. Al poco tiempo se extinguió su ministerio.

— «Los ilustres cleptómanos», *ABC*, 1-II-78, 3.

En los hoteles de Bonn, adonde acuden políticos extranjeros, es alarmante la cantidad de pequeños robos que se producen.

97

— «Pobre Madrid», *ABC,* 12-IV-78, 3.

Las autonomías acusan a Madrid por su inveterado centralismo. Pero es que resulta que ese Madrid lo hicieron los de provincias venidos a la capital, con lo cual el deseo de autonomía no es más que una franca autocrítica.

— «Los maridos violentos», *ABC,* 4-V-78, 3.

Sobre los maridos que maltratan a las mujeres.

— «Esos niños prodigio», *ABC,* 19-V-78, 13.

Los niños prodigio de antes eran músicos. Ahora son delincuentes. Actualmente hay uno de cuatro años en Inglaterra que lee seis libros al día. ¿Qué será el día de mañana de los unos y del otro?

— «La copa y el cigarrillo», *ABC,* 6-VI-78.

A pesar de la campaña del gobierno para reducir el consumo del alcohol y del tabaco, los ministros no han dejado de fumar.

— «Corriendo por la calle», *ABC,* 16-VIII-78, 11.

En los Estados Unidos la gente corre por las calles. ¿Imitaremos también en España esa costumbre? No parece que el ibérico celoso de su dignidad acepte mostrarse en calzón corto por las calles.

— «Los diputados perezosos», *ABC,* 8-IX-78, 7.

Ofrece diversas opciones para explicar la ausencia de los parlamentarios —otrora fogosos— de la cámara y una solución: dimitir.

— «Los padres terribles», *ABC,* 19-IX-78, 13.

En Alemania los niños que suspenden se suicidan por miedo a sus padres. En los españoles años veinte no pasaba nada por eso y salieron grandes figuras. ¿Estos niños alemanes serán todos unos frustrados o todos premios Nobel?

— «El hombre perfecto», *Hoja del Lunes de Madrid,* 26-II-79, 3.

Jomeini, con su revolución-involución, pretende el hombre moralmente perfecto. Pero ¿qué podemos hacer en nuestro mundo con un hombre perfecto? No tienen sitio.

— «Besos en conserva», *ABC,* 3-VIII-79.

Una empresa se dedica ahora a comercializar las improntas de los labios de los famosos. ¿Se trata de una escandalosa frivolidad o hay que agradecerles que nos den un motivo para sonreír? Por otra parte, es lo mismo que las flores secas que guardaban las románticas lectoras de Bécquer.

— «Noticias de China», *ABC*, 14-VIII-79, 3.
¿Qué hubiera ocurrido en Europa si, como hizo Mao en China, se hubiera prohibido a los recién casados hacer lunas de miel?

— «Un orador infatigable», *ABC*, 4-III-80, 3.
Sobre un diputado italiano que estuvo once horas perorando.

— «Dinero para soñar», *ABC*, 28-VI-80, 3.
Los miles de millones que en España se han gastado en 1979 en el juego han sido consumidos, sin embargo, con más prudencia que en tiempos de la «belle èpoque».

— «Sobre la indumentaria», *ABC*, 5-X-80, 3.
Expresa su perplejidad acerca de lo que es, hoy en día, vestir bien.

— «Diálogo en el bar», *ABC*, 13-VIII-81.
Artículo dialogado. La superabundancia de información produce cansancio en los ciudadanos.

— «Tacos y palabrotas», *ABC*, 10-X-81.
Pacífica protesta contra la plebeyez que se introduce en la literatura, teatro y conversación ordinaria.

Sin localizar o fechar

— «Los príncipes durmientes», *Medicamenta*, h. 1950.
Comentarios al repudio de una princesa europea por un príncipe oriental educado en Europa, porque ella era estéril. ¿Tan poca capacidad de penetración tiene nuestra cultura que no pudo calar en la mente de ese príncipe?

— «Don Juan y los Donjuanes» (en *UPM*), h. 1955.
Don Juan es un fanfarrón y de lo de seductor habría que hablar. Realmente Zorrilla no lo puso a prueba con

una mujer inteligente. Indudablemente el secreto de Don Juan está en ellas. ¿Por qué gusta? Un misterio.

— «Viaje en coche-cama» (en *UPM*), h. 1955.
Ruiz Iriarte los envidiaba en su niñez, y ahora que los ha probado, resulta que son incomodísimos.

— «Cuando el campo es confortable» (en *UPM*), h. 1955.
El campo sólo es confortable cuando se «urbaniza».

— «Los gatos donostiarras» (en *UPM*), h. 1955.
Curiosa clasificación de los gatos.

— «El arte de hacer declaraciones» (en *UPM*), h. 1958.
Hoy en día hay que ponerse en guardia ante los audaces periodistas para declarar sin decir nada.

— «Novios en Mallorca (De un carnet sentimental)», h. 1960.
Los novios de hoy siempre van a Mallorca. Descripción de los ambientes de la isla.

— «Los idiomas» (en *UPM*), antes de 1962.
Resulta que es más fácil entenderse en Europa con idiomas que uno no conoce que en Argentina, donde se habla castellano.

— «La vida de hotel» (en *UPM*), antes de 1962.
Es una vida ingrata.

— «Siempre se veranea» (en *UPM*, titulado *Madrid, este verano*), antes de 1962.
La terrible vida social del San Sebastián veraniego y lo aburrido y frío de la sierra madrileña le deciden a uno a quedarse en Madrid. Pero Madrid está lleno de extranjeros que lo toman a uno por torero...

— «El muchacho caído del cielo», sin localizar, 1966.
Reflexión sobre el futuro, cuando puedan nacer niños en el espacio.

— «Soledad», sin localizar, 1970.
Acerca de un recluso que terminó su condena y pidió permanecer en la cárcel.

— «El curioso lector», sin localizar. Después de 1975.
El curioso lector dedica horas enteras al día para ponerse al corriente de la política.

— «Los políticos y la oratoria», h. 1977.
Si, como se anuncia, las cuartillas van a ser prohibidas para los oradores políticos, multitud de diputados quedarán mudos.

— «Los políticos en la televisión», h. 1977.
Es inútil que se presenten en la pequeña pantalla. Sólo se convence a los ya convencidos.

Sin localizar ni fechar

— «El espía se jubila».
La CIA busca algo para que sus ex agentes pierdan la memoria. Hará desgraciados a esos hombres, que no serán nada sin pasado.

— «La vestimenta».
Nuestro parlamento es el más desarrapado de Europa. Lo mismo ocurre en restaurantes, teatros, cines...

— «Los novios audaces».
Sobre una curiosa noticia de dos niños que, para casarse, atracaron varias tiendas en Montevideo.

— «La dieta y sus problemas».
El principal problema para ponerse a dieta consiste en la excelencia de nuestra gastronomía.

4.3. *Una recopilación*

RUIZ IRIARTE, Víctor: *Un pequeño mundo,* edición del autor, M, 1962, 202 páginas.
Contiene un breve prólogo en que se define como «un cazador de sonrisas» y veintiocho artículos costumbristas y de circunstancias ya publicados en la prensa periódica.

5. PRÓLOGOS

1. Prólogo a *Tres comedias optimistas,* Artegrafía, M, 1947.

2. A *Un pequeño mundo,* ed. del autor, M, 1962.

3. A ALVARO, Francisco, *El espectador y la crítica,* Valladolid, 1966.

4. A *Teatro Selecto de Víctor Ruiz Iriarte,* Escelicer, M, 1967.

5. A *Teatro Selecto de Edgar Neville,* Escelicer, M, 1968.

6. CONFERENCIAS Y CHARLAS

1. Sesión crítica a cargo de Ruiz Iriarte sobre *Huerto cerrado* y *La vida que no se vive,* de Pilar de Valderrama, en el Ateneo de Madrid, 15-VI-44.

2. «El teatro, su gracia y su desgracia», conferencia pronunciada en el Ateneo de Madrid, 24-III-45.

3. Homenaje a Lola Membrives, Ateneo de Madrid, 14-V-45.

4. «Defensa de Pedro de Valencia», en la exposición de este pintor en la Galería Buchards, 14-IV-46.

5. Homenaje a los hermanos Alvarez Quintero, Parque de El Retiro, Madrid, 12-IV-56.

6. «El cuplé», charla pronunciada en TVE, 28-VI-58.

7. Charla en TVE (24-VIII-58) que refunde la serie de artículos «Viaje alrededor de un escenario», aparecidos en la revista *Teatro.*

8. *Tres maestros (Arniches, Benavente y Valle-Inclán),* conferencia inaugural del curso 1965-66 de la Real Escuela Superior de Arte Dramático de Madrid. Editada por la Real Escuela, M, 1965.

9. «De Rusiñol y de su tiempo», conferencia pronunciada en el Real Círculo Artístico de Barcelona, 9-X-69.

10. «Este hombre rodeado de anuncios», conferencia pronunciada en el Consejo Superior de Investigaciones Científicas (25-VI-71), dentro del ciclo *La publicidad, vista por la sociedad,* organizado por el Instituto Nacional de Publicidad, mayo-junio 1971. Editada por el Instituto Nacional de Publicidad, M, 1971, 154-167.

11. Presentación en TVE de una obra de Enrique Suárez de Deza, h. XI-79.

7. ENTREVISTAS (SELECCIÓN)

— BAUTISTA VELARDE, G., «Troteras y danzaderas. Víctor Ruiz Iriarte y "la superación por la gracia"», *EL,* 24, 5-IV-45, 10.

— FERNANDEZ CUENCA, C., «Quinientas cuartillas y dos o tres meses necesita Víctor Ruiz Iriarte para componer una comedia», *Correo Literario* (M), 53, 1-VIII-52, 12 y 10; sección «El autor y su obra preferida».

— José Luis PEREZ, en la revista *Mensaje* (Madrid), 7 (h. mayo), 1953.

— Domingo ORTA, «Gente de teatro en España (I)», *Teatro*, 17, IX-XII-55, 29-32 y 76-77.

— M. GORDON, *Ya*, 28-II-65, s. p.

— F. UMBRAL, *Ya*, h. X-68, s. p.

— Julio TRENAS, «Víctor Ruiz Iriarte, presidente de la Sociedad General de Autores de España», *ABC*, 22-VII-69, s. p.

— J. M. GIRONELLA, *Cien españoles y Dios*, Nauta, B, 1969, 553-558.

— «El teatro y la vida», *Amanecer* (Zaragoza), 8-VIII-71; *La Mañana* (Lérida), 27-VI-71.

— Mayte MANCEBO, *Inf*, 15-VIII-72.

— Marino GOMEZ SANTOS, *Ya*, 7-IV-73.

— Eduardo HUERTAS, *Ya*, 4-XI-73.

— Santiago PEDRAZ, *La Vanguardia*, 24-I-74.

— Juan HERNANDEZ, *ABC*, 7-XII-75, 37.

— Patricia O'CONNOR, «Víctor Ruiz Iriarte habla de la comedia», *Estreno*, 2, Otoño 1978, 16.

8. UN CUENTO

«Jacobo y las amapolas (una novela sentimental)», *Tajo*, 24-X-42 (primera parte) y 31-X-42 (segunda parte), s. p.

II. BIBLIOGRAFIA SECUNDARIA [6]

1. LIBROS DE CONJUNTO SOBRE RUIZ IRIARTE

— BORING, Phyllis Zatlin: *Víctor Ruiz Iriarte*, Twayne World's Authors Series, 540, Twayne Editors, Boston, 1980, 151. Vid. III, 3.2.

— LENDINEZ GALLEGO, Esteban: *El teatro de Ruiz Iriarte*, Ediciones de Cultura Hispánica, M, 1973, 140 Vid. III, 3.1.

— SPENCER, Janie Frances: *Dreams and Reality in the Theater of Víctor Ruiz Iriarte,* University, Alabama, 1983; University Microfilms International, 1983, 211. Tesis mecanografiada. Vid. III, 3.3.

2. Artículos sobre Ruiz Iriarte [7]

— ALVARO, Francisco: «Víctor Ruiz Iriarte 1912-1982», en *El Espectador y la Crítica 1982,* Valladolid, 1983, 261-65.
Reseña necrológica de la vida y las obras del autor. Contiene algunos datos erróneos.

— —: Los años de la serie *El Espectador y la Crítica* que contienen referencias a sus obras son 58, 60, 64, 65, 67, 68, 69, 75 y 82.

— BAQUERO GOYANES, Arcadio: «El humor en el teatro de Ruiz Iriarte», en ROF CARBALLO et al., *El teatro de humor en España,* Edit. Nacional, M, 1966, 187-199.
Consta de dos partes. En la primera, una semblanza artística del autor y su teatro, se señala que *En sus primeras piezas (...) parece apuntar hacia un teatro de rango dramático, idealista, poético y sarcástico (...), pero (...) después el autor da un brusco viraje a su estilo y a su forma (...) y orienta su producción a lo que he denominado media realidad* (189); se fija y analiza también el tipo del «pobre hombre»; es de destacar también lo que se apunta al final: *...el humor se desvanece, se pierde, se vacía de contenido y significado si no lleva consigo una ternura o compasión reparadora... Ternura y compasión: los «pobrecitos» de Ruiz Iriarte. Este es su secreto. Y éste es, en definitiva, el resorte mágico de sus comedias...* (196). La segunda parte es una entrevista con Ruiz Iriarte en que éste clasifica sus obras y apunta dos líneas en su teatro: el *teatro de imaginación,* donde se organiza un mundo poético en torno a una idea, y el *teatro de costumbres,* más cercano a la realidad. Afirma que no se «quedó» en comediógrafo porque en el teatro todo es noble y difícil: *Cuando el drama se insinuaba entre mis personajes, se cumplía un propósito bien determinado del autor* (198). Baquero no toma postura y sus palabras son más bien descriptivas, pero es un trabajo interesante. El libro recoge un ciclo celebrado en el Ateneo de Madrid hacia marzo de 1964 —Ruiz Iriarte fue invitado a participar, pero no lo hizo.

— BORING, Phyllis Zatlin: «The Comedy of Víctor Ruiz Iriarte, Mirror of the Middle Class Morality», *Estreno,* X, 1, 1984, 3-6.

Ruiz Iriarte no es *escapista* porque no vuelve la espalda a la realidad, aunque no trate de los problemas sociales, políticos y económicos de la España de los 50. No es *escapista* el retrato que hace de la moral sexual de la clase media, como tampoco lo es el de la mujer sofisticada y casquivana que pinta, en lugar de limitarse a mujeres extranjeras o de virtud fácil. *Spanish wives (...) have broken out of the old molds as have all the young women in Ruiz Iriarte comedies* (5 b). Sin ser un libertario social, sus comedias reflejan efectivamente la conciencia de un cambio en el código de conducta. El cambio de actitud de Adelaida —la protagonista de *La guerra empieza en* Cuba, típica obra escapista— ¿no es una fina manera de satirizar un modelo moral impuesto que en los años 50 estaba desfasado de la realidad?

— —: «The Pirandellism of Víctor Ruiz Iriarte», *Estreno,* IV, 2, 1978, 18-21.

Analiza la presencia de elementos pirandellianos en seis obras y concluye que tres de las más representativas —*El landó de seis caballos, El carrusell* e *Historia de un adulterio*— acusan la influencia del autor italiano en el uso de situaciones dramáticas de base, en el tratamiento de temas como el suicidio, el adulterio, la locura, el tiempo, en el desarrollo de distintos niveles de realidad y ficción. Se aparta de Pirandello por su concepción más optimista y esperanzada de la vida.

— —: Prólogo a la edición de *El landó de seis caballos,* Colec. Almar de Teatro, 2, Almar, Salamanca, 1979.

Destaca a Ruiz Iriarte como el primer autor de importancia que surge después de la guerra, inaugurando un teatro de fantasía poética con estructura benaventina y temática casoniana. Posteriormente, en los años 50 y 60, da testimonio con sus comedias de las alteraciones sociales de su tiempo. *El landó...* plantea una situación muy semejante a las de Casona, pero en el desenlace las coincidencias desaparecen en favor de un acercamiento a los planteamientos de Evreinov: a la felicidad se llega por la ilusión. Dos obras han influido en la concepción de *El landó...,* *Leocadia,* de Anouilh, en la idea de base, y *Enrico IV,* de Pirandello, en algunos detalles menores.

— BORRAS, A. A.: Reseña a BORING, P., *Víctor Ruiz Iriarte, Hispania,* 64, 1981, 640.

Describe y pone ciertos reparos menores al libro, pero no entra en consideraciones sobre el teatro de Ruiz Iriarte.

— CELA, Camilo José: «Carta abierta a Víctor Ruiz Iriarte con motivo del estreno de su comedia *El puente de los suicidas*», *Estafeta Literaria,* 7, 15-VI-44, 10.

Curiosa mezcla de censuras y alabanzas. Alude a serias imperfecciones en la dignidad de la puesta en escena y opina que el autor se ha metido en un callejón sin salida: *No creo que el teatro español, mejor dicho, la comedia española, aguante diez obras como la tuya.* Se deja entrever que la compañía de María Arias no era la más adecuada para estrenar la obra de Ruiz Iriarte.

— DIAL, John E.: Reseña a la edición de Marion P. Holt de *El Carrusell, Hispania,* 54, 1971, 614 a y b. Vid. III, 3.6.

— ESCARPANTER, J. A.: Reseña de la edición de *Buenas noches, Sabina, Anales de Literatura Española Contemporánea,* 9, 1984, 319-21.

En general, positiva. Reconoce tanto la calidad de su teatro como su valor de retrato social.

— F., X. [8]: «Lejano y luminoso», *La Vanguardia,* 15-X-82.

Artículo necrológico. Ruiz Iriarte fue un renovador por el lado del preciosismo y de las audacias dentro del diálogo, tocó temas —como el del poder en *El landó...*— intocables en su momento. Su teatro nos resulta hoy día un poco lejano, pero todavía luminoso.

— FERNANDEZ ALMAGRO, Melchor: «Alegría y humor, símbolos y caricaturas, filosofía y poesía en el teatro de Víctor Ruiz Iriarte», *Estafeta Literaria,* 2, 20-III-44, 12.

El arte de Ruiz Iriarte —hasta ese momento había dado a conocer dos obras: *Un día en la gloria* y *El puente de los suicidas,* en su primera versión— no tiene nada que ver con el que está al uso. Fernández Almagro busca, para explicar esa novedad, los modelos extranjeros operantes y señala a Bernard Shaw y a Evreinov. *Ruiz Iriarte (...) es un autor que en nuestros escenarios abre ventanas que permiten asomarse a un paisaje de preocupaciones universales más allá del consabido y trivial anecdotismo de tanta comedieta* (12 b). Aunque sobre esas dos obras gravite lo extranjero, ha superado la *posible carga de lo recibido con la entereza de la propia personalidad* (d).

— GARCIA RUIZ, Víctor: «Los textos de *El puente de los suicidas*», A. A. V. V. *Notas y estudios filológicos*, U. N. E. D., Pamplona, 1984, 161-171.

Se describen y comentan las semejanzas y diferencias entre las dos versiones existentes de esta obra y se propone como hipótesis de la causa de la refundición la necesidad de adaptar la obra a una primera actriz (María Arias).

— —: «Víctor Ruiz Iriarte inédito», *Estreno* (de próxima publicación).

Se dan a conocer cuatro obras inéditas compuestas entre 1936 y 1945. Tras la descripción, análisis y señalamiento de las influencias recibidas (Casona, Lorca, Ibsen, Evreinov), se concluye, entre otras cosas, que el autor inició su carrera orientado hacia el drama trascendental y poético.

— —: «Los planos temporales en *Historia de un adulterio*, de Víctor Ruiz Iriarte», comunicación presentada en el I Coloquio Luso-Español y II Coloquio Luso-Brasileño de Semiótica, Oporto, 26-28 de noviembre de 1985. De próxima publicación.

Desde una perspectiva semiótica, analizo los cuatro planos temporales con que el autor construye la obra e indico el sentido de las mutaciones y su indisociable vinculación con el trágico conflicto de *Historia de un adulterio*.

— GODOY, Gustavo J.: Reseña de una representación de *Juego de niños* en Jacksonville University's Swisher Auditorium a cargo del grupo de teatro de esa universidad el 17-IV-70, sin más comentarios que los aplausos que recibió al final; *Hispania*, LIV, 1971, 163.

— HARO TECGLEN, Eduardo: «Víctor o el optimismo», *El País*, 15-X-82.

Necrológico. Dentro de un tono afectuoso pone en contacto la personalidad humana del desaparecido autor con sus obras. De ahí su *evasión* y el ramalazo de gravedad que únicamente se insinúa en sus comedias para esfumarse delicadamente. Considera como su mejor obra *Los pájaros ciegos* y comenta que en sus últimos años estaba desfasado y él lo sabía. Pienso, por mi parte, que no es de extrañar que un autor a sus setenta años tuviera estos sentimientos.

— HOLT, Marion P.: Prólogo a la edición de *El carrusell*, Appleton Century Crofts, Nueva York, 1970. Vid. III, 3.5.

— —, y WOODYARD, George: Prólogo a *Tres telecomedias de España (Amador el optimista, El presidente y la felicidad, Sala de espera)*, Heath and Company, Massachusets, 1971.
Breve y de poco interés.

— LENDINEZ GALLEGO, Esteban: «Lo social en la obra de Ruiz Iriarte», *Estafeta Literaria*, 425, 1-VIII-69, 35-37. Vid. III, 3.1.

— LIMA, Robert: Reseña de BORING, P., *Víctor Ruiz Iriarte, Modern Drama*, XXV, 2, VI-82, 328-9.
Ruiz Iriarte es uno de los autores más populares y *popular* en el sentido de *especially as dedicated to communion with the public, because he entertains his audience through plays that portray the human experience both in reality and in its potential for sublimation via fantasy. (...) he has suffered derision at the hands of critics who have push aside his work as trivial because they see it as lacking serious concern with the problems of his time.*

— LOPEZ RUBIO, José: Prólogo a RUIZ IRIARTE, V. *Buenas noches, Sabina*, Arte Escénico, 1, Colección Teatral de Autores Españoles, PREYSON, M, 1983.
Esta última comedia estrenada de Ruiz Iriarte es un puro trasunto de sí mismo y de sus modos —señala las muletillas de su diálogo. Destaca su habilidad y suavidad para tocar sin amargura temas amargos.

— LOPEZ SANCHO, Lorenzo: «La evasión de Ruiz Iriarte», *ABC*, 15-X-82.
Ultimamente no estrenaba porque se sentía desconectado. Su teatro es *de evasión, pero enormemente indicativo, por sus omisiones impuestas, de las condiciones reales de la sociedad. Mantuvo vivo el teatro con sus ardides maliciosos y aseguró un relevo con respecto a los autores del 98*

y el 27 que hoy no se da respecto a él. Es artículo necrológico.

— MAGAÑA SCHEVILL, Isabel: Introducción a *Jue-
go de niños,* Prentice Hall, New Jersey, 1965. Vid. III, 3.7.

— MARCOS, Balbino: «Valores humanos en el teatro
de Víctor Ruiz Iriarte», *Reseña,* 14, X-66, 243-55.
Vid. III, 3.10.

— MARQUERIE, Alfredo: «Víctor Ruiz Iriarte o la
sonrisa», en DIAZ PLAJA, G., et al. *El teatro: enciclopedia
del arte escénico,* Noguer, B, 1958, 499-501. Vid. III, 2.4.

— MERRILL, Judith: Introducción a la edición de
Esta noche es la víspera, The Odyssey Press, Nueva York,
1968.
No aporta ninguna información de interés.

— MONLEON, José: «Un teatro donde triunfaban
los optimistas», *Diario 16,* 15-X-82.
Necrológico. Teniendo en cuenta las opiniones de este
autor acerca del tipo de teatro cultivado por Ruiz Iriarte,
es positivo y elogioso.

— NEWBERRY, Wilma: Reseña de la edición de
MERRILL, J., a *Esta noche es la víspera, Hispania,* LII,
1969, 544-5. Vid. III, 1.6.

— O'CONNOR, Patricia W.: Reseña a BORING, P.,
*Víctor Ruiz Iriarte, Anales de literatura española contem-
poránea,* 6, 1981, 295-6.
Descriptiva.

— PEREZ MINIK, Domingo: «El inefable Víctor
Ruiz de [sic] Iriarte», *El día* (Santa Cruz de Tenerife),
31-VIII-69.
Respetuoso para Ruiz Iriarte como autor de calidad.
Critica duramente unas declaraciones de éste en que afirma
que el teatro español no está en crisis y nombra como
maestros a los de su propia generación —Buero, López
Rubio, Mihura, Calvo Sotelo.

— PEROMSIK, Stanley: «Ruiz Iriarte's *El puente de
los suicidas*: A Rejoinder to Casona's *La sirena varada*»,
Romance Notes, 21, 1980, 33-7.

Breve cotejo de las dos obras. De la de Casona se desprende que siempre hay que afrontar la realidad, mientras que en Ruiz Iriarte ...*para conseguir la felicidad, la verdad, excepto en materias de amor, a veces debe ocultarse.* Según Peromsik, la figura del mendigo ciego en *El puente* y del Daniel también ciego en *La Sirena* destacan la voluntad de Ruiz Iriarte de responder a Casona con sus mismas armas. Aunque la identificación simbólica que establece entre el Daniel de *El puente* y el de *La sirena,* así como su significado, es discutible, se trata de un trabajo interesante.

— PAEZ, Antonio G.: «Víctor Ruiz Iriarte y su gente», *Triunfo,* 875, 1-IX-79, 38-9.

Comentarios muy negativos a propósito de la serie televisiva *El señor Villanueva y su gente,* que se emitía en esos momentos.

— SAINZ DE ROBLES, Federico Carlos: *Teatro Español,* Aguilar, M. Incluye obras de Ruiz Iriarte los años 49-50, 50-51, 51-52, 52-53, 55-56, 58-59, 64-65, 65-66, 66-67, 67-68 y 68-69.

Estas antologías van precedidas por un prólogo en que se comenta la temporada teatral en general y los estrenos habidos. Sainz de Robles inicia su serie antológica con una distinción entre teatro *colocado* y teatro *dislocado* con que trata de corregir los defectos de la ya entonces debatida cuestión del teatro realista y de *evasión* (*TE 49-50,* 12-13). Aparte del valor de ese distinto enfoque —que lo tiene— hay que destacarlo como una premisa en lo que se refiere a la consideración crítica de Sainz de Robles sobre Ruiz Iriarte. En sus juicios, expresados a lo largo de veinte años, yo destacaría tres puntos: la «humanidad». Es término que aparece tanto en las alabanzas como en los reparos. Así, *El gran minué* es obra valiosa, pero sin *el sentido de humana apetencia que alcanzó* El landó de *seis caballos, acaso por rondar en aquella obra la sátira del momento que suele consumir los mejores trasuntos no ya de la idealidad encarnada, sino de la realidad misma poetizada* (TE, 50-51, 32). En segundo lugar, la armonía entre lo aparentemente intrascendente y esa humanidad a que me he referido: *El pobrecito embustero es Farsa, sí, pero jamás fuera de los cauces humanos* (...) *con todos los valores de la vida más solícita y sugestiva* (TE, 52-53, 19). *El carrusell* toca un tema importante, pero *ha preferido tratarlo edulcorando la tensión dramática, que salta a la mitad de la comedia, con dos farsas tan suaves como risueñas, pero que no logran quitarnos de la preocupación la seria advertencia de su problema (TE, 64-65, 14). La muchacha del sombrerito rosa es una gran obra, por ser un admirable retrato de mujer (TE, 66-67, XV-XVI). En Historia de un adulterio se aparta de la línea de comedias apacibles y poéticas para enfrentarse con un tema dramático y actual (TE, 68-69, XV). Por último, la habilidad técnica que, si bien es destacada en casi todas las obras glosadas, despunta especialmente en los comentarios a Un paraguas bajo la lluvia (TE, 65-66, 12-13) y La señora recibe una carta (TE, 67-68, XII-XIII).*

— SPENCER, Janie Frances: «Fantasy Used and Abused in Ruiz Iriarte's Theater», *Estreno,* X, 1984, 1, 7-9. Vid. III, 3.3. Nota 6.

— VIZCAINO CASAS, Fernando: «Víctor Ruiz Iriarte» en *Personajes de entonces,* Espejo de España 97, Planeta, B, 1984, 194-98; también en «Personajes de entonces», XXXVI, *Interviú,* III-84.
Biográfico y anecdótico.

— WADE, Gerald: «The Comedies of Víctor Ruiz Iriarte», *Hispania,* XLV, 1962, 704-11. Vid. III, 1.3.

3. REFERENCIAS DENTRO DE OBRAS NO DEDICADAS EXCLUSIVAMENTE A RUIZ IRIARTE [9]

— ADAMS, M. B., y KELLER, J. E.: Dentro de «El teatro después de Benavente», *Breve panorama de la literatura española,* Castalia, M, 1968, 221-3.
Dentro de las dos páginas que dedica al teatro de posguerra se refiere a Ruiz Iriarte únicamente para decir que es uno de los *muchos dramaturgos [que] han intentado rehabilitar el teatro español* (223).

— ARAGONES, Juan Emilio: *Teatro español de posguerra,* Publicaciones Españolas, M, 1971, 57-62. Vid. III, 3.9.

— —: «España, sin teatro», en *El teatro y sus problemas (Notas críticas de urgencia),* Publicaciones de la Real Escuela Superior de Arte Dramático, Serie II, Vol. I, M, 9-30.

Distingue tres tendencias: el teatro de evasión, introducido por Azorín: *aqui seguimos aferrados a la trasnochada fórmula evasiva, como lo podemos comprobar sin ningún lugar a dudas en la producción de Casona, López Rubio, Ruiz Iriarte, Claudio de la Torre, Edgar Neville, etc., en quienes la perfección formal y la sabiduría técnica de que dan repetidas muestras no pueden hacernos olvidar su deslealtad al tiempo que les ha correspondido vivir y la carencia en sus obras de un elemento que repetidamente he señalado como imprescindible en un teatro de hoy: el testimonio* (15-16). El teatro comprometido, parcial y sectario por obedecer a consignas políticas. Y el teatro testimonial, único viable. A éste corresponde plantear problemas arduos y actuales, pero no dar soluciones: *teatro valiente, directo, hecho de realidades inmediatas y escrito en un lenguaje llano y, a la vez, capaz de expresar todas las posibilidades, favorables o adversas, optimistas o desesperanzadas, de nuestro tiempo* (24). Buero y Sastre son los únicos autores estimables.

— BLANCO AGUINAGA, C.; RODRIGUEZ PUERTOLAS, J., y ZAVALA, I.: «Rosas de invernadero y salas de juego. El teatro», en *Historia social de la literatura española,* Castalia, M, 1979, 113-121. Vid. III, 1.7.

— BORING, Phyllis Z.: «Traces of Giraudoux in the Contemporary Spanish Theater», *Romance Notes,* XI, 1969, 8-11.
Comenta algunos aspectos de *El gran minué* poniéndolos en contacto con la sátira histórica del autor francés.

— —: *The Bases of Humour in the Contemporary Spanish Theater,* Ph. D. Dissertation, University of Florida, 1965. Reseña en *Kentucky Foreign Language,* 13, 1967.
Se encuentran referencias a nueve obras de los años 50 de Ruiz Iriarte.

— —: *Jaime Salom,* TWAS, Boston, 1982.
Referencias a la influencia de Ruiz Iriarte sobre Salom en las páginas 26, 32, 49, 62, 67, 68, 72, 143, 145.

— —: «Balloons as Symbol in the Contemporary Spanish Theater», *Crítica Hispánica,* II, 2, 1980, 109-23.
Estudia el significado del uso de los globos en *El lan-*

dó..., de Ruiz Iriarte; *Los árboles mueren de pie,* de Casona; *La camisa,* de Lauro Olmo; La *jaula,* de Dicenta, y *Guernica* y *La primera comunión,* de Arrabal.

— —: «Casona and Evreinov: Life as Theater», *Modern Drama,* 22, 1979, 79-88.

Se alude a *El puente de los suicidas,* en relación con la influencia de Evreinov sobre Casona.

— BROWN, G. G.: «Drama», en *The Twentieth Century* (dentro de la serie *A Literary History of Spain,* dirigida por R. O. Jones), Ernest Denn Ltd., Londres, 1972, 157-61.

Sitúa a nuestro autor junto a López Rubio y Neville como comediógrafos que dan al público justamente lo que éste desea: un teatro que refleje la realidad, pero de manera que la haga más atractiva y reconfortante de lo que es verdaderamente. Son autores de derechas que cultivan un trivial escapismo para el entretenimiento de la todopoderosa clase media.

— CASTELLANO, Juan R.: «El teatro español desde 1939», *Hispania,* 34, 1951, 240-44. Vid. III, 3.12.

— DIAZ PLAJA, Fernando: «Las frases de Benavente», en *Nueva historia de la literatura española,* Plaza y Janés, B, 1974, 331-37.

Cita aislada de Ruiz Iriarte sin más juicio que su inclusión en ese capítulo.

— DIEZ ECHARRI, Emiliano, y ROCA FRANQUESA, José María: «El teatro de la posguerra», en *Historia de la literatura española e hispanoamericana,* Aguilar, M, 1972, 1482-84.

Citan unos cuantos títulos e insisten brevísimamente en su situación entre la comedia y la farsa asainetada.

— DOMENECH, Ricardo: «El teatro desde 1936», en *Historia de la literatura española,* IV, dirigida por DIEZ BORQUE, J. M., Taurus, M, 1980, 391-441. Vid. III, 1.1.

— DOWLING, John: «Teatro cómico y lo cómico en el teatro español de posguerra», *Hispania,* LX, 1977, 899-906.

Tomando como base la antología anual de Sainz de

Robles, elabora una estadística por géneros, de donde se deduce que el mayor proveedor de farsas y comedias ha sido Ruiz Iriarte. Considerando el género *comedia* en relación con el temperamento del espectador español, afirma que *en el drama serio el público pide alivio cómico (...), en las comedias cómicas en un momento dado exige al comediógrafo un meollo de seriedad (...) La lección la ha bien comprendido* [sic] *Víctor Ruiz Iriarte* (903 a). *Un teatro cómico orientado en este sentido nos da un comentario sobre la condición humana. Educa y refina los sentimientos, pero si hace un comentario oficial lo hace al soslayo, oblicuamente* (903 b).

— ESPINA, Antonio: *Las mejores escenas del teatro español e hispanoamericano (Desde sus orígenes hasta la época actual),* Aguilar, M, 1959, 1022-27.
Incluye una escena de *El aprendiz de amante.*

— GALA, Antonio: «Reflexiones en un amanecer», *El País Semanal,* 14-XI-82, 102.
Referencia inicial a Ruiz Iriarte —no entraba en lo que llaman la *creación colectiva;* ¡Es tan difícil crear aún estando solo...! — que le da pie para disertar sobre la creación individual, el arte y el estado socialista.

— GARCIA LOPEZ, José: «El teatro de posguerra», en *Historia de la literatura española,* Vicens-Vives, B, 1981, 762-69.
Cita unos títulos y destaca someramente su habilidad técnica y tono risueño.

— GARCIA LORENZO, Luciano: «El teatro», en *Historia y crítica de la literatura española,* dirigida por RICO, F., Ed. Crítica, B, 1980, 556-76.
Junto a otros autores incluye a Ruiz Iriarte en el grupo que opta por la continuidad de la escena benaventina y señala tres puntos característicos de todos ellos (560-61).

— GARCIA TEMPLADO, José: *Literatura española de la posguerra: el teatro,* Cuadernos de Estudio, 28, Editorial Cincel, M, 1980 (1.ª reimpresión 1984).
Dentro de *Varios* cita ocasionalmente a Ruiz Iriarte junto a su obra *El landó de seis caballos* (35). Este apartado

«El teatro convencional» va en letra pequeña (32-36) y pertenece al capítulo «Las raíces del pasado».

— GONZALEZ OLLE, Fernando: *Textos para el estudio del español coloquial,* Eunsa, Pamplona, 1976, 59-63.
Incluye un fragmento de *La señora recibe una carta.*

— GORDON, José: *Teatro experimental español (antología e historia),* Escelicer, M, 1965, 115-20.
Reproduce una escena de *Un día en la gloria.*

— GIULIANO, William: *Buero Vallejo, Sastre y el teatro de su tiempo,* Las Américas, Nueva York, 1971, 39-46. Vid. III, 2.1.

— HERMIDA BALADO, M.: «Juventud ponte a bien con Talía», *Estafeta Literaria,* 40, número extraordinario de 1946 (sin fecha), 10.
Sobre la crisis del teatro comenta: *Para colmo, estos jóvenes [los que van al teatro, pero no les deja huella] constituyen la juventud en mayoría. La otra juventud, la minoritaria, la que puede aquilatar la fina esencia intelectual e innovadora de una obra de Ruiz Iriarte (ponemos por ejemplo de autor moderno dotado de exquisitas cualidades) (...) apenas cuentan.*

— HOBSON, Harold: Crítica teatral en el *Sunday Times,* de Londres, antes de II-55, sobre Calvo-Sotelo, López Rubio, Ruiz Iriarte y Llopis. Carezco de la referencia exacta.

— HOLCOMB, George Lawrence: *The Theater in Spain since 1936,* Ph. D. Dissertation, Austin, Texas, VIII-58. Ejemplar mecanografiado en la Biblioteca de la Fundación Juan March de Madrid, 126-49. Vid. III, 2.7.

— HOLT, Marion Paul: *The Contemporary Spanish Theater,* Twas 336, Twayne Editors, Boston, 1975, 98-110. Vid. III, 3.4.

— HUERTA CALVO, Javier: *El teatro en el siglo XX,* Lectura Crítica de la Literatura Española, 21, Ed. Playor, M, 1985.
No se cita a Ruiz Iriarte ni en el apartado 3.1, «Drama

burgués», ni en el 3.2, «Comedia». En cambio, en la tabla cronológica se cita el estreno de *El puente de los suicidas,* pero con un error en la datación: no es 1944, sino 1945.

— JONES, Margaret E. W.: «The Modern Spanish Theater: the Historical Perspective», *Revista de Estudios Hispánicos,* XI, 2, 1.977, 199-218.
Dentro de la perspectiva histórica a que atiende cita *La guerra empieza en Cuba* y *Primavera en la Plaza de París.*

— LABAJO, Aurelio: *El teatro de 1950, I,* Coculsa, M, 1970, 23-37.
Incluye un fragmento de *El landó...*

— LAZARO CARRETER, Fernando, y CORREA CALDERON, Evaristo: *Literatura española contemporánea,* Anaya, Salamanca, 1968, 280.
Señala brevemente la intrascendencia de su teatro y cita algunos títulos.

— MARIAS, J., y BLEIBERG, G., y otros: *Diccionario de literatura española,* Revista de Occidente, M, 1972, 808 a.
Comediógrafo, infunde a su teatro un optimismo lírico y presta más atención a la eficacia del diálogo que a la acción dramática.

— MARQUERIE, Alfredo: *Veinte años de teatro en España,* Editora Nacional, M, 1959, 167-77. Vid. III, 2.4.

— MOLERO MANGLANO, Luis: *Teatro español contemporáneo,* Editora Nacional, M, 1974, 170-88. Vid. III, 3.8.

— MENDEZ-LEITE, Fernando: *Historia del cine español,* II, Rialp, M, 1965, 342.
Referencias a *Juego de niños, La guerra empieza en Cuba* y las colaboraciones cinematográficas de Ruiz Iriarte.

— MORALES, María Victoria: *The Farcical Mode in the Spanish Theater of the Twentieth Century,* Ph. Dissertation, Columbia University, 1969.
Frecuentes citas y ejemplos tomados de nueve obras de los años 50 de Ruiz Iriarte.

— PARKER, John Horace: *Breve historia del teatro español,* Ed. de Andrea, Méjico, 1957, 186-87.
Incoloros comentarios a algunas obras de Ruiz Iriarte.

— PEREZ MINIK, Domingo: «Tres curanderos de la realidad», en *Teatro europeo contemporáneo,* Guadarrama, M, 1961, 449-461. Vid. III, 2.5.

— PEREZ-STANSFIELD, María Pilar: *Direcciones de teatro español de posguerra,* Porrúa Turanzas, M, 1983. Vid. III, 1.2.

— RICHARDSON, Ruth: «Algunos datos sobre dramaturgos españoles contemporáneos», *Revista Hispánica Moderna,* XXXIV, 1968, 412-23.
Dentro del tono general de reivindicación del teatro español contemporáneo hace unos comentarios de *El landó...,* *El gran minué* y *La muchacha del sombrerito rosa,* positivos de tono, pero no emite ningún juicio de tipo general sobre Ruiz Iriarte (422-3).

— RODRIGUEZ RICHART, J.: *Vida y teatro de Alejandro Casona,* Instituto de Estudios Asturianos, Oviedo, 1963, 73-74.
Comparando *Prohibido suicidarse en primavera* con *El puente de los suicidas,* afirma que se encuentran coincidencias demasiado pronunciadas y chocantes: que la obra de Ruiz Iriarte no parece maduramente reflexionada ni sólidamente construida, que el vocabulario es pobre y monótono y el diálogo muy poco ocurrente e ingenioso. En definitiva, entre las dos existe tanta diferencia como de lo pintado a lo vivo. Me ocupo de este asunto en las páginas dedicadas en *VRIAS* al análisis de *El puente...,* C-2.

— —: «Entre renovación y tradición: direcciones principales del teatro español actual», *Boletín de la Biblioteca Menéndez Pelayo,* 41, 1965, 383-418. Vid. III, 1.4.

— RUIZ RAMON, Francisco: *Historia del teatro español. Siglo XX,* Cátedra, M, 1977, 316-17. Vid. III, 2.2.

— SAINZ DE ROBLES, Federico: *Ensayo de un diccionario de la literatura, II, Escritores españoles e hispanoamericanos,* Aguilar, M, 1964, 1.038 b-39 a.

Sospecho que está redactado por el propio Ruiz Iriarte, tanto por el tono y los datos que aporta como por el procedimiento que ha seguido el autor del diccionario para el acarreo de los materiales (vid. prólogo a la obra de Sainz de Robles). Ofrece datos interesantes sobre su biografía, pero no hace consideraciones valorativas sobre su obra.

— SERVER, Alberta: «Notes on Contemporary Drama in Spain», *Hispania*, XLIII, 1959, 56-60.
Dentro del panorama general que trata destaca, junto a otros, a Ruiz Iriarte citando *El pobrecito hablador* [sic] y *Usted no es peligrosa.*

— SORDO, Enrique: «El teatro español desde 1936 hasta 1966», en *Historia de las literaturas hispánicas,* VI, Vergara, B, 1967, 771-92. Vid. III, 2.3.

— TOLEDANO, Jerónimo: «Un año de teatro: 1950», *Clavileño,* 7, 1951, 49-54. Vid. III, 1.5.

— TORRENTE BALLESTER, Gonzalo: *Teatro español contemporáneo,* Guadarrama, M, 1968, 579-88. Vid. III, 2.6.

— TRIFILO, Samuel: «The Madrid Theater: 1967-68», *Hispania,* LII, 1969, 910-15.
Recalca el tema político de *La muchacha del sombrerito rosa* y *Primavera en la Plaza de París.*

— VALBUENA PRAT, Angel: *Historia del teatro español,* Noguer, B, 1956, 665-71. Vid. III, 3.11.

— —: *Historia de la literatura española,* IV, Gili Gaya, B, 1968, 1.065-66, e *Historia de la literatura española,* VI, novena edición ampliada y puesta al día por María Pilar Palomo, Gili Gaya, B, 1983, 847-48. Ambas ediciones reproducen idéntico texto.
Se ocupa de las relaciones entre *El puente de los suicidas* y *Prohibido suicidarse en primavera* y concluye que lo único que existe para las dos obras es una fuente común: *La sirena varada.*

— —: *Literatura castellana,* II, Juventud, B, 1979, 14362-68.
Incluye el mismo texto que en Noguer, 1956.

— WEBBER, Edwin: «The «Problem» of the Spanish Theater Today», *Hispania, XXXIX, 1956, 63-67.*

Ante el panorama poco alentador, los espectadores se ven reconfortados por obras como *Historia de una escalera, El baile, Murió hace quince años* o in a lighter vein, *El landó de seis caballos* o *El caso del señor vestido de violeta.*

4. CRÍTICAS A ESTRENOS [10]

— DOMENECH, Ricardo: De *Un paraguas bajo la lluvia, Primer acto,* 68, IX-65, 54.

No se trata ni siquiera de una buena comedia, aunque su representación resulta entretenida. Subraya la delicadeza y gracia con que están trazados los personajes femeninos, rasgo habitual de uno de los autores más aplaudidos por ese público femenino. Teatro hábil, tierno, amable y superficial, pero de una cierta calidad literaria.

— MONLEON, José: De *El carrusell, PA,* 59, XII-64, 49-50.

Tras señalar *El inspector* [sic] de Priestley como fuente y reconocer como aciertos el planteamiento y la forma de organizar teatralmente el tema, critica que posteriormente aborde tema tan serio con el esquematismo de la farsa, hurtando finalmente el problema del choque generacional padres-hijos. *Dentro de sus simplificaciones y profundos errores, tiene al menos el valor de remitirnos a una cuestión seria con la suficiente sinceridad como para que apetezca replicarle al autor.*

— RODRIGUEZ SANZ, Carlos: De *La muchacha del sombrerito rosa, PA,* 85, VI-67, 49.

Supone una sorpresa dentro de la cartelera madrileña, por entonces trivial y chabacana. Repite a continuación conceptos como «marchita poesía», «sentimentalismo dulzón», «*sentimientos de derecha* frágiles y mortecinos», etc.

NOTAS AL CAPITULO II

[1] Cada ficha bibliográfica responde al siguiente esquema:
— Título y subtítulo.
— Lugares, fechas y compañías del estreno.
— Ediciones, íntegras o parciales.
— Traducciones. Las fechas que se indican corresponden al contrato según consta en la Sociedad de Autores. Cuando no consten es que la fuente de información es otra que la Sociedad: el libro *Víctor Ruiz Iriarte*, de P. Boring, que mantuvo entrevistas personales con el autor, o la lista de traducciones incluida al final de *Un pequeño mundo*.
— Emisiones en TVE.
— Versiones cinematográficas.
— Manuscritos existentes.
— Premios.

Los datos que no se aporten se entiende que son desconocidos o que no existen; por ejemplo, si no constan ediciones de una obra es que no fue publicada, etc.

Por motivos de economía, M = Madrid, y B = Barcelona.

Las fichas con los datos de cada obra van ordenadas cronológicamente según la fecha del estreno.

2. Las fechas de composición indicadas proceden de los manuscritos y copias existentes.

[3] Vid. ALVAREZ MACIAS, Juan Fco., *La novela popular en España: José Mallorquí*, Publicaciones de la Universidad de Sevilla, Colección de Bolsillo, 8, Sevilla, 1972.

[4] Dado su especial interés, ofrezco a continuación una lista de los artículos literarios de Ruiz Iriarte según su lugar de publicación. Incluyo en esta relación únicamente aquellos cuyas referencias bibliográficas son completas. No siempre ha sido posible localizar el lugar y fecha de un escrito que conozco por un original mecanográfico o por un recorte de prensa ilocalizable.

1. *La Estafeta Literaria:*

Sección *La dialéctica de los pies:*
Un «fenómeno nacional», 1, 5-III-44, 10.
Risa, risa, risa, 2, 20-III-44, 10.
El ibsenismo en 1944, 5, 15-V-44, 10.
Un teatro de cámara, 7, 15-VI-44, 11.

Sección *Monólogo ante la batería:*
18, 15-XII-44, 10.
19, 1-I-45, 10.

22, 28-II-45, 10.
24, 5-III-45, 10.
25, 25-IV-45, 10.
27, 25-V-45, 10.
29, 25-VI-45, 10.
32, 25-VIII-45, 10.

Artículos:
El teatro, la literatura y los escritores, 5, 15-V-44.
El secreto del teatro. Don Jacinto en los escenarios, 12, 10-IX-44, 10.
Teatro con naturalidad, 14, 10-X-44, 10.
Don Juan en 1944, 16, 15-IX-44, 17.
«Troteras y danzaderas. Un nuevo éxito del primer teatro español, *Fuenteovejuna*, una realización sorprendente», 15, 1-XI-44, 10.
Troteras y danzaderas. De la comedia y de los géneros, 26, 10-V-45, 10.
Las «Entregas» de Enrique Azcoaga, 32, 25-VIII-45, 13.
Sobre «El Silencioso», 40, I-46, 40.

Respuestas a entrevistas:
3, 15-IV-44, 10.
19, 1-I-45, 16.
24, 5-III-45, 10.
27, 25-V-45, 27.

En el número 4, 30-IV-44, 11, Ruiz Iriarte hace una entrevista a Agustín de Foxá.
Sospecho que son de Ruiz Iriarte las siguientes colaboraciones, sin firma:
13, 25-IX-44, 10: «Los sueños de una noche de septiembre».
27, 25-V-45, 10: Crítica elogiosa a *Antígona*, de Sófocles-Pemán.
31, 5-VIII-45, 10: Reseña de un certamen del Aula de Cultura del Ateneo.
34, 25-IX-45, 10: «Un guiñol bárbaro» y «Cyrano de Bergerac en la Gran Vía».
35, X-45, 10: «Troteras y danzaderas. Curva de Zésar».

2. *A B C*: 23-XI-66, 3; 21-II-68, 3; 19-VI-69; 10-VII-74.

3. *Arriba*: 4-X-43; 23-I-66, 21.

4. *Ciudad* (M), 1-V-35.

5. *Domingo*: 6-VII-47.

6. *EFE*: Ruiz Iriarte escribió 33 artículos sobre temas teatrales diversos para el Servicio Exterior de esta agencia, entre el 3-I-66 y el 13-X-66. Las características de estas colaboraciones destinadas a una agencia y no a una publicación concreta hace enormemente dificultosa la tarea de localización de los diarios en que aparecieron. Mis consultas a los encargados de los archivos en la agencia EFE no han podido completar esta información.

7. *El Español*: 9-X-43; 25-V-45; 8-VI-46, 5; 30-IX-46; 22-II-47.

8. *El Faro de Vigo*: 31-X-76.

121

9. *Informaciones:* 31-XII-49; 24-IV-51; 31-XII-52; 4-IV-53; 17-IV-54; 5-IV-58; 28-III-59; 10-IV-66.

10. *Jornada* (Valencia): 14-V-46.

11. *Juventud:* 8-II-43; 11-II-43; 25-II-43; 18-III-43; 21-XII-43; 1-III-44.

12. *Primer Acto:* 3, verano 1957, 21-22.

13. *La Región (Diario de los españoles en Europa):* XII-66; II-67.

14. *El Sol:* 19-VII-34, 5; 24-VII-34, 7.

15. *Teatro:* 1, XI-52, 41-45; 2, XII-52, 42-47; 3, I-53, 37-41; 6, IV-53, 25-30; 14, I-II-55, 49-54.

16. *Triunfo:* 28-XII-55.

Pongo en cursiva las citas textuales del artículo o libro de que se trate en cada caso, también en la Bibliografía secundaria.

Los artículos literarios (4.1.) van ordenados temáticamente —si no se indica otra cosa— y los costumbristas (4.2.) —dentro de las divisiones temáticas efectuadas—, cronológicamente, según la fecha de publicación. En ocasiones no dispongo del dato del lugar de publicación o de la fecha, y así lo indico.

⁵ Ordenados alfabéticamente según el autor de que se trate.

⁶ Unicamente se reseñan aquí los trabajos de que no me ocupo en el Capítulo III. Sigo un orden alfabético.

⁷ Considero incluidas dentro del concepto de *artículos* también los prólogos, las reseñas sobre publicaciones acerca de Ruiz Iriarte o la inclusión de obras suyas dentro de las antologías de Alvaro y Sainz de Robles.

⁸ Así firma en *La Vanguardia* el crítico que no hemos podido identificar.

⁹ Incluye libros, artículos y fragmentos de obras suyas en antologías.

¹⁰ Dado que en el capítulo dedicado a la Bibliografía Primaria doy a conocer las fechas de los estrenos, cualquier interesado podrá encontrar en la prensa las críticas que merecieron en su día esas obras. Sólo figuran en este apartado las aparecidas en la revista *Primer Acto (PA)*. Es indudable que las críticas aparecidas de forma inmediata al estreno son un documento muy útil para obtener datos relativos a la interpretación, la puesta en escena, etc., y, sobre todo, para conocer la valoración o valoraciones diversas suscitadas por la obra. Como norma general, sin embargo, me abstendré de utilizarlas en el recorrido crítico a que someto el teatro de Ruiz Iriarte en el capítulo IV, ya que su inclusión provocaría una prolijidad que juzgo excesiva para el propósito que me he puesto. Acudo a ellas cuando ha sido necesario, como en el caso de *También la buena gente...* en que las reseñas de la prensa permiten afirmar que *De París viene mamá* es una refundición de aquella obra. Cuando el objetivo es mucho más concreto, estas críticas son de mención ineludible, tal y como hago en los pormenorizados análisis de *VRIAS*.

Capítulo III

VÍCTOR RUIZ IRIARTE Y EL TEATRO DE POSGUERRA. OPINIONES CRÍTICAS

El teatro de Víctor Ruiz Iriarte, como en general el de los autores que habitualmente se incluyen en el grupo de los *evasionistas,* no cuenta con abundancia de estudios críticos que analicen total o parcialmente su obra. Como se ha podido comprobar en las páginas dedicadas a la bibliografía, el mayor número de los que se ocupan de nuestro autor lo hacen desde obras de conjunto más amplias, dentro de trabajos no dedicados exclusivamente a Ruiz Iriarte o a través de su labor de críticos teatrales para periódicos y revistas.

El objetivo de este capítulo es presentar el panorama actual de la crítica respecto a Ruiz Iriarte, no ya desde el punto de vista estrictamente bibliográfico —como queda hecho en el capítulo II—, sino según la estimación que nuestro autor ha merecido ante los distintos críticos y estudiosos. He procurado atenerme a la máxima objetividad al establecer los diversos grupos, aunque bien comprendo que mi labor, ya no de crítica, sino de metacrítica, inevitablemente entraña una toma de postura junto a los trabajos más favorables a Ruiz Iriarte.

1. Dentro de un primer grupo sitúo estudios que se caracterizan por su juicio negativo al teatro de Ruiz Iriarte, sin apenas matizaciones. Las críticas se centran principalmente en torno a la ausencia en su teatro de la realidad o a su conformismo técnico y temático.

1.1. Ricardo Doménech («El teatro desde 1936», en *Historia de la literatura española,* dirigida por Díez Borque, IV, Taurus, M, 1980, 391-441), bajo el epígrafe «Epígonos de Benavente y autores afines» (409-410) y dentro del

123

grupo *comedia de evasión*, despacha el nombre de Ruiz Iriarte, López Rubio y Neville en veinte líneas, espacio suficiente para dejar sentado que se trata de los autores de la burguesía franquista y que junto a su levedad temática y habilidad técnica contribuyeron a dignificar la escena española en los años 50.

1.2. María Pilar Pérez-Stansfield, en su reciente libro *Direcciones de teatro español de posguerra* (1983), únicamente se refiere a Ruiz Iriarte a través de dos citas del *Teatro europeo contemporáneo,* de Pérez Minik (80, 84). V. II, II, 3.

1.3. Gerald Wade anuncia en el título de su artículo «The Comedies of Víctor Ruiz Iriarte» (*Hispania,* XLV, 1962, 704-11) algo que luego no nos da. Dedica mucho más espacio a la *comedia* como género en España que a Ruiz Iriarte, del que ofrece juicios superficiales y mostrencos.

1.4. Rodríguez Richart («Entre renovación y tradición: direcciones del teatro español actual», *Boletín de la Biblioteca Menéndez Pelayo,* 41, 1965, 383-418), después de referirse al teatro de *evasión* en términos comedidos y justos, arremete contra Ruiz Iriarte acusándole de que su «construcción dramática se resiente de debilidad, así como sus soportes lógicos (...) Aunque en su diálogo consigue aciertos parciales, raras veces alcanza la calidad, la elegancia, la fluidez de los demás comediógrafos del grupo (López Rubio, Neville, Mihura), derivando en ocasiones a una gracia —o conato de gracia— de tonos vulgares y ordinarios» (405). Emite juicios como el presente, ciertamente chocantes, que más parecen dictados por un ánimo apasionado que por una observación imparcial y atenta de sus obras [1].

1.5. Igualmente negativos y tajantes resultan los comentarios de Jerónimo Toledano («Un año de teatro: 1950», *Clavileño,* 7, 1951, 49-54) a *El landó de seis caballos* y *El gran minué,* «que realmente no pasa de pretexto para que Cayetano Luca de Tena confirme sus altas cualidades de director» (52 a). Acusa a Ruiz Iriarte de deslizarse a «lo fácil, liviano y acomodaticio» (52 a).

1.6. Según Wilma Newberry en su reseña a la edición que hizo J. S. Merril de *Esta noche es la víspera* (*Hispania,* LII, 1969, 544-45), esta obra es una «inconsequential play, typical of the fare frequently offered to spain theatre audiences» (544 a).

1.7. Blanco Aguinaga, Rodríguez Puértolas e Iris Zavala (*Historia social de la literatura española,* III, Castalia,

M, 1979, 113-121), tomando como base una cita de Lorca —en mi opinión parcialmente entendida y aplicada—, califican de «Rosas de invernadero y salas de juego» el teatro de los autores «oficialistas» que suelen agruparse junto a Ruiz Iriarte y que estaría paradigmáticamente representado por éste y López Rubio (113-15).

1.8. Max Aub (*Manual de historia de la literatura española,* Akal Editor, M, 1974) ni siquiera cita a Ruiz Iriarte.

2. Este segundo apartado lo componen trabajos que, aunque no uniformes en sus apreciaciones, perciben y valoran aspectos del teatro de Víctor Ruiz Iriarte.

2.1. William Giuliano (*Buero Vallejo, Sastre y el teatro de su tiempo,* Las Américas, Nueva York, 1971) trata ocho obras —inexplicablemente no se ocupa de *El carrusell*—, reconoce logros dramáticos en ellas, pero insiste como conclusión en que no reflejan la realidad con sus problemas.

2.2. Francismo Ruiz Ramón [2], en el capítulo V («Herederos y nuevos herederos o la continuidad sin ruptura») de su conocido manual, establece el concepto de *teatro público* y lo caracteriza con ocho puntos cuyo resumen puede reducirse a «una dramaturgia heredada actualizada, pero no transformada de raíz» (301). Un subgrupo de ese *teatro público* es la «comedia de la felicidad, comedia de la ilusión», donde se ocupa especialmente de López Rubio y de Ruiz Iriarte (316-17). Censura la esencia y la validez social de este teatro del ensueño, no su calidad literaria. En cuanto a Ruiz Iriarte, Ruiz Ramón se muestra ecléctico: recoge palabras de otros críticos en que se destaca la habilidad, el diálogo brillante, la mezcla de sátira y ternura y el empleo de una fórmula teatral. Señala también el hecho de que Ruiz Iriarte practique un sincretismo de géneros dramáticos y concluye que «su mejor y más abundante teatro pertenece al género cómico», aunque también haya cultivado el drama serio o «comedia dramática». Sobre este punto debe decirse que considera representado el tratamiento de temas graves en *Los pájaros ciegos,* obra que no ha sido publicada, *Juanita va a Río de Janiero* y *Esta noche es la víspera,* sin tener en cuenta dos de sus mejores obras dramáticas: *El carrusell* —únicamente citada— e *Historia de un adulterio.*

Es de destacar también que Ruiz Ramón considera como

125

el mejor estudio sobre el comediógrafo la introducción de I. Magaña Schevill a su edición de *Juego de niños* (318, número 25), cuyo contenido reseño más adelante y del que, sin embargo, no se hace eco para nada en su estudio. V. II, II, 3.

2.3. Enrique Sordo («El teatro español desde 1936 hasta 1969», *Historia de las literaturas hispánicas,* VI, Ed. Vergara, B, 1967, 771-92) lo incluye junto a López Rubio en «la comedia de evasión». Cultiva un evasionismo espiritualizado que «soslaya de forma explícita la problemática de su tiempo y de su circunstancia». Abandona sus comienzos casonianos para adentrarse en los trillados caminos del «teatro cómico, leve y asequible que tiene una tibia humanidad en sus entresijos, pero que está cuajado de innecesarias concesiones al gran público» (778).

2.4. Alfredo Marqueríe expone sus puntos de vista en dos publicaciones muy próximas temporalmente y casi idénticas de formulación: *Veinte años de teatro en España* (Editora Nacional, M, 1959, 167-77) y «Víctor Ruiz Iriarte o la sonrisa» (en *El teatro: enciclopedia del arte escénico,* Noguer, B, 1958, 499-501). Por su mayor precisión, las citas y comentarios que haga partirán del primero de los trabajos.

De Marqueríe es esa repetida consideración de que «Víctor Ruiz Iriarte es un comediógrafo que iba para dramaturgo, pero que se quedó a mitad de camino» (170). Señala un deslizamiento hacia la farsa y el costumbrismo, ofrecido con un ropaje de ternura, noble sonrisa y suave sátira, todo ello enmarcado por una alta calidad teatral. Hay que destacar, sin embargo, que el propio Marqueríe advierte, junto a ese tipo de obras, la presencia coetánea de otras (*El landó, El gran minué* y *Esta noche es la víspera*) «en las que el autor no traiciona la línea, buena línea inicial, con que se adentró, más que por los vericuetos, por los caminos reales del teatro» (176). Con esa «buena línea inicial» se está refiriendo a *Un día en la gloria* y *El puente de los suicidas,* que «nos apuntaban un autor trascendentalista bajo la máscara del humor y la ironía, es decir, un autor poético y sarcástico» (169). En los juicios de Marqueríe late una visión jerarquizada de los géneros dramáticos cuya cima ocupa la tragedia y el drama y a los que se subordinan, como menores, la comedia y la farsa.

2.5. Domingo Pérez Minik (*Teatro europeo contemporáneo,* Guadarrama, M, 1961) titula significativamente «Tres curanderos de la realidad» el capítulo que dedica a López Rubio, Ruiz Iriarte y Neville (449-461). Aunque lancen «slogans» para tranquilizar las conciencias de la posguerra —felicidad, tranquilidad, comodidad— no es de ninguna manera teatro bonito solamente porque el artificio va revestido de ingredientes muy humanos (452-4), dice Minik.

Concretamente en Ruiz Iriarte (458-60), apunta la creación del tipo del «pobre hombre» de nuestros días, encantador e insignificante, cuya estirpe remonta a Cervantes, Galdós y Arniches. Según Pérez Minik, es el más cercano de los tres a la realidad inmediata, que sabe explotar acertadamente, y a pesar de tocar temas y situaciones desenfadadas que nadie más se ha atrevido a tratar, se alinea en la tradición clásica de la comedia como enmendadora de costumbres y vicios sociales.

2.6.   Torrente Ballester (*Teatro español contemporáneo*, Guadarrama, M, 1968, 579-88) no trata en conjunto el teatro de Ruiz Iriarte, sino que compila una serie de críticas a ocho obras, de las que extraigo aquellos puntos que puedan servir como apreciaciones de tipo general: la mayoría de esas críticas insisten en concesiones al público, cómoda instalación en una fórmula [3] o falta de audacia para dar pasos que pudieran conducirle al fracaso. Valora la calidad del diálogo vivo e ingenioso, considera de más mérito las escenas de farsa que las serias y lamenta que «cuando parece que va a estallar el drama se resuelve en pura comicidad —o bien en una resignación melancólica del personaje afectado» (588).

2.7.   George L. Holcomb [4] —traído aquí por el interés que pueda aportar el testimonio de un crítico norteamericano en 1958— señala que Ruiz Iriarte emplea los mismos elementos que Casona, pero no para enfrentar los personajes con la realidad, sino para llevarlos a la felicidad. Sus afirmaciones no resultan del todo claras. Por un lado, los personajes «sometimes must even cease to be themselves and assume another personality in order to accomplish the desired result; this element of escape, like the search of happiness, pervades most of Ruiz Iriarte's best work» (126). Por otro, «Begining with *La cena de los tres reyes,* Ruiz Iriarte seems to have deserted the type of theater which he does best, the *teatro de evasión.* In his recent plays he is failing to exploit his fine gift for fantasy and an intellectual kind of humor. The optimism and sympathy for humanity which pervades his earlier plays sees to be giving way to moralizing

127

and caricaturing in many instances» (149). V. II, II, 3.

Las objeciones de los críticos arriba reseñados, a mi entender más meditadas y justas que las vistas en el primer grupo, responden en último extremo a una común visión del fenómeno del teatro —en mucha menor proporción Marqueríe y Torrente— según la cual los temas, el tratamiento y el desenlace de la obra dramática deben vincularse estrecha y directamente con lo real contemporáneo. La materialidad del eco inmediato del «estado de las cosas» parece imponerse como una patente, al menos inicial, de calidad artística.

3. En este tercer grupo se reúnen los trabajos de mayor monta sobre Ruiz Iriarte. Bajo distintos aspectos tienden a la rehabilitación crítica de su teatro y al rechazo de los lugares comunes acerca de lo *evasivo* e *intrascendente* de su obra.

3.1. E. Lendínez Gallego fue el primero en dedicar un libro exclusivamente a la producción dramática de nuestro autor: *El teatro de Ruiz Iriarte* (Ediciones de Cultura Hispánica, M, 1973). Adolece de escaso rigor y profundidad, pero hay que reconocer que contiene algunas ideas y observaciones dignas de tenerse en cuenta. Recoge con mayor amplitud las ideas vertidas unos años antes en «Lo social en la obra de Ruiz Iriarte» (*Estafeta Literaria,* 425, 1-VIII-69, 35-37). En este artículo, Lendínez distingue «teatro social» de «teatro que se ocupa de la cuestión social». Es cierto que Ruiz Iriarte no plantea esos problemas que habitualmente denominamos *sociales,* «lo que sí trata, con una temática costante, es [sic] bucear debajo de la superficie tranquila del vivir cotidiano para darnos un mensaje y denunciar unos aspectos hoscos de la realidad social» (35 c). «Punto básico de la obra de Ruiz Iriarte: su divergencia de los teóricos socializantes que buscan la lucha para remediar males. El amor, la unión familiar y la huída de la soledad los utiliza como aglutinantes de la sociedad» (36 a). No cabe duda de que para él la familia como primera comunidad · social es intocable y que «a sensu contrario» está mostrando los males que se remedian con esos instrumentos. En conclusión, Ruiz Iriarte toca abiertamente lo social, lo actual está muy puntualizado en sus obras.

En cuanto al libro, únicamente llamar la atención sobre el prólogo de Lorenzo López Sancho, que comentando estas ideas llega más lejos que el propio Lendínez: «No hay evasión en el teatro de Ruiz Iriarte, puesto que es testimonial, sino una elusión impuesta por dos condicionantes ineludibles [la actitud socio-moral del espectador y la presión ejercida por el poder oficial] (...) el público de Ruiz Iriarte no se evade, puesto que se halla ante sí mismo» (14).

3.2. Phyllis Zatlin Boring es la autora de *Víctor Ruiz Iriarte* (Twayne World's Authors Series 540, Boston, 1980, 151), el primer estudio serio e inteligente sobre Ruiz Iriarte como autor dramático.

Se ocupa de todas las obras publicadas, incluso las de televisión, a las que dedica un capítulo. Hace gala de un vasto conocimiento del teatro europeo del siglo XX y de una fina capacidad crítica a la hora de enjuiciar cada una de las obras de Ruiz Iriarte. Clasifica sus piezas dramáticas en seis apartados:

i. La vida como teatro. El mundo de fantasía poética (*El puente de los suicidas, Academia de amor, El landó de seis caballos, El café de las flores*).

ii. Farsas satíricas (*Un día en la gloria, El gran minué, La cena de los tres reyes*).

iii. *Role playing and role reversal*, las comedias de costumbres (*Aprendiz de amante, Las mujeres decentes, Cuando ella es la otra, Juego de niños, La soltera rebelde, El pobrecito embustero, Usted no es peligrosa, La vida privada de mamá*).

iv. El teatro como juego (*La guerra empieza en Cuba, Un paraguas bajo la lluvia*).

v. Los dramas serios (*Juanita va a Río de Janeiro, Esta noche es la víspera, El carrusell, Historia de un adulterio, La señora recibe una carta*).

vi. Las últimas comedias (*Tengo un millón, La muchacha del sombrerito rosa, Primavera en la Plaza de París, Buenas noches, Sabina*) [5].

Las conclusiones que cierran este valioso trabajo recogen las ideas que han ido surgiendo con motivo del análisis de cada una de las 29 comedias de que se ocupa. En primer lugar, nadie mejor que Ruiz Iriarte ha comprendido en el teatro español de posguerra que la comedia, en la tradición hispánica, es un género mixto en el que se superponen y se hacen simultáneos los aspectos cómicos con las intencionalidades más graves.

Sus comedias contienen un testimonio crítico directo de los cambios sociales de la España de posguerra.

Esta pintura social se encauza en unos tipos que se reiteran con matices en sus obras: el *pobrecito*, la *pobrecita*, el *triunfador*, la mujer frívola.

La influencia de Pirandello, Evreinov y Anouilh es determinante en su concepción personal de las relaciones entre el mundo del sueño y el de la realidad como dos ámbitos que se influyen mutuamente. En sus comedias aparece la sugerencia de que la vida misma es teatro —vodevil, comedia, sobre todo tragicomedia. De ahí la mezcla de humor y *pathos* que subyace en la mayoría de sus obras.

Todo esto unido a una construcción habilísima y un diálogo chispeante cuya influencia en otras obras y otros autores se aventura a determinar.

Su obra es innegablemente un documento de una amplia capa social de la España de la posguerra y de los cambios que experimenta, y con el tiempo puede llegar a ser literaria y sociológicamente más universal que las obras del realismo social.

3.3. La tesis doctoral presentada por Janie Frances Spencer en 1982, bajo el título *Dreams and Reality in the Theatre of Víctor Ruiz Iriarte*[6], es posiblemente lo más lúcido que se ha escrito sobre este autor. Spencer ha tenido el acierto de ceñirse al tema y tratarlo con orden y claridad. Deja de lado los aspectos técnicos del desarrollo dramático de las obras y se centra exclusivamente en el contenido intelectual del teatro de Ruiz Iriarte, su mensaje. Su trabajo analiza en primer término el mundo real en que sitúa el autor a sus criaturas; a continuación el mundo del sueño que éstas crean para lograr la felicidad y, por último, como etapa irrenunciable de todos los ensueños, el contraste —más o menos violento, según los casos— entre el mundo de la imaginación y la realidad.

Sus conclusiones, fruto y síntesis del análisis de diez obras, se inician con una denuncia de la superficialidad con que los críticos juzgan este teatro.

1. Como primer punto concluye que la elección deliberada del humor y del género comedia responde al deseo de dar un cauce —el mejor posible— al mensaje que Ruiz Iriarte trata de transmitir. El propósito del teatro *de evasión* es utilizar una estructura exterior de frivolidad y ligereza para mejor destacar el profundo sentido de sus obras: que el *sueño* —entiéndase, lo que los personajes hacen para modificar las condiciones en que el autor los situó— no es un fin en sí mismo, sino una ayuda para comprender mejor

la realidad. Visión terapéutica de la fantasía que, si no tiene como objeto un mejoramiento personal del individuo y su ámbito, no sirve más que para los enajenados mentales.

2. Los motivos centrales de su obra son el amor y el egoísmo. El amor, en un sentido mucho más amplio que al de la atracción entre hombre y mujer. Amor es la ausencia total de interés personal, el deseo de sacrificio sin recompensa. Amor espiritual que, dentro de una antiquísima tradición literaria, ennoblece tanto a quien lo siente como las acciones realizadas bajo su impulso. La consecuencia de ese amor puro es la felicidad permanente.

3. En cambio, las del egoísmo —amor no puro— son la ruina de las relaciones humanas, el sufrimiento de víctimas inocentes, la soledad y el sentimiento de culpabilidad.

4. Delimita a continuación una serie de «principios» de la «filosofía» de Ruiz Iriarte:

i. Existe una discrepancia entre la apariencia y el verdadero ser de los hombres.

ii. Sueño y realidad son entidades incompletas que mutuamente se reclaman. Ruiz Iriarte está convencido de que tanto el sueño —en el sentido que apunto— como la realidad forman parte de la vida del hombre. Quien los separa es un loco soñador o un ser angustiado por una vida sin esperanza. La felicidad no se basa en la prevalencia de uno de esos mundos, sino en su equilibrada alianza.

iii. El sueño hace conocer más perfectamente la realidad. En todos los casos los personajes retornan a ella después de forjar sus tentativas de escape. Quienes se enfrentan valientemente con la realidad se enriquecen por su experiencia en el mundo del sueño. Quienes no son consecuentes con lo que les revela el mundo de la fantasía traicionan su íntima personalidad y son infelices.

iv. En las obras más serias, Spencer destaca el hecho de que pocos tienen una segunda oportunidad para enmendar errores pasados. El presente es una herencia que hemos ido formando con nuestros propios actos. Los personajes desean soñar con un recomienzo, pero Ruiz Iriarte estimula a hacer frente a esa dolorosa realidad.

5. Los mundos de ficción que se crean los personajes no son ámbitos rosados donde no hay problemas ni dolores. Siempre finalizan en la misma disyuntiva moral: aplicar a sus vidas la verdad que han aprendido mediante el sacrificio, lo cual implica invariablemente felicidad o dar la espalda y continuar viviendo una vida egoísta.

Spencer se pregunta en repetidas ocasiones si puede honestamente llamarse *escapista* o *evasionista* a un autor que trata con sensibilidad temas tan universales y que bucea hondo en los problemas eternos de la naturaleza humana.

3.4.   Marion Holt, en *The Contemporary Spanish Theater (1949-1972)* (TWAS 339, Boston, 1975, 98-110), afirma que Ruiz Iriarte es el primer autor nuevo que aparece en la teatro español de posguerra. Su estilo individual —con raíces en Pirandello, Evreinov, Anouilh— descubre una forma teatralizada e irónica de ver la vida. A veces yerra por exceso de sentimentalismo, pero es innegable que su teatro contiene un ambiente poético de auténtico timbre. Holt coincide con Spencer al señalar que a partir de *El landó...* surge la idea de que convertimos nuestra vida en un juego que puede proporcionarnos una vida más auténtica o un fracaso existencial.

3.5.   El prólogo que antecede la edición de Holt a *El carrusell* ahonda en este punto: «Un tema fundamental de su teatro ha sido el conflicto entre la realidad y los ideales (o esperanzas) de sus personajes (...) con frecuencia Ruiz Iriarte nos ofrece una teatralización de la vida por parte de sus personajes que resulta en [sic] un tipo de drama dentro del drama. En el momento de crisis en la vida recurren a inventar «juegos» para curar o evadir una realidad que les parece insoportable. A veces estos «juegos» son puras mentiras —pero mentiras usadas para alcanzar una vida más auténtica» (xii). Vid. II, II, 2.

3.6.   En la reseña a esta edición de *El carrusell* de Holt, John Dial (*Hispania,* 54, 1971, 614 a y b) emplea conceptos semejantes. Señala «pirandellian overtones» en la confusión de ficción y realidad y define esta comedia como «felicitous mixture of comedy and tragedy». «What we have then is a strinkingly original treatment of a generation gap. It is more than that however. The playwright poses serious questions about ambition, about affluence, about values.»

3.7.   Ya hemos señalado que Ruiz Ramón considera como el mejor estudio sobre Ruiz Iriarte la introducción de I. Magaña Schevill a su edición de *Juego de niños* (V. II, II, 2). La brevedad de estas páginas está de sobra compensada por la densidad de penetrantes observaciones. Magaña establece un tipo que denomina «*authentic*» *individual* y una fórmula general, en que éste se encarna, esquematizada en cuatro puntos:

i.   El tema que mueve toda la acción es la necesidad

de amor, cuya ausencia conduce a una angustiosa soledad o inseguridad.

ii. En una sociedad que valora el encanto, la agresividad o la astucia por encima de la virtud, la sinceridad o la honestidad el *authentic* *individual* no puede competir con sus más agraciados adversarios y, por consiguiente, padece por la soledad y el rechazo que le imponen la vanidad y el egoísmo de los demás o de los falsos modelos sociales imperantes.

iii. Buscando una solución a su soledad, el que ha sido rechazado emplea su imaginación y o bien se refugia en su propio mundo de interior fantasía o levanta un engaño que le atraerá la estimación ajena.

iv. Sin embargo, cuando la felicidad se adquiere mediante un engaño, se vuelve falsa y el *authentic* *individual,* para restablecer su equilibrio y su propia dignidad, debe indefectiblemente retornar, aunque cueste, a una realidad que, al menos, se ajusta a su auténtico modo de ser.

Para combinar los aspectos serios y los cómicos emplea su peculiar concepto de equilibrio: la tragedia dentro de la comedia, al igual que ocurre en la vida real. Tenemos derecho a soñar, pero no a perder contacto con nuestra propia verdad, porque en ese caso habremos malogrado una cualidad preciosa, nuestra autenticidad. «Despite his clever technical devices and elements of humor in comedy or farce, satire or poetic fantasy the tragic undercurrent which runs throughout his dramatic work renders meaningless any attempt to classify him as an intrascendental playwright» (xxii).

Al igual que Spencer, Magaña advierte ese camino de ida y vuelta, tan significativo, entre la realidad y la ficción cuyo término supone para el personaje un mejoramiento de sí mismo o de los demás.

3.8. Molero Manglano (vid. II, II, 3), más impresionista y menos riguroso, afirma también claramente que sería un error calificar de intrascendente este teatro, decir que no tiene mensaje o poco que ver con la realidad, aunque no enfrente los problemas de nuestro tiempo en su depresión amarga o en su pesimismo apocalíptico.

3.9. J. Emilio Aragonés (vid. II, II, 3. *Teatro español...*) señala asimismo la presencia casi constante de la «media realidad y se lamenta que le haya sido adjudicada a Ruiz Iriarte la etiqueta inamovible de *escapista*. Al referirse al tipo del «pobre hombre», en que algunos han querido ver una

133

encarnación del español medio de nuestra posguerra, comenta: «...reprochan al autor que trate el tema como algo trivial e intrascendente, sin intentar rebelarse. Es decir, que critican en Ruiz Iriarte el conformismo que muestra ante la existencia de tales desvalidos seres sin parar mientes en que en modo alguno ha pretendido el autor erigirlos en arquetipos, como no aspiraron a ello Galdós primero y Arniches en la anteguerra, siendo así que en las obras de ambos figuran reiteradamente personajes similares. ¿Por qué se critica en Ruiz Iriarte lo que no mereció sino elogios en Galdós y en Arniches? Dejo sólo apuntado el tema, porque sospecho que la diferencia de juicios ante un mismo dato escénico obedece a razones extrateatrales...» (60) [7].

3.10. El artículo de Balbino Marcos finaliza con estas palabras: «No podemos negar que hay en su interior [el teatro de Ruiz Iriarte] un verdadero valor artístico y humano» (vid. II, II, 2).

3.11. Valbuena Prat (*Historia del teatro español*; repite análogos juicios en *Historia de la literatura española,* IV, y *Literatura castellana,* II) estima que Ruiz Iriarte es el autor que mejor ha abordado teatralmente la dualidad entre el sueño y el juego. Al comentar la existencia de la sonrisa entre la angustia afirma que «ya esto indica la profundidad que no falta a este teatro ni aun del lado que puede parecer banal de una fórmula» (666). A pesar del peligro de producir obras *en serie,* Ruiz Iriarte «sabe darnos la variedad lozana de los matices cambiantes del amable entretenimiento, atravesado de asomos de problemas hondos, de angustias contenidas, que se esfuman delicadamente en su propio planteamiento (...) la sana lección de la vida negra vestida con flores» (670-71).

3.12. Por otra parte, Juan R. Castellano lo considera, junto con Buero, el renovador del teatro español, siguiendo las huellas de Casona (vid. II, II, 3).

Para finalizar, únicamente dos consideraciones sobre este tercer grupo de trabajos: los más dignos de consideración —el de P. Zatlin, el de Spencer y el de Magaña— son fruto de una lectura atenta y penetrante de la obra de Ruiz Iriarte que se traduce en sendos libros o —en el caso de Magaña— en un breve número de páginas de extraordinaria lucidez. Quizá no se deba a casualidad el hecho de que quienes más tiempo y esfuerzo dedicaron a este autor sean los que descubren más aspectos positivos, mayor profundidad humana y menos motivos razonables para calificar su obra como *de evasión*.

En segundo lugar, se da el caso de que se trata de tres estudiosos norteamericanos, es decir, no españoles. Esta circunstancia, que en ciertos momentos puede considerarse una dificultad para comprender íntegramente aspectos de la cultura española, en este caso más bien atestigua la virtualidad del teatro de Ruiz Iriarte para transmitir un mensaje consistente a gentes de otros países, es decir, su universalidad. Sin olvidar, tampoco, que les resulta más fácil sentirse libres de prejuicios.

NOTAS AL CAPITULO III

[1] Cfr. RODRIGUEZ RICHART, J., *Vida y teatro de Alejandro Casona*, Instituto de Estudios Asturianos, Oviedo, 1963, 73-74, donde enjuicia las relaciones entre *El puente de los suicidas* y *Prohibido suicidarse en primavera*, calificando de «servil» la *copia* que hace Ruiz Iriarte de la obra casoniana.

[2] La parte general de este capítulo forma parte de *Historia y crítica de la literatura española*, dirigida por F. RICO, 8, 576-79.

[3] Ha sido muy frecuentada esta cita de Torrente a propósito de *La soltera rebelde:* «Acredita un serio entrenamiento, un dominio del oficio, una soltura tal, que empiezan a ser peligrosos (...) la maestría del género en que parece haberse especializado, permite a Ruiz Iriarte instalarse cómodamente en una fórmula, en una receta si se quiere. Con ella en la mano puede escribir comedias sin cuento, amenas, divertidas, un poquito sentimentales y bastante intrascendentes» (581).

[4] Autor de la tesis doctoral *The Theater in Spain since 1936*, Austin, Texas, VIII-58; sobre Ruiz Iriarte, 124-49. Ejemplar mecanografiado en la biblioteca de la Fundación Juan March, de Madrid.

[5] Consta, en una carta de Ruiz Iriarte a la señora Boring, que éste dio su aprobación a esta clasificación de su obra.

[6] Presentada en la Universidad de Alabama. University Microfilms International, 1983, 211. Spencer expresa muy recientemente estas ideas en «Fantasy Used and Abused in Ruiz Iriarte's Theater», *Estreno*, X, 1984, 1, 7-9.

[7] Observaciones muy semejantes se encuentran en Pérez Minik, *Teatro europeo contemporáneo*, 458-60. Nótese la sensible evolución de Aragonés en la consideración de Ruiz Iriarte comparando estas opiniones de 1971 con las expresadas en 1955 (vid. II, II, 3. «España, sin teatro»).

Capítulo IV

EL TEATRO DE VICTOR RUIZ IRIARTE. ESTUDIO DE CONJUNTO

4.1. LOS TEMAS. UN INTENTO DE CLASIFICACION

Cuando en 1957 Domingo Orta pide en una entrevista a Ruiz Iriarte que clasifique sus obras, la respuesta es:

> Yo creo que estas comedias que llevo estrenadas pueden fácilmente dividirse en tres grupos. Primero, llamaremos teatro de imaginación a *El puente de los suicidas*, *El landó de seis caballos*, *El café de las flores* y alguna más. Después se podría denominar como satírico el grupo que constituyen *El gran minué*, *El pobrecito embustero*, *La cena de los tres reyes*, *Un día en la gloria*, etc. Y, por último, *Juego de niños*, *Las mujeres decentes*, *Cuando ella es la otra*, *La soltera rebelde*, *El aprendiz de amante*, *Usted no es peligrosa*, etc., pueden ser incluidas como comedias de costumbres. Y, de intento, dejo fuera de estas agrupaciones *La guerra empieza en Cuba*, mi última obra (...). Algunas personas me han dicho, y de ello me felicito, que en esta obra se advierte que el autor se aparta de su línea anterior. Más lo dirán aún cuando se estrene la que actualmente tengo entre manos [posiblemente *Esta noche es la víspera*] (*T*, 17, IX-X-XI-XII-55, 32a y b).

Once años más tarde, en 1966, Ruiz Iriarte responde a una similar interrogación, esta vez procedente de Arcadio Baquero Goyanes, de esta forma:

> En el teatro que yo he escrito hasta la fecha se advierten, a mi juicio, dos caminos. De un lado,

137

obras como *El gran minué, El landó de seis caballos, Esta noche es la víspera*, y algunas otras que
responden al denominador común de «teatro de
imaginación». Después, comedias como *Juego de
niños, La soltera rebelde, El aprendiz de amante,
La vida privada de mamá*, etc., que entran con hol-
gura en la tradicional concepción del teatro de costumbres. En el primer apartado, en cada una de
aquellas piezas, yo quise organizar un mundo poético, en torno a una idea. Esto es teatro de evasión,
como se llama, y bien llamado por cierto. Un teatro, lo reconozco y no me pesa, que se aleja de la
realidad inmediata para refugiarse en la realidad
permanente. Pero este teatro, tan combatido, en mi
caso y otros desde ciertos ángulos críticos, existirá
siempre. Es una de las más puras esencias de lo
que, encantadoramente, se ha llamado el «juego del
espíritu».
En la otra parcela de mi labor la realidad inmediata aparece en primer plano traducida, con intención, a la farsa. Y la verdad de las cosas, envuelta
en cierta caricatura, se diluye un poco. Pero de
todos modos esta verdad se halla siempre presente,
protagoniza la acción y toda la peripecia gira a su
alrededor. Yo pienso que el teatro de costumbres
no tiene por qué ser una exhibición de fotografías
animadas. Ni siquiera en el impecable mundo costumbrista, tan humano, de Arniches, los Quintero
y Benavente» (ROF CARBALLO et al., *El teatro de
humor en España,* Editora Nacional, M, 1966, 196-97).

Se observa inmediatamente que esta última clasificación,
más reciente en el tiempo, es más sintética que la primera,
es decir, señala únicamente dos venas fundamentales —teatro de imaginación, teatro de costumbres— en que se sub-
sumen esas otras distinciones de teatro satírico y juego
teatral.

Por otra parte, esta segunda respuesta contiene algo que
está ausente en la primera declaración y es una justificación
de los distintos emplazamientos que se otorgan a las obras.
La contestación a la entrevista de Orta es prácticamente
una distribución etiquetada, mientras que la de Baquero
cuenta con un apoyo doctrinal que da a conocer las intenciones del autor.

Si a todo esto añadimos el hecho de que la mayor perspectiva temporal de 1966 da garantías de objetividad y distanciamiento superiores a las que pueden conferir las declaraciones de 1955, la conclusión es que el más valioso testimonio del autor respecto a la clasificación de su obra corresponde al texto publicado en 1966 en *El teatro de humor en España,* al que voy a referirme en repetidas ocasiones.

Para una visión panorámica del teatro de Ruiz Iriarte hasta los años 60 es necesario, por tanto, retener dos conceptos: la voluntad de «organizar un mundo poético en torno a una idea», que da lugar a una serie de obras «de imaginación», y la presencia de la realidad inmediata en primer plano, traducida deliberadamente a la farsa, para lo que Ruiz Iriarte denomina su «teatro de costumbres».

En este texto que vengo comentando está también presente la idea de la verdad, que engendra una sutil paradoja. Ruiz Iriarte califica su «teatro de imaginación» como evasivo no porque huya el compromiso con la realidad entendida globalmente, sino porque no se detiene en la realidad inmediata, a fin de conseguir un acercamiento más rápido, más directo a la «realidad permanente», donde indudablemente Ruiz Iriarte busca una verdad que transmitir, una verdad que está muchas veces dormida en el corazón del hombre y que Ruiz Iriarte quiere interpretar, resucitándola escénicamente. Esa será la idea en torno a la cual organiza su mundo poético. En la mayoría de los casos, esa verdad oculta —ese sueño— es el amor y el impulso humano hacia la consecución de la felicidad.

En el otro sector, el «teatro de costumbres», abunda más lo verificable, la realidad inminente. Sin embargo, el autor apunta en seguida el hecho de que esa realidad se deforma mediante la farsa. Se oculta la verdad, pero hasta un cierto límite, ese en que, sin ser sentida en exceso, pueda hacer girar en torno suyo todos los elementos de la obra.

En resumen, en el plano de las intenciones del autor, la vecina realidad, como tal, en su detalle, no aparece en el teatro de Ruiz Iriarte, sino que es deliberadamente superada: en el «teatro de imaginación», de forma directa porque se persigue un objetivo ulterior; en el «teatro de costumbres», mediante el sometimiento al juego de la caricatura, de la farsa.

Hay, sin embargo, en uno y otro caso, un deseo de expresar una verdad que, esencialmente en el «teatro de costumbres», se somete a un proceso de ocultamiento bajo el aparato de la farsa que revela una predilección por la sutileza y la insinuación.

Como acabamos de comprobar, cuando Ruiz Iriarte clasifica su teatro emplea unos criterios que se relacionan directamente con el modo de dar forma dramática a las ideas que desea transmitir. Con esta perspectiva, y teniendo en mente un intento clasificatorio del teatro de Ruiz Iriarte, se llega a dos conclusiones: que esas dos venas o líneas dramáticas del «teatro de imaginación» y «teatro de costumbres» son, en general, dos etapas sucesivas, no simultáneas, cultivadas respectivamente en los años 40 y los 50. En segundo lugar, el examen de los temas tratados por el autor a lo largo de su dilatada vida de hombre de teatro es un aceptable criterio de ordenación, sometido, desde luego, a todas las limitaciones que lleva consigo un intento de esta índole. Si abordo una clasificación de este teatro es porque estimo que, más allá de intereses pedagógicos o mnemotécnicos, resulta rentable en cuanto contribuye a otorgarle una visión global, a clarificar aspectos y a comprender rectamente su evolución a lo largo de treinta años.

El de Ruiz Iriarte es un teatro que ha evolucionado, sin lugar a dudas, desde su primer estreno en 1945 hasta el último de 1975. Ese desarrollo dramático puede hacerse corresponder, sin riesgo de excesivo error, con las décadas de los años 40, los 50 y los 60.

4.1.1. LOS AÑOS 40. TEATRO DE IMAGINACIÓN

4.1.1.1. *Visión general*

Denomino el teatro que Ruiz Iriarte escribe en estos años con la expresión acuñada por el propio autor en la entrevista comentada más arriba, «teatro de imaginación», y empleo como clave interpretativa la justificación que añade él mismo: la organización de un mundo poético en torno a una idea.

En 1947, Ruiz Iriarte publica un volumen donde reúne tres de sus primeras comedias estrenadas: *Un día en la gloria, El puente de los suicidas* y *Academia de amor,* y las coloca bajo el título común de *Tres comedias optimistas* (en las citas, *3CO*). El prólogo que las antecede da razón de esa comunidad y expresa una vez más las ideas que ha ido vertiendo durante los años pasados acerca del teatro, especialmente desde la sección teatral de *La Estafeta Literaria*, dirigida por él.

> ... reúno hoy en este libro tres de mis primeras comedias bajo un denominador común: el optimismo. O, mejor aún, el Optimismo. Un delgado hilo sentimental, éste de la fe en la insobornable alegría del hombre, (...) en estas comedias, el autor responde a un ciclo, digámoslo así, ignoro si como tránsito o como estética, en cuanto a clima y a chispazo argumental claramente apoyado en una mayor o menor fantasía (Prólogo a *3CO*, 3-4).

Parece claro, pues, que tanto en estas tres obras como en otras que comentaré a continuación una misma inspiración estética impulsa al autor en su labor dramática.

Para comprender rectamente este «teatro de imaginación» es necesario no perder de vista que, para Ruiz Iriarte, la función de la fantasía, de la imaginación, consiste en ser un instrumento de poetización de la realidad. Poetizar no significa anular u olvidar. Poetizar es superar una realidad desagradable tomándola como base para arribar a otra realidad más completa y más rica. La posibilidad intrínseca de esa transformación de la realidad radica en el convencimiento de que el hombre es un ser destinado ontológicamente a la felicidad o, por decirlo con las palabras del autor, en la «fe en la insobornable alegría del hombre».

Frente a la realidad dada, Ruiz Iriarte propugna una lucha particular basada en el optimismo, entendido como la reacción esperanzada del hombre ante los sinsabores de la vida. Por eso, «el optimismo no es otra cosa que la sonrisa inmediata a una lágrima» (prólogo a *3CO*, 3) o, como dirá años más tarde, «el optimismo que no surge por algo, que no tiene razones; el optimismo que no llega a causa de la melancolía, del desencanto, no importa, no sirve» (*Teatro*, 17, IX-X-XI-XII-55, 32. Vid. II, I, 4.1.3, Albee).

Ruiz Iriarte no pretende un teatro ñoño en que se refleje una vida sin problemas, sino un teatro en el que el individuo tenga capacidad para hacer frente a las dificultades, sobreponiéndose a ellas.

> No es (...) un teatro inhumano, al contrario. La imaginación va más allá de la realidad, pero no escapa de su línea, porque cuando esto sucede no

se imagina: se delira. Creo que es auténtica esta posición dramática de buscarle a la verdad de todos los días una vuelta risueña o angustiada, pero al fin poética. Cuando el teatro —en la risa o en la emoción— no contiene raíz poética, no es teatro, ni siquiera espectáculo... Si hay un género literario inflexible con esta verdad, este género es el teatro, que, en justa preceptiva, no es más que la forma dramática de la poesía (...) La poesía de la escena no está en la palabra, o en el suspiro, o en el violín de fondo. Está... en el viento; corre del forillo a la concha y cruza de la izquierda a la derecha. Es invisible y no tiene sonido... (Prólogo a *3CO*, 4).

En la base de esta primera etapa dramática de Ruiz Iriarte está su modo de entender la relación pragmática entre público y teatro. En el curso de una conferencia leída en el Ateneo de Madrid, «El teatro, su gracia y su desgracia» (24-III-45), afirma: «La verdad de la crisis del teatro en nuestro tiempo, entre nosotros, es una pura y tremenda desavenencia espiritual entre el teatro y el mundo que lo circunda (...). El teatro no es otra cosa que un eco del modo de ser en que se nutre y luce.»

Para salvar el teatro se impone como primer objetivo la reconexión con el mundo. Y para Ruiz Iriarte, la sociedad española de los años 40 ostenta como rasgo dominante la desaparición del énfasis, la naturalidad, la sencillez de sus gentes, especialmente los jóvenes [1].

Este hombre que desdeña el énfasis ha heredado, sin embargo, la capacidad de soñar. Y es por aquí por donde Ruiz Iriarte está convencido de que debe venir la salvación del teatro porque éste debe conseguir interpretar los «sueños» —ésta es palabra clave para Ruiz Iriarte en estos años— del espectador, ofrecerle la aventura que sueña, pero que no ha tenido jamás, y hacerlo en el lenguaje propio del que escucha, es decir, con naturalidad.

El porqué de este «teatro de imaginación» es, en definitiva, la necesidad de hacer que teatro y sociedad se avengan espiritualmente, y para conseguirlo, el autor emprende un teatro destinado a plasmar las presuntas aspiraciones del espectador.

Lo que pide la sensibilidad del espectador inconscientemente, subconscientemente, es algo muy sen-

cillo y muy difícil de otorgarle: un poco de felicidad. Una confirmación a su esperanza. Una afirmación a su existencia, a la vida. La respuesta a un
sueño remoto. El espectador, frente a ese telón que
se alza majestuoso y esa batería que se enciende,
rara vez sabe que con su presencia acaba de formular una pregunta. Pero el autor debe de [sic] saber
qué responde: ¡Sí! (Prólogo a *3CO*, 5).

4.1.1.2. *Las obras*

A continuación examino cómo plasma el autor en las
obras concretas estos presupuestos teóricos ya analizados.
Una conclusión adelantada es que, naturalmente, hay diversidad de grados en el modo de ser vehículo estas obras de
las ideas apuntadas. Algunas contienen un exotismo espacio-
temporal; otras están más ligadas al momento contemporáneo; en unas toma cuerpo un incipiente reflejo humorístico
de la realidad social y sus tipos; otras persiguen sin rodeos
la casi materialización dramática de los sueños interiores de
los personajes; en unas el desenlace es abiertamente positivo; otras siguen una vía negativa de enseñanza a través
del fracaso.

Bajo uno u otro de estos revestimientos, las obras que
Ruiz Iriarte escribe en esta etapa contienen una palabra
a la que hay que prestar mucha atención cuando aparece,
porque es una auténtica palabra-clave: sueño; tanto en sus
variantes sustantivas como verbales.

Con ese vocablo, Ruiz Iriarte designa el fruto de la
fantasía en la mente de un hombre decidido a superar la
realidad «optimizándola». Por eso es optimista este teatro,
porque mejora la verdad de todos los días.

Un día en la gloria (1943) [2], «farsa en un acto», reúne
una serie de personajes míticos que han pasado a la inmortalidad, como Napoleón, Don Juan, Juana de Arco, Sarah
Bernhardt, y que habitan en una especie de limbo, la gloria.
El conflicto se plantea porque actualmente ya no hay gente
que responda a las diarias llamadas del Heraldo en busca
de nuevos inquilinos para la gloria. El desinterés de los
hombres por entrar en la gloria da lugar a los comentarios
de los personajes sobre el sueño: «en la Gloria estamos

en crisis porque en el mundo los hombres están en decadencia. No tienen ambición. *No sueñan*» (Alfil 35, 76; subrayado mío) o «...para conseguir la entrada en la Gloria hay que soñarla primero. Y en este siglo XX los hombres sueñan poco» (id., 79). Napoleón hace el mismo reproche: «Vuestra vida es peor que la muerte, porque vivís sin sueños... El más humilde de mis soldados llevaba en su mochila el bastón de mariscal. Vosotros, en cambio, en vuestras cabezas habéis tapado con barro el rincón de la fantasía (...). ¡Ni siquiera os sirve vuestra civilización para apretar más los ojos y soñar con más fuerza!» (id., 84).

No es este tema del sueño el que aparentemente tiene más relieve en la farsa, sino el contrapunto satírico entre los modos actuales —naturalmente, en 1943— de entender la vida y los de épocas pasadas y la explotación humorística de las insólitas relaciones entre personajes tan diversos.

A primera vista, el sentido de *Un día en la gloria* parece más bien un escéptico lamento sobre la viabilidad de la gloria, enfatizado además por el hecho de que el único personaje contemporáneo que accede a ella es Robert Lorry, un actor de cine que se ha popularizado en una película haciendo el papel de Napoleón.

No obstante, el propio autor dice: «*Un día en la gloria,* pese a su aire y técnica de farsa, tiene un vaho de resignado escepticismo. Pero hay un Heraldo que, encaramado en la blanca balaustrada sobre el espacio, toca su trompeta y llama a los hombres: "¡A la gloria! ¡A la gloria!" Y si los llama en este amanecer en que comienza la comedia, los llamará también mañana, cuando la farsa no tenga acción porque no exista, como los llamará todos los días, a la hora rica del alba, por los siglos de los siglos» (prólogo a *3CO,* 3).

El sentido de esta obra se apoya, pues, en una sutileza, en una leve insinuación que viene por un detalle casi insignificante: la constancia del Heraldo en su convocatoria.

Una realidad adversa —la falta de capacidad de ensueño en los hombres— se supera poéticamente. Mediante una vía negativa (mostrar que la gloria agoniza), Ruiz Iriarte transmite subrepticiamente un mensaje positivo: la gloria, la capacidad de soñar en el hombre, es algo perdurable, a pesar de todo.

En esta farsa, el primer estreno en la vida teatral de Ruiz Iriarte, el autor encarna un mundo poético en la idea de la inmortalidad, de la fama que pueden lograr los hombres con sus hechos.

144

El puente de los suicidas (1945) dramatiza la salvación por parte de Daniel, autodenominado «profesor de felicidad», de una serie de desesperados suicidas a los que recoge en su casa para darles una nueva vida cuya base es la imaginación y la capacidad de ensueño. Estos personajes han recuperado el amor a la vida gracias a las noticias, completamente inventadas, que les hace llegar Daniel: a Isabel, cartas de amor; a Brummell, que cometió un fraude, los favorables resultados de sus operaciones financieras; al anciano General, informes de una conjura de gentes leales dispuestos a conseguir para él el anhelado nombramiento de mariscal. Pero Isabel, que ha adivinado que es Daniel el autor de las cartas que recibe, se siente celosa por la presencia de Mary, la recién llegada, e intenta que ésta abandone la casa.

Mary, que no ha llegado a integrarse en el mundo de ficción creado por Daniel, responde descubriendo a Isabel que todo aquello no es más que una farsa. Isabel se lo comunica a Brummell, que ante la aparición inesperada del Jefe de Policía y Dovalin, por huir de la cárcel, se suicida. Sólo el General se salva de este derrumbamiento porque todos, coaccionados por Daniel, respetan el ensueño del anciano. Isabel, reconfortada por su paso por la casa, vuelve a la vida dispuesta a encontrar sueño y amor en ella. El Jefe de Policía hace saber a Daniel que Mary ha vuelto a la residencia de señoritas donde la espera, enamorado, el hombre por cuya causa pretendió quitarse la vida. El policía poco a poco va comprendiendo la nobleza de la tarea que Daniel se había impuesto y de la que ahora no queda más que una reliquia: el General. Pero en ese momento aparece Isabel trayendo consigo al ciego que tocaba el violín junto al puente y que ha intentado suicidarse. Isabel, al salvar a un hombre de la muerte, comprende y ama aún más a Daniel. Juntos entregarán sus vidas a la tarea de hacer felices a los dos ancianos.

La idea central que el autor reviste poéticamente es la de la felicidad: la realidad, por sí sola, no puede dar a los hombres la dicha que ansían y por ese motivo intentan huir de ella quitándose la vida. Pero Daniel, el «profesor de felicidad», les enseña la forma de superar esa materialidad mediante el sueño (vid. *VRIAS*).

El más significativo de los suicidas salvados por Daniel

es Isabel, a la que recupera para la felicidad a través de un «sueño de amor». Las cartas de un desconocido enamorado le devuelven el amor a la vida, pero esta institución de felicidad se viene abajo cuando Mary proclama la verdad asesina.

Todo no se ha perdido, sin embargo, porque Isabel ha aprendido la más importante lección:

> ISABEL.—Efectivamente, tú decías verdad: lo importante es tener un poco de imaginación (...). Oye, Daniel (ruborizándose), ¿no crees tú que en la propia vida se puede encontrar el amor de un sueño?
> DANIEL.—Sí. No hay un solo sueño que no sea posible en la propia vida. Para encontrarlo basta con ser alegre y olvidarse de la muerte.
> ISABEL.—Gracias, Daniel. Yo lo encontraré, te lo juro.
> (3CO, 83).

Por esto, cuando Isabel, nada más salir de casa de Daniel, salva al ciego del suicidio y acepta la invitación de Daniel a quedarse con el diciendo:

> ISABEL.—Pero, entonces, yo contigo para siempre. ¿Qué es esto? (Ruborizada) Como en sueños.

Daniel contesta:

> No, más. ¡Mucho más! Tú eres el sueño y la verdad juntos. Eres el amor. ¡Eres la vida!
> (3CO, 88).

Vinculado estrechamente al tema más amplio de la felicidad, aparece claramente destacada en *El puente de los suicidas* la idea en torno a la cual más frecuentemente organiza Ruiz Iriarte sus mundos poéticos en estos años: el amor. Hasta tal punto esto es así que resulta fácil identificar estas obras como el «teatro del sueño de amor».

Yo soy el sueño (1945) apareció publicada en la revista *Fantasía* (vid. Bibliografía Primaria, 1.2) y fue presentada a un concurso del Teatro Español, pero no llegó a ponerse en escena nunca. La comedia lleva como lema —procedimiento para hacer anónima una obra que se presenta a un certamen— «Aventura», significativo si tenemos en cuenta lo antes dicho acerca de la función del dramaturgo como otorgador de las aventuras que el espectador sueña, pero que nunca ha vivido.

La acción se sitúa en una exótica isla incomunicada donde viven un grupo de gentes que un día desaparecieron misteriosamente de Europa: Andrés Kovach, un famoso violinista, su hija Estrella, Pedro, un actor, y unos criados. Después de un naufragio arriban dos jóvenes soldados, Marcel y su prisionero Hans, que, escondidos, se ponen al corriente de las vidas de los habitantes de la isla, especialmente del gozo amargo con que la joven Estrella espera su «sueño de amor».

> ESTRELLA.—... si supiera vivir en un sueño esta
> vida de soledad y de horror... Pero no puedo,
> Ana: cada vez siento con más fuerza dentro de
> mí esa ilusión de volar, ese deseo de vivir. Un
> ansia tremenda de escaparme de aquí... (...) Mi
> madre soñaba como yo. Un día escribió que ha-
> bía soñado cómo unos brazos la [sic] cogían la
> cintura y le acariciaban el peinado. Era un hom-
> bre desconocido, lleno de alegría y de amor...
> Mamá llegó hasta a oír su voz (Transición, ate-
> rrada) ¡Ana, Ana, es horrible! Yo también he
> soñado así muchas noches... No sabía por qué
> era tan feliz con los ojos cerrados, pero era eso...
> Era que un hombre me cogía la cintura... y he
> oído su voz (...). Era un sueño, Ana, ¡un sueño!
> (Ed. cit. 16c-17a).

Al final del primer acto, Marcel se presenta a Estrella con las palabras, intensamente significativas, que dan título a la obra: «Yo soy el sueño.»

En el resto de la obra se pone en contraste la actitud de los jóvenes Marcel y Estrella, que han unido sus vidas para siempre, con la del resto de los personajes. Poco a poco, éstos van revelando sus lacras y la reacción «no optimista» que tuvieron frente a una realidad desagradable que no fueron capaces de sobrepujar y que les ha hecho profundamente infelices.

En *Don Juan se ha puesto triste* (1945), tres donjuanes fracasados se reúnen a vivir juntos, recordar y así superar sus decepciones. La imprevista llegada de una mujer provoca una competencia entre los tres y el que parece que acabará conquistándola, Javier, le enseña a soñar. Finalmente resulta que estaba casada y que ahora podrá ser feliz de nuevo gracias a lo que ha aprendido en casa de Javier, pero éste se ve obligado a renunciar a ella, que se había convertido en su «sueño de amor».

Academia de amor (1946) presenta un estrechísimo paralelismo con *El puente de los suicidas,* pero reduciéndose a los problemas de las mujeres en su relación con los hombres. Madame Fleriot, «doctora en amor», que ha fundado una institución donde resuelve los problemas amorosos de las mujeres, es en realidad Paulina, que abandonó a su hija y a su marido porque éste no era capaz de colmar sus sueños. Pasados los años, reconoce su error y, con la única finalidad de estar cerca de su hija, regresa y pone en marcha esa cátedra de amor, desde la que enseña a los demás a soñar.

> Yo quisiera que esta tarde cada una de vosotras me descubriese su secreto. Lo más bello de cada mujer es su sueño de amor. Dios nos envía a la vida para amar... (...) Pero *antes del amor viene el sueño* (...). No os ha llegado el momento del amor. Pero bien sé yo cuántos sueños hay en estas cabecitas... (*3CO,* 116; subrayado, mío).

Dialogando con Adela, que sospecha que su marido está enamorado de otra mujer, Paulina le dice que su marido aún no está enamorado de una mujer, sino de un sueño (Cfr. *3CO,* 132).

El sueño se considera como el paso previo al amor, un estado interior de búsqueda provocado por una insatisfacción y que todavía no se ha concretado en una persona determinada.

El cielo está cerca (1947)[3] trae a escena un conflicto entre sueño y realidad. En el piso ático donde viven pobremente tres jóvenes hermanas huérfanas, se presenta Carlos, un famoso cantante, que excita, especialmente en la más joven, Paloma, el deseo de salir de su estrechez y tener un sueño de amor. Paloma demuestra la fuerza de su amor por Carlos salvándole, con una declaración falsa, de un asunto criminal en que ha sido implicado. Finalmente se descubre la inocencia de Carlos y la mentira de Paloma, pero Carlos, que no se siente digno del sueño de la muchacha, renuncia a ella para no romper con la realidad el hermoso sueño que Paloma ha forjado sobre él.

Aunque el sueño de Paloma fracase por no poder convertirse en realidad, la capacidad de fantasía como reacción a la vida dura que llevan las tres muchachas resulta enaltecida por la actitud de Carlos, que no se siente con méritos ante la nobleza de Paloma.

Margarita, la protagonista de *La señora, sus ángeles y el diablo* (1947), es una joven y hermosísima viuda, con un irresistible poder de seducción, que está enamorada de Leonardo, el desconocido firmante de una serie de cartas de amor que recibe periódicamente desde hace algún tiempo. En la última de ellas, Leonardo anuncia su llegada y en Margarita se aviva el deseo de conocer a ese enamorado de ficción, al tiempo que el temor de que no se ajuste a su sueño. Al final resulta que no hay tal Leonardo, sino que las cartas las enviaba su tía Cándida, compadecida de la soledad en que la había sumido su viudez. Sin embargo, haciéndose pasar por un criado, se ha introducido en la casa Jaime, que desde hace años está realmente enamorado de Margarita. Ella le acepta porque:

> —Tía, ¿no crees que, a veces, en la vida se encuentra a Leonardo?
> —Leonardo es quien nosotros queremos que sea... Para algo tenemos la imaginación...
> (De la copia mecanografiada, acto III, 44.)

Pese a que la obra no obtuvo excesivo éxito y el autor ni siquiera se ocupó de publicarla, esta comedia es interesante por varios motivos:

En primer lugar, la concepción del sueño en Margarita es idéntica a la de Isabel en *El puente de los suicidas,* como lo es también el procedimiento de relación con ese enamorado ficticio: unas cartas. Sobre esa base, las dos mujeres levantan una imagen de su enamorado que, en el fondo, no

149

es más que reflejo de sus propias aspiraciones y tratan de identificar al ser real: para Isabel es Daniel; para Margarita, Jaime.

Es patente la semejanza de expresión en las dos obras de la idea en torno a la cual se organiza el mundo poético:

> ISABEL.—¿No crees tú que en la propia vida se puede encontrar el amor de un sueño?
> (cit. más arriba)
> MARGARITA.—Tía, ¿no crees que, a veces, en la vida se encuentra a Leonardo?

En estas obras, a diferencia, por ejemplo, de *El cielo está cerca,* sueño y realidad se reconcilian. En el planteamiento coincide también con *Yo soy el sueño.*

En segundo lugar, destaca el hecho de que sean los personajes secundarios, la tía Cándida, simpática y solterona, y los criados, las criaturas escénicas mejor trazadas, por encima de Margarita y Jaime. Ruiz Iriarte maneja con soltura estos personajes, de los que extrae una estupenda serie de efectos de humor basados en las aspiraciones de éstos sobre Margarita —pues también ellos están enamorados de la señora [4]—. El lenguaje y las reacciones psicológicas de estos criados, hábilmente combinadas con la trama principal, y el personaje de la tía son seguramente lo mejor de esta comedia que, gracias a ellos, gana en atractivo, agilidad y humorismo.

Por último, un aspecto técnico resulta extraordinariamente interesante en relación con obras mucho más tardías de Ruiz Iriarte.

En una escena del tercer acto, Cándida trata de convencer a los criados de que el matrimonio de cualquiera de ellos con la señora resultaría un fracaso. A continuación, empleando un juego de luces, se suceden una serie de escenas entre Margarita y cada uno de sus pretendientes, ahora ya casados. Se trata de una teatralización de las palabras que Cándida dirige a los criados, la realización escénica de unos hechos irreales que son pura posibilidad, puro futuro.

La situación es muy pareja a la que planteaba Azorín en 1927 en *Brandy, mucho brandy*: el sueño teatralizado de Laura que dialoga sucesivamente con don Lorenzo viejo y don Lorenzo joven. Uno la incita a dejar serenamente alguna ilusión para la vejez, el otro a gozar plenamente de la vida (AZORIN, *Teatro,* Escelicer, Madrid, 1966, 54-62).

Esta técnica narrativa no vuelve a aparecer en el teatro de Víctor Ruiz Iriarte hasta el año 1966 con *Un paraguas bajo la lluvia* y, sobre todo, es el eje formal de *Historia de un adulterio* (1969), una de sus obras más importantes (vid. *VRIAS*, Análisis de *Historia...*, B.3).

Indudablemente, entre esta escena de *La señora...* y las dos obras más tardías hay divergencias importantes como el hecho de que en éstas no se teatralice el futuro, sino el pasado y que los evocadores del presente puedan eventualmente inmiscuirse en el pretérito. Sin embargo, concuerdan en lo más sustantivo: convertir la palabra del diálogo en pura acción escénica.

Los pájaros ciegos (1948) no llegó a estrenarse en Madrid después de serlo en algunas provincias (vid. Bibliografía Primaria, 1.1.8, y nota 23 al capítulo I) por expreso deseo del autor, debido a causas difícilmente averiguables.

De toda esta etapa es la obra en que más oculto está el tema del sueño, a pesar de que esta idea subyace a todo el conflicto dramático.

Tiene lugar en un yate en que viajan la Duquesa Raquel, sus hijos, que no aparecen en escena, y unos amigos, artistas e intelectuales destacados. La noticia de una revolución en el país de origen provoca un motín de los marineros y uno de ellos, Tony, toma el mando. Raquel, que se siente en su crepúsculo porque los hombres ya no la desean, sufre un conflicto interior entre su casta y el deseo por Tony, que la ama y la odia al mismo tiempo. La revolución fracasa en el país y las cosas vuelven a la situación inicial, pero Tony se suicida para vengarse de Raquel, que le desea.

En esta obra, el tema del sueño apunta en dos direcciones: por un lado, Tony es un personaje que ante algo que le parece inalcanzable, el amor de la Duquesa, en lugar de soñar, odia. Sigue el camino contrario al que preconiza Ruiz Iriarte y su falta de capacidad para vencer la realidad, su «pesimismo», le lleva a la muerte.

El otro aspecto en que se manifiesta el tema del sueño está en relación con un personaje que no aparece en escena, pero que finalmente se revela con un gran peso en el desenlace de la comedia: Dicky es uno de los dos hijos de la Duquesa Raquel, pero está disminuido físicamente, le han prohibido leer y, si no estuviera enfermo, sería un gran escritor. El orgullo, sin embargo, impide a su madre amar

151

a un hijo desgraciado que es como un continuo recordatorio de una miseria. No obstante, Dicky pasa la vida soñando y tiene de su madre una imagen ideal que él mismo se ha forjado.

En contraste con el odio de Tony, los sueños de Dicky, su «optimismo», son capaces de hacer cambiar la vida de Raquel, que abandona su egolatría:

> —Entre la pasión, el odio y el deseo había a bordo algo maravilloso. Eran los sueños de tu hijo, era la pureza de una mujercita y eran los rezos de una monja. Y ellos son la verdad. Oyelos.
> (De la copia mecanografiada, acto III, 39.)

Es evidente que Dicky es un trasunto autobiográfico del propio Ruiz Iriarte. El defecto físico y la afición a las letras lo denuncian claramente. Que sea este personaje quien, con sus sueños, influye decisivamente sobre la vida puede ser una proyección literaria de un rasgo psicológico del autor, un dato intrínseco a la ficción que ilumina un aspecto de su personalidad real. El pudor con que mantiene a Dicky fuera de escena es quizá un dato más, favorable a esta conjetura.

Pienso además que debió de ser la presencia de este autorretrato dramático, el único de toda la obra de Ruiz Iriarte, lo que le impulsó a no estrenar esta comedia en Madrid. Posiblemente, después de su montaje en provincias, se arrepintió por sentirse excesivamente reconocible en ese personaje y, por pudor, la retiró del repertorio.

Juanita va a Río de Janeiro (1948) (vid. nota 31 al capítulo I), obra en un acto, consiste en un diálogo sin acción entre dos personajes, Jorge y Juanita, modelo de una casa de modas que en su trabajo emplea el apodo de «Jeanette».

En el curso de este diálogo asistimos a la fractura de los sueños a causa de una inadecuada «realización». Después de su primera noche de amor con Juanita, Jorge sufre una profunda decepción porque advierte que no ha hecho más que profanar la pureza y las resistencias de la muchacha. Esta, feliz al comienzo —«Yo digo que me voy a Río de Janeiro cuando cierro los ojos y tengo un sueño bonito» (*Estreno*, X, 1, 1984, 11 a)—, comprende y su maravilloso viaje se convierte en una amarga experiencia que la impulsa a ser «muy mala, muy mala» (id., 12 b).

Es el trance de la pérdida de la capacidad de fantasía en Jorge, y sobre todo en Juanita, por una cesión que le arrebata el poder de superación poética.

Puede considerarse *El landó de seis caballos* (1950) como la obra que cierra el ciclo del «teatro del sueño» (vid. *VRIAS, Análisis de El landó...*).

Esta comedia supone una evolución bastante considerable con respecto a las que he comentado anteriormente, pero no obstante contiene la suficiente dosis de «optimismo» como para entrar holgadamente en el concepto de «teatro de imaginación».

En esta «Farsa en dos actos» asistimos al conflicto que se produce cuando tres jóvenes muchachas —Isabel, Margarita y Rosita— son convocadas por un misterioso duque para encontrar la felicidad en una finca cercana a Avila llamada Las Colinas. Pero al llegar allí encuentran a cuatro viejos chiflados —Adelita, Simón, Chapete y Pedro— que viven como si no hubiera transcurrido el tiempo desde 1900 y, sobre todo, viajan en el landó de seis caballos que su imaginación cree ver en un añoso sofá. Tanto Isabel —romántica y soñadora muchacha— como Margarita —mujer desenvuelta y madre soltera— y Rosita —florista de tipo popular—, que pensaban iban a vivir una extraordinaria aventura de amor, se muestran enormemente consternadas por el hecho de que el duque haya invitado a tres mujeres con un propósito aparentemente amoroso y que, además, no haga acto de presencia. Poco a poco se amplían aspectos de la fantástica vida de los viejos en Las Colinas y se delimitan las posiciones que van tomando los personajes jóvenes ante la situación. Finalmente se descubre que el duque no existe y Adelita revela la verdad: a comienzos de siglo, Chapete, el cochero, tuvo un accidente cuando guiaba el landó del duque y como consecuencia perdió la razón y la noción del tiempo. Poco después, por un duelo amoroso, el duque se retiró de Madrid a la finca de Avila, y desde entonces todos los habitantes de la casa, dirigidos por Adelita, dedicaron sus vidas a hacer la felicidad del pobre cochero demente. Simón y Pedro también enloquecieron, el duque murió y Adelita, que es la única que conserva el contacto con la realidad, al sentir que está cerca de la muerte, convoca en nombre del duque a cuatro personas para proponerles que continúen su abnegada labor. Finalmente es Isabel quien decide quedarse en Las Colinas a continuar la generosa tarea de Adelita y los demás marchan enriquecidos en diversa forma por la experiencia.

Con excepción de *Un día en la gloria,* es la primera vez que Ruiz Iriarte subtitula una obra suya como «farsa». La explotación humorística de las situaciones, la construcción más perfecta de la acción y, especialmente, la presencia de una serie de personajes que serán típicos de su «teatro de costumbres —Rosita, la «chica» popular; Margarita, la «golfa» de buen corazón; Florencio, el «pobrecito»; Isabel, soñadora y «pobrecita» al mismo tiempo— suponen, en conjunto, una novedad dentro de esta parcela de la dramaturgia del escritor.

Sin embargo, por encima de estos elementos prevalece todavía la idea del sueño.

Cada uno de los cuatro personajes que son invitados a la finca Las Colinas forma un sueño peculiar acerca de lo que puede suponer para él esa situación en la que se les habla de «que vivirá usted la noche más extraordinaria de su vida. Si tiene usted imaginación, si cree en la aventura de una noche, puede encontrar la felicidad; no falte» (Ed. de P. Z. Boring, Almar, Salamanca, 1979, 44).

Como dice Isabel al final, «Hemos soñado demasiado. Fuimos muy lejos convirtiendo cada uno a su duque en su propio ideal. Ahora resulta que el duque no es el mago que soñaba Rosita para transformar su vida. No es el caballo blanco que buscaba Margarita ni es el príncipe azul enamorado que esperaba yo» (id., 99).

Esos sueños particulares entran en colisión con el auténtico sueño que se vive en ese reino de la imaginación que es Las Colinas, gracias a Doña Adelita, el personaje que más cumplidamente encarna las ideas de Ruiz Iriarte acerca del «optimismo». El desgraciado accidente de Chapete les impidió ser felices en su matrimonio, pero ella fue capaz de rebasar esa realidad dolorosa y alcanzar la felicidad, para ella y para los demás, a base de sacrificada fantasía.

Todos los personajes aprenden algo en su estancia en Las Colinas, pero sólo Isabel y, en parte, Florencio llegan a captar el pleno sentido de la invitación que han recibido.

FLORENCIO.—¿Qué piensa usted?

ISABEL.—Pienso que la vida sólo es verdaderamente bella cuando es un sueño... (...) ¿Será que la felicidad consiste en pasear por el mundo en un coche de seis caballos que no existe? (ibídem, 86).

Isabel tiene mucho en común con los personajes que hemos ido encontrando hasta ahora: tiene enormes deseos de encontrar el amor, pero no es capaz de despertar el interés de ningún hombre, y ante esa realidad desfavorable reacciona superándola con el sueño. Inventa un enamorado de ficción, un «José Luis», al que escribe cartas de amor (Cfr. ed. cit., 51).

Su llegada a Las Colinas supone un instante de decepción al no encontrar allí al hombre enamorado que ella imagina, pero su fantasía asume una vez más esa realidad adversa y se introduce poco a poco en el mundo de la ficción.

Con *El landó de seis caballos* se cierra, como tal, una serie de obras basadas fundamentalmente en la idea del sueño, en la mayoría de los casos —*El puente...*, *Academia de amor*, *Don Juan se ha puesto triste*, *Yo soy el sueño*, *La señora, sus ángeles...*, *Juanita va a Río...*— un sueño de amor.

No desaparece, sin embargo, el «teatro de imaginación», la «organización de un mundo poético en torno a una idea». Hasta el momento, esa idea nuclear ha estado relacionada, en mayor o menor grado, con el amor y el sueño. En otras tres obras, Ruiz Iriarte mantiene esta misma técnica aplicándola a ideas distintas, sin que por ello desaparezca el tema del sueño: *El gran minué*, *El café de las flores* y *Esta noche es la víspera* [5].

El gran minué (1950) es quizá la obra, entre las primeras, por la que Ruiz Iriarte sentía mayor predilección [6]. Esta farsa supone un cierto distanciamiento temático y formal de la línea que mantenía hasta el momento, que bien pudo ser fruto de una situación de desconcierto artístico. Pese a que su estreno no tuvo lugar hasta diciembre del 50, *El gran minué* estaba rematada a finales del 48 (vid. *VRIAS*, Análisis de *El gran...*, B.1.3). En ese momento, su obra *El aprendiz de amante* había sido estrenada en provincias, pero no en Madrid, donde en 1949 Ruiz Iriarte alcanzó, con esta comedia, su primer gran éxito de público.

Hasta ahora, su «teatro de imaginación», centrado en el sueño de amor, había llamado la atención entre los críticos teatrales, que veían en él un elemento de renovación en el teatro de los años 40. De cara al gran público, sin embargo, su teatro no funcionaba [7]. *El landó...,* que alcanzó un gran éxito, no había sido escrita todavía, aunque su estreno precedió al de *El gran minué.*

Posiblemente esta hipótesis dé explicación a los notables cambios que se aprecian. En primer lugar, recupera el tono de farsa satírica que había abandonado desde *Un día en la gloria.* El alejamiento espacio-temporal en que sitúa la acción —una corte versallesca del siglo XVIII— es un aspecto muy importante en este sentido.

La campesina Diana ha sido convertida por el rey en su nueva favorita y, mientras aguarda su presentación oficial en la corte, completa su formación. Aparece Valentín, un mozo aldeano que busca el apoyo de Diana para llevar a cabo en la corte una reforma que está basada en la moral. Esta, muy avergonzada, se presenta en Palacio para asistir al baile que se celebra en su honor. Valentín, el idealista reformador, confiado en el apoyo de la favorita, se enfrenta con el cínico primer ministro Nicolás de Gravelot, pero Diana, embriagada por el espíritu de la corte no sólo le abandona en sus planes de reforma, sino que se declara su enemiga. Sin embargo, Gravelot, que ha reconocido en el joven Valentín sus propias aspiraciones de juventud, decide hacerle ministro para probar su perseverancia. En el consejo de ministros presidido por el rey se presenta el nuevo ministro Valentín con una serie de medidas de austeridad moral a las que todos se oponen. Sin embargo, su fracaso como reformador lo causa Diana al acusarle de ser su enemigo y estar enamorado de ella. Pero resulta que Diana está realmente enamorada de Valentín. Escapan juntos y, al regreso, Gravelot contempla en la caída de Valentín su propio fracaso existencial.

En cuanto a los procedimientos formales destaca enormemente la deliberada búsqueda de la espectacularidad en el montaje. Por vez primera en el teatro de Ruiz Iriarte los signos no lingüísticos adquieren una capital entidad significativa (vid. *VRIAS,* Análisis de *El gran...,* A.2 y C.1.1).

Estos cambios en su trayectoria se combinan con un desplazamiento en la idea que da origen a la obra. El tema

156

del sueño como tal aparece únicamente en una ocasión y como un residuo (cfr. Alfil 5, 79) y es sustituido por la idea del poder como fuerza que corrompe las más nobles aspiraciones del ser humano.

Junto a su concepción de sátira, *El gran...* enlaza con *Un día en la gloria* también en su interés por un designio más universalista, pero, como la pieza más temprana, conserva la técnica de la organización de un mundo poético en torno a una idea.

Cuando Ruiz Iriarte compone *El café de las flores* (1953) su teatro se mueve ya entre los márgenes de lo que el autor ha denominado «teatro de costumbres», y sin duda muchos aspectos de esta comedia así lo atestiguan. Me parece, sin embargo, que predomina un rezago de su anterior forma dramática en el modo como dispone los elementos de la obra en torno a una idea, en este caso, la soledad.

Laura, que acaba de ser abandonada por su marido, recoge a una serie de personas que encuentra en un café y están solas en la vida y las lleva a su casa, que se convierte en algo así como un refugio contra la soledad. Allí estos individuos se sienten felices.

Es evidente el paralelismo con las otras «instituciones de felicidad» de *El puente...*, *Academia de amor* o *El landó...* [8]. No obstante, el tema del sueño, tan importante en estas tres y en las demás obras de esta etapa, sólo aparece levemente en Cris, la florista que se imagina a su padre sin haberlo conocido (cfr. Alfil 86, 21-22).

Como era de esperar, dada la fecha de composición, *El café de las flores,* que no es una de las mejores obras de Ruiz Iriarte, contiene estrechas similitudes con las demás obras «de costumbres», en especial el interés por aprovechar humorísticamente la situación que se crea cuando regresa inopinadamente el marido de Laura y descubre, además, que uno de los personajes que ha recogido su mujer es la muchacha por la que él iba a abandonar a Laura.

La inclusión en este grupo de una obra tan tardía como *Esta noche es la víspera* (1958) obedece a una razón semejante a la expuesta con motivo de *El café de las flores*: la presencia de una idea que aglutina la única situación de que, en realidad, consta esta obra. La fortuita reunión de los viajeros con destino a París en una casa abandonada, a causa de un accidente, se orienta esta vez a dramatizar la idea de la culpa, la ineludible responsabilidad de los actos humanos que a todos puede convertirnos en «delincuentes».

> PADRE JOSE.—¿Qué importa el delito? Delito es un asesinato y delito es un pensamiento (...). Hay (...) otros delitos... Unos delitos pequeños, tremendos, increíbles entre los cuales se va forjando el rencor que hace amarga y dura la vida. Son esos delitos que no persigue nadie. Son esos secretos delitos que son capaces de cometer el odio, el deseo, la ambición, la soberbia, la venganza. Y de esos delitos, todos somos delincuentes (...). Porque el delito (...) se esconde (...) hasta en las apariencias más nobles.
> (Alfil 218, 79-80).

Esta vez el mundo que se organiza en torno a la idea de la culpa no es, como hasta ahora, poético en el sentido de que se produzca una superación de una realidad desagradable mediante la fantasía. Ruiz Iriarte arropa esta situación con verosimilitud, trayendo a escena una serie de personajes que proceden inequívocamente de ese teatro suyo de los años 50 en que domina la proximidad a la realidad inmediata y en los que busca, de alguna forma, pintar una especie de retablo en que comparezcan casi todas las clases sociales: una viuda rica, un escritor famoso, una mujer de moral dudosa, un estudiante pobre que ha llegado a ser ingeniero, un cura de suburbios, un humilde muchacho que vive en las afueras y otros. Su actual tendencia a la observación social reemplaza a la fantasía en el revestimiento de esa idea central.

Fácilmente podría agruparse *Esta noche es la víspera* junto a las obras de los 50 o los 60. Sin embargo, aparte de que el prurito clasificatorio no debe llevarnos a conceder excesivo relieve a este punto, el propio autor incluye esta comedia entre las que componen su «teatro de imaginación», junto a *El landó...* y *El gran minué,* en esa clasificación que he tomado como guía[9]. Y en esta oportunidad nos parece acertado tomar en consideración el testimonio del autor.

Por otra parte, hay que tener también en cuenta el interés suscitado en España hacia 1955, fecha de redacción inicial de *Esta noche...* [10], por el llamado «teatro católico». La revista *Teatro* le dedica tres editoriales consecutivos en los números 17 a 19 (entre IX del 55 y agosto del 56) y Juan Emilio Aragonés consagra a este asunto un capítulo de su libro *El teatro y sus problemas* (M, 1955. Vid. Bibliografía Secundaria, 3).

Ruiz Iriarte se halla lejos de cultivar un teatro, digamos, ideológico, más propio de autores como Pemán, Calvo Sotelo o Giménez Arnáu, pero, por otro lado, es perceptible en *Esta noche...* una preocupación por enfrentar a sus personajes con un problema de conciencia bien concreto, que además es interpretado por el único clérigo de todo el teatro de Ruiz Iriarte, aunque, desde luego, su presencia no constituya un indispensable requisito.

4.1.1.3. *Teatro de imaginación: conclusiones*

1. En general, estas obras son, en cierto modo, obras de tesis como consecuencia del principio dramático que las inspira. La «organización de un mundo dramático en torno a una idea» supone una proclividad a subordinar los elementos dramáticos a un mensaje que hay que transmitir, del que hay que convencer.

Esta exigencia afecta, en primer término, a las situaciones, que son frecuentemente inverosímiles. No obstante, esta inverosimilitud está dentro de los cálculos del autor, es perfectamente deliberada y sería un grave error buscarle explicaciones causales o realistas, porque no es ése el propósito con que han sido creadas. Ruiz Iriarte propone esas situaciones «absurdas» con un sentido ejemplar y metafórico, como un estímulo que despierte en los espectadores reacciones paralelas a las de los personajes en escena.

Así se explica la tendencia a los ámbitos cerrados donde se aprende a soñar: la casa de *El puente...*, *Academia de amor*, *El landó...*, *El café de las flores*, *Don Juan se ha puesto triste* e incluso *Esta noche es la víspera*; la isla de *Yo soy el sueño* o el yate de *Los pájaros ciegos*.

Donde resulta negativo, en general, este requisito estructural es en los personajes que tienden a ser esquemáticos como consecuencia de su excesiva dependencia de una idea. Esto es especialmente apreciable en las obras menos valiosas: *Don Juan se ha puesto triste*, *Yo soy el sueño*, *El cielo está cerca*, *Los pájaros ciegos*; en lo relacionado con los personajes principales, *La señora, sus ángeles...*

Esto no significa que no haya interés por la psicología de los personajes, sino que ese interés se ciñe casi exclusivamente al estudio del personaje en relación con la idea del sueño, sin otros matices que lo individualicen, y como consecuencia, las figuras humanas se aproximan a arquetipos de unos anhelos absolutos. Son individuos lastrados por un psicologismo unívoco.

La idea del sueño prevalece por encima de los personajes como algo impalpable, fácilmente ingenuo y, lo que es más importante, con poca eficacia dramática por la ausencia de conflictos que lleguen al público. Desde la perspectiva actual resultan trasnochadas, y el propio autor así debió de comprenderlo puesto que no fueron publicadas, con excepción de las incluidas en *3CO* [11].

Es de destacar el detalle de que todos los personajes principales son jóvenes, porque en general se advierte un progresivo envejecimiento en ellos a medida que el teatro de Ruiz Iriarte evoluciona con el tiempo.

2. Sin insistir en los conceptos ya expuestos acerca del «optimismo» en Ruiz Iriarte, sí debe señalarse una variedad en el modo de tratarlo dramáticamente.

Entre el triunfo del sueño en *La señora...* o *El landó...* y el completo fracaso de *Juanita va a Río...* o el mensaje por vía negativa de *Un día en la gloria,* el resto de las obras contiene soluciones combinadas en que, junto a personajes que superan la realidad, hay otros que simplemente huyen de ella: Marcel y Estrella frente a Andrés Kovach y Pedro en *Yo soy el sueño*; Isabel y Daniel frente a Brummell y Mary en *El puente...*; en *Los pájaros ciegos,* Raquel y su hijo Dicky, o bien, existiendo la capacidad de soñar, se dan resultados no del todo felices: Paulina en *Academia...*, Irene y Javier en *Don Juan...* o Paloma y Carlos en *El cielo está cerca.*

La localización espacial de la acción fluctúa entre la ambientación cercana y el exotismo.

3. Si hubiera que hacer agrupaciones dentro de este «teatro de imaginación», situaría bajo el denominador común del «sueño de amor» *El puente...*, *Academia...*, *Don Juan...*, *El cielo...*, *Yo soy el sueño, Margarita...*, *Los pájaros ciegos, Juanita va a Río...* y *El landó...* Junto a éstas, *Un día en*

la gloria gira en torno a un sueño de inmortalidad, de fama.

El resto de las comedias, *El gran minué, El café...* y *Esta noche es la víspera,* desligadas del tema del sueño, pero organizadas en torno a una idea, se centran respectivamente en el poder, la soledad y la responsabilidad universal de los actos humanos.

4.   Según Ruiz Iriarte, el teatro español de los años 40 adolece de una falta de comunión espiritual con la sociedad en que se produce.

Partiendo de este presupuesto, intenta tender un puente entre teatro y público con su peculiar concepto de la fantasía como fórmula para interpretar los sueños de los espectadores.

Se advierte, sin embargo, una resistencia a dejar demasiado clara cuál es la idea en torno a la cual organiza sus mundos poéticos. Este cultivo de la insinuación tiene su origen en el convencimiento de que la sociedad en ese momento se caracterizaba por la naturalidad, por la pérdida del énfasis, y como consecuencia, era necesario buscar la verdad en el teatro de la misma forma en que se daba en la vida, es decir, sutilmente.

Así se explica el que escoja la comedia como el género más adecuado a sus propósitos: «La comedia es el género teatral de este tiempo; no lo es la tragedia, que siempre aparece ante nosotros con un rictus de arqueología; no lo es el juguete cómico, de risa boba y vieja» (*La Estafeta Literaria* —en adelante *EL*—, «De la comedia y de los géneros», 26, 10-V-45, 10) [12].

Tanto en los temas como en el procedimiento de expresión, Ruiz Iriarte intenta responder a lo que entiende que es el estado espiritual de la España de los años 40.

Este teatro resulta novedoso y contrasta con el panorama de nuestra escena en esos años, plagada de melodramas, comedias folklóricas y revistas insustanciales. En los ambientes teatrales se estima a Ruiz Iriarte como el primer autor de importancia surgido después de la guerra [13].

De cara al público obtiene, no obstante, un discreto éxito debido en parte a la inercia de los espectadores y a la falta de madurez del autor que se deja llevar —ya está dicho— de un excesivo psicologismo o acartonamiento esquemático en sus personajes.

5. Resulta difícil no plantearse el tema de la relación biobibliográfica de Ruiz Iriarte con respecto a este teatro «optimista». Siempre es incierto cualquier parentesco entre la vida y la obra de un autor, pero, en este caso, parece evidente que en principio no es éste el teatro que cabría esperar de una persona que, como Ruiz Iriarte, había sufrido una importante desgracia física (vid. capítulo I). Creo necesario señalar que este hecho provoca perplejidad y revela la existencia en nuestro autor de una admirable capacidad para realizar en su propia vida esa superación poética que preconiza desde su teatro. Lo que seguramente sería aventurado es suponer que su concepción del «optimismo» proviene de una experiencia autobiográfica [14].

6. Esta etapa aporta unos elementos que, desarrollados, son parte importante de su teatro en los años 50, como veremos. Concretamente, el germen del «pobre hombre», el cultivo de la farsa y ciertos elementos formales.

4.1.2. LOS AÑOS 50. TEATRO DE REFLEJO SOCIAL

4.1.2.1. *Visión general*

Recordemos las palabras de Ruiz Iriarte, en la entrevista citada al comienzo de este capítulo, acerca del «teatro de costumbres»:

> En la otra parcela de mi labor la realidad inmediata aparece en primer plano traducida, con intención, a la farsa. Y la verdad de las cosas, envuelta en cierta caricatura, se diluye un poco. Pero, de todos modos, esta verdad se halla siempre presente, protagoniza la acción y toda la peripecia gira a su alrededor. Yo pienso que el teatro de costumbres no tiene por qué ser una exhibición de fotografías animadas. Ni siquiera en el impecable mundo costumbrista, tan humano, de Arniches, los Quintero y Benavente.

La distanciación que se establece en las últimas líneas con respecto al concepto de «costumbrismo» o «teatro de costumbres en otros autores me ha llevado a emplear con cautela la aplicación de estos términos al teatro de Ruiz

Iriarte. A pesar de que el autor englobe parte de su teatro bajo esa cómoda etiqueta, juzgo más oportuno denominarlo de otra manera con el objeto de evitar cualquier posible identificación de «costumbrismo» con significaciones de raigambre romántica como tipismo, pintoresquismo o búsqueda nostálgica de modos de vida pretéritos [15].

Hablo de «teatro de reflejo social» porque este sintagma resulta más acorde con lo que de hecho encontramos en las comedias de estos años: un intento de sacar a escena, unas veces con ironía, otras satíricamente, los mismos latidos de la sociedad en que viven autor y espectadores [16].

No es nuevo, desde luego, este propósito de Ruiz Iriarte de vincular su teatro al tiempo en que vive. Por el contrario, ya está señalado (4.1.1.3.4) que su «teatro de imaginación» tiene origen en este deseo y que su diagnóstico de la situación de nuestra escena a mediados de los años cuarenta apunta en esta dirección: «La verdad de la crisis del teatro en nuestro tiempo, entre nosotros, es una pura y tremenda desavenencia espiritual entre el teatro y el mundo que lo circunda» [17].

Durante los años 50 va abandonando su intento de conexión con el público a través de la interpretación de sus presuntos sueños —fórmula que no funcionaba— y pone el acento [18] en la presentación de unos personajes y unos conflictos que resulten más cercanos a la experiencia de todos los días.

Ruiz Iriarte opta por concretar esos sueños etéreos y algo alucinados de sus personajes de los años 40 en aspiraciones más vivificadas.

Este giro de su labor dramática, consistente en la necesidad de concretar, le lleva de la mano a una serie de consecuencias.

En primer lugar, a un considerable aumento de la acción dramática y a un cultivo más intenso de las situaciones, que repercute en una mayor teatralidad.

A continuación, se da entrada franca al humor como tono general y a la farsa como forma dramática, más o menos dominante [19].

Por otra parte, la necesaria agudeza para captar el detalle sobre el que hacer recaer la ironía, la sátira o la exageración propia de la farsa obliga a una observación más pormenorizada del contexto social en que se mueven público y autor dramático.

En este sentido es indicativo el hecho de que sea precisamente hacia 1950 cuando inicia de modo estable sus colaboraciones en los diarios *El Noticiero Universal,* de Barcelona, e *Informaciones,* de Madrid [20], donde, junto a artículos de carácter literario, son cada vez más frecuentes los de comentario de actualidad, en el amplio sentido de un sondeo que capte la mentalidad, los modos de vida y la sensibilidad de las gentes de la clase media, que son para Ruiz Iriarte, «en definitiva, las que señalan la evolución sentimental de una sociedad» [21].

Con frecuencia se da un acusado paralelismo entre las ideas vertidas en esos artículos de contenido sociológico y las expresadas por algunos personajes en ciertos momentos de sus obras [22].

Un aspecto más de su labor como observador social tiene especial relieve, y es el relacionado con la creación de personajes. Más adelante trataré de los personajes en el teatro de Ruiz Iriarte. Baste por el momento señalar que el sesgo de esta etapa dramática, basada en el acercamiento a la realidad inmediata y en su ocultamiento bajo una apariencia de farsa, desemboca en una tendencia a la creación de una galería de tipos humanos extraídos de ese contexto social que se observa.

Los personajes son el elemento que marca la evolución del teatro de Ruiz Iriarte en estos años, al mismo tiempo que su enlace con las obras de los 40. A partir de *El aprendiz de amante,* el autor introduce una serie de personajes que se ven obligados a fingir, cambiando de personalidad, para conseguir un objetivo que, en su origen, tiene bastante que ver con el «sueño» de la etapa anterior.

Es el tipo que diversos críticos han denominado como «pobrecito» [23]. P. Boring aplica a las obras de este momento una fórmula identificadora relacionada con esta técnica de los personajes: «Role playing and role reversal», que libremente podría traducirse como «fingimiento y paradoja» (*Víctor Ruiz Iriarte* —en adelante *VRI*—, 52-74). Magaña Schevill (Introducción a *Juego de niños,* xii-xiv; vid. Bibliografía Secundaria y capítulo III, 3.6), tiene el mérito de haber intentado una formulación de esa «receta» o «fórmula» dramática de que se acusa a Ruiz Iriarte, pero que no se acompaña de la debida justificación. Los cuatro puntos que señala Magaña para ese personaje que denomina «"authentic" individual» son, en general, aceptables (vid. III, 3.7).

J. Spencer (vid. III, 3.3) ha estudiado detenidamente los procedimientos y la semántica que se desprende de los vaivenes de los personajes entre sueño y realidad.

4.1.2.2. *Las obras*

El aprendiz de amante supone un cambio de rumbo en su trayectoria dramática. El propio autor incluye este título como el primero de su «teatro de costumbres» en la citada entrevista de Rof Carballo. También declaró que el estreno de esta obra en Madrid fue su primer éxito claro de cara al público [24].

Sin embargo, fue presentada por primera vez en Valencia en 1947 antes de serlo en la capital en 1949. El momento de la redacción pertenece, por tanto, a la etapa del «teatro de imaginación» y es evidente que en *El aprendiz...* se dejan ver las preocupaciones de su teatro de los años 40.

Concretamente, es cardinal el tema del sueño de amor. Andrés, tímido y sensible hombre de provincias, ha forjado un sueño de amor al que llama «María Luisa» y que cree reconocer en Catalina.

Para conquistarla, le hace creer que es un irresistible donjuán, pero en la noche de bodas Catalina descubre la verdad sobre su marido. Ella, no menos fantástica, creyó realizado en Andrés su sueño, consistente en el hombre arrebatador al que pensaba que no tenían acceso las mujeres como ella. El matrimonio se rompe cuando Andrés, cansado de fingir un modo de vida que le impone su mujer para no quedar en ridículo, abandona a Catalina para vivir exclusivamente de sus sueños. Pero Andrés recibe un telegrama con este significativo mensaje:

> Voy a tu lado. Yo soy tu sueño.
> Yo soy María Luisa.
> (Alfil 35, 61.)

Lo ha enviado Manolita, un nuevo personaje que aparece en escena y que es una mujer de cabaret, de esas que envidia Catalina. Manolita, en el fondo, anhela una existencia distinta a la que lleva, la vida de sinceridad y normalidad de Andrés. Gracias a ella, Catalina descubre el auténtico valor de su marido y renuncia a sus sueños egoístas.

En los tres personajes está intensamente presente la idea

del sueño como intento de exceder una realidad desagradable mediante la fantasía.

Sin embargo, se distancian de los personajes del «teatro de imaginación» anterior en que fingen, asumiendo una personalidad distinta a la que realmente tienen para obtener sus deseos.

Andrés es el primer resultado del descubrimiento del «pobrecito» que no es realmente otra cosa que el soñador de la etapa anterior llevado a la acción. Compárese, por ejemplo, con el Luciano de *Academia de amor* (cfr. *3CO*, 104-05, 122, 125-26, 150), que se enamora de Paulina, pero no finge otra personalidad para conquistarla.

Catalina, aunque actúa por egoísmo y vanidad, es también una «pobrecita». En la conversación final con Manolita (cfr. Alfil 35, 67-70) se revela que su auténtica personalidad está en sintonía con la del verdadero ser de Andrés y que su actitud procedía de un sueño realizado inadecuadamente por la violencia ejercida sobre su marido.

Paralelamente, esta fantástica y soñadora Catalina que no gusta a los hombres se corresponde con la Isabel de *El puente*... o la de *El landó*..., completadas con el cambio de personalidad.

Manolita, el primer tipo de «golfa» en el teatro de Ruiz Iriarte, en ese mismo diálogo con Catalina, deja entrever la contradicción existente entre su ser interior y su conducta de mujer mundana. De manera que es también una «pobrecita».

Los tres personajes fingen y en los tres, que aparentan lo contrario de lo que son, se da una paradoja.

Andrés y Catalina son, pues, dos soñadores que sólo alcanzan la felicidad cuando se aceptan a sí mismos como realmente son, que éste es en el fondo el mensaje de la obra. Dados los medios que emplea el autor para transmitir esta idea, ¿no pretenderá también decir que rara vez en la sociedad las personas actúan con fidelidad a su auténtica idiosincrasia?

El autor envuelve este contenido humano con una cubierta de farsa, como indica el subtítulo. El contraste Madrid-provincias en la caricatura moralista de los criados y del ambiente de Burgos (acto III), la paradójica situación de la noche de bodas (acto I) y los comentarios relativos a la mala fama de Andrés son, principalmente, los motivos de la deformación humorística.

Esta técnica de la yuxtaposición de lo grave y lo ligero

es clara en las dos escenas finales del acto II: Andrés, harto de fingir, abandona a su mujer; acto seguido, las criadas lo interpretan como una nueva aventura amorosa, que Catalina magnifica [25].

Ruiz Iriarte subtitula también como farsa *Las mujeres decentes*. Al igual que *El aprendiz de amante*, la importancia de la idea del sueño relaciona directamente *Las mujeres...* con el teatro de los años 40. Tanto Paulina, la novelista fracasada, como Paloma, la mujer que para recuperar a su marido escapa de casa, sueñan y se enamoran de un hombre que realmente no existe.

> PALOMA.—En mi vida ese hombre, ese sueño de un hombre era el ideal. Era todo lo que no tengo y necesito para ser feliz. Mi marido me engaña; Jerónimo me era fiel. Mi marido se burla de mí porque dice que soy insignificante; Jerónimo decía que yo, aunque no lo parezca, tengo muchísimo talento.
>
> PAULINA.—¿Estás segura de que te lo decía?
>
> PALOMA.—Mujer..., como todo me lo decía yo misma, no hay duda.
>
> (...)
>
> PAULINA.—Yo también soñaba así (...). Parecía que me arrancabas algo mío, muy mío. Y era sólo un sueño. Ya ves si tiene fuerza un sueño (...). Con la imaginación, yo también he sido la amante de Jerónimo.
>
> (Alfil 5, 158-59.)

El sueño se origina en un hotel de campo cuando, por una equivocación, Paulina y Paloma encuentran el equipaje de Jerónimo, que incluye retratos de diversas mujeres, y forjan una imagen dorada de él. Pero Jerónimo es un aristócrata arruinado que termina haciéndose taxista. Mientras tanto, Paulina comienza a relatar en sus novelas sus escandalosos amores con Jerónimo, como si fueran verdad, y esto le proporciona un enorme éxito de público. Por culpa del Jerónimo real, que está enamorado de Paulina, todo se descubre y la novelista pierde la aureola de mujer «indecente» que la había hecho triunfar.

167

Al final, de forma completamente inverosímil, al despojarse Jerónimo de su uniforme de taxista, aparece correctamente vestido y manifiesta su deseo de emprender una nueva vida, acorde con su ser y su profesión, en compañía de Paulina.

Paulina es de nuevo una soñadora que, al igual que hace Paloma con Carlos en *El cielo está cerca,* de un ser real forja otro de ficción adaptado a sus deseos. Algo muy semejante hacen —con la diferencia de que no hay tal ser real— Isabel en *El puente...,* Margarita en *La señora, sus ángeles...* e Isabel en *El landó...*

La diferencia estriba en que Paulina finge, pasa a la acción haciendo que su sueño no sea algo individual y discursivo, sino una pseudorrealidad, un engaño del que participan todos a su alrededor, como la mala fama de Andrés en *El aprendiz...*

El contraste entre la apariencia de mujer libertina que Paulina se crea y que le otorga fama con su auténtico ser de mujer «decente» y sensible, al que retorna, la constituye en otro tipo de «pobrecita».

En forma menos desarrollada se dan estas características en Jerónimo, el aristócrata que trabaja como taxista. Sin embargo, su cambio de papel no procede tanto de una decisión propia con la intención de lograr un fin determinado como de una decadente pereza que le hace dejarse llevar.

La obra está llena de inverosimilitud y de un humor que hace pensar en Jardiel Poncela. Por encima de una profundización en lo que podría haber sido el problema humano de los protagonistas, está el aprovechamiento cómico de las situaciones peregrinas, especialmente en el segundo acto, las consecuencias de la popularidad de Paulina. El motivo secundario del problema matrimonial de Paloma contribuye a este fin cómico.

A mi entender, hay un peso excesivo del tono de farsa sobre los personajes, que resultan esquemáticos, deshumanizados e incapaces de transmitir un mensaje por sí mismos. El contenido hay que buscarlo, por la vía cómica, en la situación, en la sátira de los periodistas y de la opinión pública, en la caricatura de una sociedad que aprecia únicamente lo deslumbrante y olvida otros valores más auténticos. La obra abunda en referencias a la situación social de la clase media, por ejemplo, el ambiente del hotel en el acto I.

Puede, además, ponerse en contacto el relieve de la literatura femenina en la España de posguerra con el hecho de que Paulina sea novelista.

Después de estas dos obras, Ruiz Iriarte estrenó *El landó de seis caballos* y *El gran minué* (ambas en 1950), incluidas en el estudio del «teatro de imaginación».

Por pertenecer cronológicamente a la etapa anterior y por la importancia que todavía tiene, incluso en su formulación, el tema del sueño, bien podrían considerarse *El aprendiz...* y *Las mujeres decentes* como obras de transición.

Cuando ella es la otra (1951) busca intencionadamente transmitir un concreto mensaje humano bajo una deliberada apariencia de farsa.

Patricia es una joven muchacha, muy preocupada por su honestidad, que ha tenido una serie de amantes y que ahora está a punto de irse con Gabriel, ya harto del dominio que ejerce sobre él Verónica, su mujer. Esta, que tiene un modo de vida y unas ideas muy liberales, se presenta en casa de Patricia y consigue hábilmente frustrar la huida de los amantes. El resto de la obra consiste en la reconquista que hace Verónica de su marido.

Las situaciones dramáticas [26] persiguen claramente la paradoja propia de la farsa: la continua contradicción entre lo que es Patricia y sus declaraciones de decencia; los encuentros ente rivales que acaban siendo amistosos; la inversión de valores según la cual Patricia se siente engañada por Gabriel, que vuelve a amar a su mujer, Verónica.

Se exponen una serie de sutilezas psicológicas en torno al amor que suponen una tenue permanencia del tema del sueño: los hombres no se enamoran de otra mujer, sino que se vengan de la suya (cfr. Alfil 17, 46); los hombres siempre desean «la otra», la que no está a su lado, la que es un sueño (id., 50). Ideas que poco tienen de novedad y que se encuentran de modo semejante en *Amores cruzados,* de Armand Salacrou, o en *La celosa de sí misma,* de Tirso de Molina.

La farsa oculta un tema de fondo que es el motivo que impulsa a los personajes a la acción. Por un lado, la insatisfacción de Gabriel en su matrimonio. Baquero Goyanes (*El teatro de humor en España*, 193) destaca el carácter de «pobrecito» que tiene este personaje, pero quizá no lo sea en sentido pleno. Al huir de su mujer y buscar el amor en Patricia no está adoptando una personalidad distinta a la suya, sino que se está dejando llevar de una inestabilidad de carácter, que es en lo que realmente consiste su poco formada personalidad.

Por otro lado, el profundo amor de Verónica, la auténtica protagonista, que es capaz de todo por retener a su lado a Gabriel. Ella, en realidad, no es la mujer de costumbres e ideas avanzadas que aparenta. Es la «pobrecita» que tuvo que recurrir a esa ficción, a ese trueque en su temperamento, y para evitar que su marido se fuera detrás de otras mujeres se convirtió ella misma en «la otra»:

> VERONICA.—Así era yo en los primeros tiempos de nuestro matrimonio. Una pazguata, una tonta, una ridícula. (...) ¿No le he dicho que él tiene la culpa de yo sea como soy? (...) En aquellos tiempos Gabriel admiraba con toda su alma a las mujeres muy modernas que hacían deporte y jugaban a las cartas (...). Yo sabía que en cualquier momento se me escaparía detrás de una mujer así. Y para no perderle, siempre para no perderle, me dispuse a ser una mujer como las que a él le gustaban entonces. Y lo conseguí. Al poco tiempo era yo más atrevida que ninguna (Alfil 17, 49).

Pero la volubilidad de Gabriel ha hecho que esta Verónica «moderna» le resulte insoportable. Verónica, para apartarlo de Patricia, vuelve a ser la de antes.

El tema del profundo · amor de Verónica, dispuesta a cualquier sacrificio, y el de la necesidad de que Gabriel se acepte como realmente es, subyace a una apariencia de farsa quizá demasiado evidente.

Por otra parte, las dos personalidades de Verónica y el personaje de Patricia responden a un intento de reflejar la percepción de un cambio en el papel de la mujer en la sociedad española [27].

Juego de niños, Premio Nacional de Teatro 1952, es seguramente el más perfecto exponente de este «teatro de reflejo social».

La comedia se basa en el tradicional recurso a los celos para resucitar un amor. Cándida sufre en silencio las infidelidades de su marido, Ricardo. Animada por su sobrina Maité, decide fingir un «flirt» con Marcelo, el profesor de francés de la muchacha, que es tímido y sensible. Pero resulta que, realmente, Marcelo está enamorado de Cándida y ésta, por su parte, experimenta un auténtico rejuvenecimiento por su aventura con el profesor, a la que no quiere renunciar. Pero es Marcelo el que, generosamente, se retira tras haber proporcionado a Cándida unos días de felicidad y haberle devuelto el amor de su esposo.

Cándida y Marcelo son dos personajes magníficamente trazados en su sensibilidad.

Cándida, al igual que los otros «pobrecitos», impulsada por su abandono, se ve en la necesidad de fingir una personalidad distinta con el fin de recuperar el amor de Ricardo. Cándida encarna la mujer anticuada, con escasa influencia en la conducta del marido, resignada y con nulo peso social. Su nueva personalidad consiste en imitar al tipo de mujeres modernas, presentes en la vida de relación, activas y nada dispuestas al conformismo. Ruiz Iriarte desarrolla una versión periodística de este contrapunto de tipos femeninos en «Los maridos han cambiado mucho» (*UPM*, 62).

Pero la diferencia con las otras farsas de esta época reside en que esta supuesta ficción resulta ser cierta. Y aquí entra ese conmovedor personaje que es Marcelo al que, cuando se le pide que finja, inadvertidamente se le está pidiendo que actúe con arreglo a sus auténticos sentimientos. Lo doloroso de su situación consiste en que se le ofrece una felicidad que no puede durar. Marcelo, pues, no finge, no altera su personalidad, sino que actúa en todo momento según su íntimo ser, y Cándida finalmente tiene que arrepentirse de haber herido, quizá, los sentimientos puros del profesor.

Dentro de este juego, Ricardo, el marido, queda relegado a un segundo plano desde el que cumple su función de ser punto de referencia de Cándida y Marcelo.

Con esta obra, es la primera vez que Ruiz Iriarte introduce un grupo de personajes jóvenes que contrasta, como tal grupo, con el de los mayores. Entre ambos se establecen paralelismos, como la agresividad amorosa de Manolín y el atractivo de Tony, que los acercan a la conducta de su padre, Ricardo, y el amor silencioso, pero activo, de Maité por Tony, que la pone en relación con su tía Cándida.

El enredo provoca situaciones paradójicas explotadas con hábil sentido del humor y aderezadas con agudos comentarios sociológicos.

En cuanto al reflejo social, destaca la visión de la nueva generación, con sus cambios de mentalidad y costumbres, y especialmente la presentación dramática de la mudanza del papel de la mujer en el matrimonio y en la sociedad.

El mérito más sobresaliente de *Juego de niños* consiste en haber encontrado una justa proporción entre los elementos humorísticos y los contenidos humanos, que hacen su aparición en contados y muy calculados casos para hacer ver que lo que se supone una ficción es realidad: Marcelo está enamorado de Cándida y ella llega a sentir verdadero afecto y dolor por él. En *Juego de niños* —de ahí el título— la mentira se vuelve verdad.

Con *La soltera rebelde* (1953) Ruiz Iriarte vuelve a dar en justa medida ingredientes de humor y contenido humano.

Adelaida, viuda frívola y rica, consigue hacer venir desde su ambiente provinciano a su hermana Lupe, solterona debido a su mal genio, de alguna edad, pero aún atractiva, y comprometerla en matrimonio con Joaquín, también viudo. Lupe, sin embargo, siente una repugnancia al contacto físico con los hombres y la noche anterior a la boda rompe el compromiso y escapa. Adelaida, que había obrado por pura vanidad, se siente en ridículo ante sus amistades. Cuando Lupe regresa, cuenta que ha intentado superar su complejo vistiendo elegantemente y frecuentando lugares en que pudiera ser acosada por los hombres, pero que ha fracasado. Sin embargo, en su propia casa encuentra inopinadamente un hombre que la ama sinceramente: es Esteban, un humilde organista de iglesia. Comienzan a salir juntos y, por fin, Esteban besa a Lupe. Esta experiencia, no obstante, resulta definitiva: comprende que para ella el amor ha llegado tarde y vuelve a su ciudad, Montalbán.

Su paso por Madrid tiene, sin embargo, una consecuencia importante. De las hijas de Adelaida, Maty es coqueta y femenina y Mónica, muy intelectual, dice que los hombres no le interesan. Lupe, por propia experiencia, descubre a Mónica que su actitud procede también de un complejo y de envidia por su hermana e impide que su propia desgracia pueda repetirse en Mónica, ahora que está a tiempo de vivir el amor.

Los tres personajes más importantes, por ser vehículo de las ideas de la comedia, son Lupe, Mónica y Esteban.

En las dos mujeres Ruiz Iriarte plantea un mismo problema en momentos distintos de su desarrollo. Lupe es fundamentalmente una mujer que sueña con el amor, pero que por diversas circunstancias —envidia del éxito de su hermana Adelaida, miedo al contacto con los hombres, el mal genio con que intenta disimular su frustración (cfr. Alfil 37, 19 y 68-69)— no logra alcanzarlo. Sobre esta base intenta un cambio de personalidad que, en este caso, no consiste en una ficción o un engaño. Lupe cambia su aspecto, va a la búsqueda del amor y vive unos días de felicidad con Esteban. Pero el beso de éste le hace ver que su felicidad no puede llegar por otra vía que la aceptación de su propia forma de ser. Su no superación del complejo de miedo a los hombres es la expresión dramática concreta de un sueño irrealizable que deja un grato sabor agridulce. Porque si la reacción psicológica de Lupe queda un poco en penumbra [28] —¿ama realmente a Esteban?, ¿por qué vuelve a Montalbán?— queda claro que su actual vida en la provincia ya no estará marcada por la angustia y, especialmente, que su intento de cambio de personalidad ha tenido un fruto positivo: impedir que Mónica siga su mismo camino.

Mónica, en efecto, es un personaje paralelo de Lupe. Su auténtica personalidad es distinta del aspecto intelectual y ausente de preocupación amorosa que finge sin darse cuenta. Gracias a Lupe se opera en ella un cambio que consiste en la aceptación de su propia manera de ser.

En Esteban no hay cambio alguno, porque hace tiempo que renunció a la ambición y es feliz siendo sencillamente como es. El mismo se declara un «pobre hombre» (cfr. Alfil 37, 44-45), un vagabundo que simplemente «vive». Esa personalidad, algo estoica y no exenta de sabiduría, se pone de manifiesto al final, cuando acepta seguir viviendo su amor por Lupe a distancia, sabiendo que ella no podrá olvidarle (cfr. el desenlace de la comedia).

En estos tres individuos dramáticos descansa el eje de la obra: el amor es lo más importante en la vida de los hombres, tanto que incluso quienes cometen el error de dejarlo pasar pueden encontrar la felicidad, aunque no sea completa, gracias a él.

Hay que señalar que el autor titula *La soltera rebelde* como «comedia», no como «farsa», y que la consideró como una de sus mejores obras (revista *Mensaje* (Madrid), 7-V-53, s. p.).

El resto de· los personajes —Adelaida, don Joaquín, Maty, Pepito, Jaime— aportan el tono ligero de la comedia y están al servicio de las exigencias estructurales —muy bien llevadas, por cierto— de los tres personajes principales.

Aparte de esta misión, los personajes secundarios funcionan como portadores de una serie de agudas observaciones de tipo sociológico, tanto en el diálogo como en su misma configuración como tipos escénicos.

Al igual que en *Juego de niños* se introducen dos grupos de personajes diferenciados por la edad, jóvenes y mayores, que el autor emplea para establecer situaciones paradójicas y humorísticas y para reflejar los cambios sociales.

Con *El pobrecito embustero,* «farsa en tres actos» (1953), Ruiz Iriarte ahonda en un aspecto que aparecía lateralmente en la comedia anterior: el ambiente provinciano. En la pintura de este ambiente hay resonancias del Arniches de *La heroica villa* o *La señorita de Trevélez.* Pero pienso que donde más se acusa esta influencia es en la paladina moraleja final, cuando Lorenzo, a imitación de los personajes arnichescos, declara el fondo de toda la farsa: si vivimos para querer y para que nos quieran, ¿por qué no damos a los demás nuestro cariño a todas horas? (cfr. Alfil 80, 120). En cuanto a la acción, hay una visible concomitancia con *La locura de don Juan,* del mismo Arniches.

En *El pobrecito...,* junto a lo inverosímil de la situación y la caricaturización a que se someten las retardatarias costumbres de provincias, destaca el interés por configurar un número de personajes más abundante de lo visto hasta el momento.

Lorenzo es un tímido y algo raro profesor de instituto que es el hazmerreír de sus alumnas y la vergüenza de Rosalía, su mujer, vanidosa y egoísta. Por un equívoco, los que le rodean creen que a Lorenzo le queda sólo un mes de vida y, tanto en su familia como en el pueblo, comienzan a llenarle de atenciones y mimos. Lorenzo, entusiasmado, se siente querido por primera vez. Pero Lorenzo se vuelve egoísta y sólo reacciona cuando observa el dolor con que su sobrino Pedrín y Loreto, la única alumna que le quiere, esperan su muerte. Entonces comprende que el amor que todos se apresuran a darle no es más que remor-

174

dimiento por los desplantes anteriores. Descubre el engaño y todos se indignan, salvo Pedrín y Loreto, que lo celebran. Finalmente, sufre un accidente, esta vez auténtico, y logra, por fin, el afecto sincero de todos.

La actitud de Rosalía, la mujer de Lorenzo, tiene su origen en la envidia por la suerte de su hermana Victoria, casada con un hombre rico, que vive en Méjico, donde según cuenta en sus cartas lleva una vida brillante. Rosalía responde pintando en sus cartas a Victoria la imagen ficticia de un Lorenzo completamente distinto al real. Su orgullo y sus celos le impiden aceptar y amar a su marido como es porque no se ajusta a sus sueños. Cuando en el pueblo se corre la falsa noticia de la enfermedad de Lorenzo se siente feliz por la parte que le toca a ella en los halagos, y cuando se descubre, afecta haberse dado cuenta desde el principio. Cuando Lorenzo es atropellado por un coche, sin embargo, abandona su egoísmo y es la primera en demostrarle su cariño al pobrecito embustero. Este cambio que produce el aceptar Rosalía a su marido como es está originado por la noticia de que el matrimonio de Victoria fue un fracaso desde el primer momento. Todos esos relatos que excitaron la envidia y las mentiras de Rosalía eran completamente falsos.

Magdalena es la otra hermana de Rosalía. Tiene un cercano parentesco con la Lupe de *La soltera rebelde,* pero con un menor desarrollo psicológico. También ella soñaba con un marido y unos hijos, pero por timidez se refugió en sus rezos y ahora es una beata solterona (cit., 122). Con la confesión de su verdadero ser descubre la existencia de unas cualidades que no se corresponden con las apariencias, un fingimiento que ya es inadvertido y contribuye a que Rosalía descubra el auténtico valor de Lorenzo. Para ella, sin embargo, no habrá solución satisfactoria.

Como en las dos comedias anteriores —*Juego de niños, La soltera rebelde*—, también aquí hay personajes jóvenes: Pedrín, hijo de Victoria, enviado a España para conocer al maravilloso tío Lorenzo —en realidad, como fruto de la ruptura de sus padres—, y Loreto, la alumna de Lorenzo, son los únicos que aprecian sinceramente al profesor, que para no hacerlos sufrir renuncia al engaño. Pedrín es el tipo de muchacho que a todas gusta y Loreto la pobrecita sin encantos que logra astutamente atraer su amor.

Este retrato de los personajes revela la existencia de un juego constante entre la verdad y las apariencias, el

175

egoísmo y la generosidad, cuyo resultado es la urgencia de que cada uno se acepte y acepte a los demás como realmente son, sin dejarse llevar por la envidia de supuestas cualidades ajenas que no son tan brillantes como parecen.

Todavía aparece el tema del sueño (cit., 88, 118), pero un sueño realizado inadecuadamente porque produce víctimas inocentes. El engaño de Lorenzo le vuelve egoísta, le hace olvidar a la pequeña Loreto, que sufre, con Pedrín, por la ficticia enfermedad del profesor. También Rosalía sueña con un marido encantador y hace a Lorenzo víctima de su imaginación. Los dos personajes llegan a ser felices cuando aceptan la realidad.

El indudable tono de farsa tiene un matiz satírico más que puramente irónico o humorístico. Desde el ángulo moralizante en que se sitúa, Ruiz Iriarte fustiga la mezquindad de sus personajes sin otras armas que la caricatura. Una caricatura presente de modo especial en las desmesuradas manifestaciones de afecto que le tributa el pueblo de Villanueva y en la que quizá va demasiado lejos —la aparición de la actriz Linda Martín me parece un desacierto.

No obstante, la presencia de esta estrella de cine está motivada por el deseo de extender la intención satírica a toda la sociedad, sin limitarse únicamente al ámbito familiar de Lorenzo. Boring (*VRI,* 71) señala las semejanzas con *Un día en la gloria,* y ciertamente *El pobrecito embustero* es una acusación contra una sociedad que valora falsos y aparentes valores en detrimento de las legítimas virtudes (cfr. la antecrítica de esta obra, *TE 1952-53,* 297).

En *El pobrecito embustero* Ruiz Iriarte compone una obra en que hay una verdad subyacente y oculta bajo una superficie de farsa perfectamente estructurada en su desarrollo. Es esa verdad el elemento en torno al cual gira la obra y el que, latente en unos personajes humanos que conmueven, da auténtica categoría a esta comedia.

Usted no es peligrosa (1954) es una farsa, pese a que vaya subtitulada como «comedia», centrada en torno a un rasgo psicológico femenino: el amor propio herido de Marta, mujer sensible y enamorada, pero sin atractivo.

Está enamorada de Fernando, vecino suyo, escritor y hombre arrebatador que ha tenido numerosos amoríos. Ahora éste se encuentra en un aprieto porque para heredar a su tío de Valladolid, al que ha hecho creer que ha sentado cabeza y se ha casado, necesita presentarse ante él con su esposa. Pero de sus antiguas amantes ni Aurora, mujer de cabaret, ni Pepita, joven estudiante casquivana, ni Lola, casada y completamente reformada, aceptan la superchería. Marta accede, pero cuando quedan solos en la habitación, Fernando se duerme sin cuidarse para nada de Marta, que le confía su amor. Mortificada por el desinterés que inspira a Fernando y para evitar que la compadezcan por ser poco atractiva, propala que Fernando se aprovechó de la situación. Finalmente Fernando corresponde a Marta al descubrir la delicadeza y la fuerza del amor que ella siente por él.

Excepto la fina observación de la psicología femenina de Marta, esta farsa no tiene otra intencionalidad que la comicidad, provocada mediante dos mecanismos principalmente: la paradoja y la repetición.

La paradoja en las situaciones inverosímiles de los supuestos rivales que deberían pegarse y se dan abrazos y hacen amistades; la mujer virtuosa —Marta— que no quiere ser respetada; la de moral dudosa —Lola— que se dice decente o el hombre mujeriego —Fernando— que se duerme en una ocasión inmejorable para una conquista.

La causa de la presencia de Aurora, Pepita y Primitivo —en representación de Lola, su mujer— en el primero y tercer acto es la de producir un efecto cómico apoyado en las reacciones reiterativas de estos personajes ante una misma situación dramática.

Marta es el único personaje que alienta algo de vida en su finamente observada psicología. Es un tipo de «pobrecita», mujer en apariencia insignificante, pero con el suficiente carácter como para conseguir lo que se ha propuesto. Sin embargo, a diferencia de otros personajes de esta época, para lograr su objetivo no finge o altera su personalidad.

La hegemonía del aspecto cómico y la casi ausencia de personajes algo más que esquemáticos hacen de *Usted no es peligrosa* una divertida e intrascendente comedia.

En *La vida privada de mamá* (1956) Ruiz Iriarte emplea de nuevo el mismo procedimiento que en *Usted no es peligrosa*: un apunte de personajes basado en una reacción psicológica femenina —Teresa— y un enredo de farsa orientado a la comicidad y apoyado en la paradoja y la repetición.

Teresa, viuda extremadamente honrada, inmediatamente después de haberse casado su hija Marita recibe la visita de tres hombres que dicen haber vivido un amor con ella. Teresa descubre que está ya casada con uno de ellos, pero el aludido no quiere darse a conocer porque piensa que Teresa le ha engañado con los otros dos. Finalmente, Marita identifica al verdadero marido, Fernando, que pide perdón a Teresa por haber dudado de ella.

El personaje más importante es Teresa. Más que una ficción, Teresa vive una doble vida. Después de años de dedicación a su hija, siente el deseo del amor, de ser «otra», y su condición de viuda honorable y recatada pasa a ser una apariencia, cambia de personalidad. En esta adopción de un papel distinto se engendra una paradoja: la viuda virtuosa tiene en realidad múltiples amantes.

Hay un interés por desarrollar una tensión psicológica entre la duda de Fernando, que quiere saber toda la verdad, y la prueba a que lo somete Teresa negándose a identificar a su marido para castigarle por sus celos. A esto y a los deseos de amor de Teresa se reduce cuanto hay de humano en *La vida privada de mamá.*

El resto, mucho más aparente, busca la comicidad dentro de una situación fundamentalmente poco verosímil, pero revestida con tipos y comentarios extraídos de la realidad social.

El medio para provocar el humor consiste en el ingenio para buscar lo inesperado, el contraste paradójico: será Marita la que aconseje a su madre y proteja su inocencia, la que tome la iniciativa en su propio matrimonio con Alfredo, torpe y tímido; entre los rivales amorosos de Teresa se establecen relaciones amistosas; las amigas de Marita se dedican a buscarle hombres a Teresa; añádase la paradoja que supone en sí la situación principal de la viuda honesta teniendo que escoger entre varios pretendientes.

Al igual que las distintas amantes en *Usted no es peligrosa,* la presencia de los tres pretendientes de Teresa busca la comicidad por acumulación. También encontramos una variante en la reiteración: así como Primitivo en *Usted no es peligrosa* representa a su mujer, Lola, ante Fernando, del mismo modo, en *La vida privada de mamá* hay un cuarto hombre, don José, al que equívocamente se toma por aspirante a Teresa, pero que en realidad viene a comprar el piso.

El encadenamiento causal de situaciones está habilísimamente trabado, manteniendo hasta el final la tensión de la peripecia. En este ejercicio de pericia técnica y en el fino humor de las situaciones, bajo los que subyace, sin embargo, un somero contenido humano que distingue la obra de un puro vodevil, están los méritos de *La vida privada de mamá,* que no es, desde luego, de las más importantes comedias de Ruiz Iriarte.

Por último, también en Teresa aparece de nuevo el reflejo de un cambio sociológico en el papel de la mujer, concretamente la mujer viuda, en la España de los años 50.

Tengo un millón (1960) es, cronológicamente, la penúltima de las comedias de los años 50, seguida por *De París viene mamá.* Junto a un cambio en el ambiente social de los personajes, se da un incremento de la peripecia que hay que relacionar con el interés por el teatro policíaco y de misterio que por aquellos años se dio en España [29].

Mateo, un pobre cajero, y su mujer, Patricia, son un matrimonio en difícil situación económica. Mateo encuentra accidentalmente un millón de pesetas y decide quedárselo usando un truco de novela policíaca. Diversos personajes se presentan en su casa como propietarios del millón, pero al final se descubre que todos son más ladrones aún que Mateo y que a quien pertenece realmente es a Marita, una conmovedora chica cuya madre viuda lo había entregado a su amante. Mateo consigue expulsar a todos de su casa y quedarse con el dinero, plenamente consciente de su robo. Al final, frente a la chica, reacciona y le entrega el millón, recuperando así su tranquilidad de conciencia.

El ambiente detectivesco facilita, una vez más, la preponderancia de los aspectos técnicos del intenso movimiento escénico, manejado con soltura, y de una comicidad basada en las situaciones reiteradas que ofrecen los distintos pretendientes del dinero. Es, ciertamente, una situación básicamente disparatada, con resonancias jardielescas, pero ceñida a unos límites.

Tampoco en este caso falta la idea de fondo, la verdad en torno a la cual, casi inadvertidamente, gira todo el aparato humorístico de la farsa: la felicidad no se consigue más que limpiamente, no a base de renunciar a la nobleza y la libertad de conciencia.

Mateo es un desdichado al que la pobreza y la mediocridad social incitan a soñar. Al hallar el millón, cae en la tentación de apropiárselo y cambia de personalidad. Se hace «malo» cuando descubre la miseria con que los otros personajes han actuado y se decide a ser uno de ellos, abdi-

179

cando de su honradez. Finalmente recupera su personalidad «buena» al arrepentirse y termina más feliz y purificado que al principio, porque ha aprendido que el amor a su mujer y su propia nobleza son valores superiores a una riqueza adquirida de mala manera.

Como contrapartida, el autor presenta a Catalina, la viuda madre de Marita, a la que su necesidad de amor y su miedo a la soledad ha impulsado a entregar el dinero de Marita a su amante para que éste no la abandonara.

La variedad de personajes da al autor oportunidad de incluir una gama de tipos que son vehículos de un intencionado reflejo social en esta obra, menor dentro del conjunto dramático de Ruiz Iriarte.

De inferior categoría son otras comedias que el autor prefirió no publicar, con buen criterio a mi parecer. Son *También la buena gente...* (1957), *Una investigación privada* (1958) y *De París viene mamá* (1960).

Una investigación privada [30] tiene como asunto el tema de los celos en Gregorio, con un paralelo cómico en Clemente. El posible asunto dramático del vaivén entre la confianza y la desconfianza de Gregorio hacia su mujer está sin desarrollar. Lo más destacable de esta farsa es la habilidad con que el autor va tejiendo la acción conduciéndonos, por medio de dosificados equívocos, hacia conclusiones falsas para ofrecernos al final un ingenioso e inesperado desenlace.

Ninguno de los personajes pasa de ser un tipo en esta entretenida farsa, caricatura de los hombres celosos, dominantes y egoístas insoportables.

Desde el punto de vista del reflejo social, esta obra supone un testimonio humorístico de la reacción masculina ante la mayor libertad e independencia de la mujer en la vida conyugal y social para entrar y salir de su casa a su antojo, frecuentar reuniones o cuidar su físico en un gimnasio.

Una vez más el humor es un elemento destacado en la pieza, un humor cuyos resortes fundamentales son el equívoco, la paradoja y el cultivo de lo inesperado en la situación dramática.

El tema del sueño —el sueño de Manolita, que casi sin darse cuenta actúa como «la señora», y el de Ricardo, que cree reconocer en la pseudoMilagros a su sueño de amor—aparece de nuevo, con entidad, en la trama de la acción, en esta etapa de los años 50.

De París viene mamá [31] suscita muy semejantes comentarios a los merecidos por la anterior comedia. Se trata de una explotación cómica del vicio de la cleptomanía de Madelaine. La búsqueda de lo inesperado mediante el equívoco humorístico y la paradoja es aún más intensa que en *Una investigación*...

El efecto cómico va apoyado siempre en una situación dramática y no en ingeniosidades verbales: Pablo parece policía y es ladrón. Parece impresionado por el latrocinio de Madelaine y resulta que es por el de Máximo. Se creen cercados por la policía y es que hay otro robo. Se tienen por ladrones cuando en realidad no han engañado a nadie. A Madelaine la toman por una modista.

Bajo una peripecia concienzudamente organizada, no se oculta otra intención que entretener y ofrecer una visión irónica de algunos aspectos sociales, como la moralización ejercida por la censura cinematográfica del gobierno que convierte en hermanos a los amantes protagonistas, el esnobismo de las hijas que van a ver películas extranjeras en versión original sin entender una palabra del idioma o el papanatismo hispano ante las costumbres francesas.

No hay interés por configurar personajes y los problemas humanos que podían haberse planteado —la soledad del viudo Máximo, el conflicto de las hijas con su nueva madre, la timidez de Octavio— ceden ante el desarrollo de la acción y el humor en torno a la cleptomanía de Madelaine.

Los once críticos consultados por *Primer Acto* otorgan a esta obra la más baja calificación (número 17, X-60, 51).

De *También la buena gente*... no existe original. Las informaciones de que dispongo acerca del contenido son bastante curiosas. José Banus [sic] Sans (*Diario Español,* Tarragona, 5-IX-57) y A. Martínez Tomás (*La Vanguardia,* 13-XI-57) hacen una crítica elogiosa y destacan el ingenio y el predominio de la acción. Lo chocante es que la trama, los personajes y el motivo principal son los mismos que los de *De París viene mamá.* Máximo, viudo, va a París y se casa con Madelaine, que resulta ser cleptómana. Por lo que puede deducirse de estas críticas, hay modificaciones: Madelaine contagia de su vicio a toda la familia, incluidas las hijas, y después se arrepiente, pero esta «buena gente» termina en la cárcel.

Presumo que el estreno en Tarragona y Barcelona de esta pieza (vid. Bibliografía Primaria, 1.1.22) no satisfizo al autor y decidió refundirla alterando su título para el estreno en Madrid, que se verificó tres años más tarde (vid. Bibliografía Primaria, 1.1.26) por la misma compañía de Lilí Murati.

Existe, en cambio, una copia mecanografiada de una comedia titulada *¿Quiere usted tomar una copa?* [32] que no llegó a entrenarse.

Por el predominio de la acción, de la destreza para encadenar causalmente los acontecimientos en detrimento del dibujo de unos personajes humanos, opino que puede fecharse en la segunda mitad de los años 50.

En esta comedia, la intriga y la acción, que llegan a ser excesivamente rebuscadas, lo son todo junto a la situación fundamentalmente cómica que se produce por el encuentro y las discusiones entre cuatro mujeres de muy distinta condición. Bernabé, autor de novelas policíacas, emplea un truco detectivesco para hacerse pasar por el secuestrador y demostrar la inocencia de sus actividades.

El desarrollo de la acción está bien llevado y se propone crear un clima de expectación acerca de la identidad del secuestrador. Es, sin embargo, tan inverosímil y tortuosa como el motivo personal que lleva a Bernabé a tan complicada empresa: la falta de amor, el desinterés que provoca en las mujeres, le han enloquecido, y para su venganza ha llevado a la realidad los procedimientos del género policíaco que cultiva.

De los personajes, aparte los tipos femeninos ya conocidos, como la mujer imaginativa, la «golfa», la joven moderna o la casada tradicional, únicamente destacar el empleo de los gemelos como procedimiento para resaltar la oposición entre dos caracteres diferentes. Es el mismo recurso utilizado en *La guerra empieza en Cuba,* pero convertido en truco al servicio de un enredo y sin profundidad psicológica.

Es obra mediocre y ni siquiera llegó a estrenarse, pero es testimonio de la influencia de una determinada moda en el teatro español de los 50 y del dominio de Ruiz Iriarte sobre los resortes de la construcción dramática.

Alterando el orden cronológico que vengo observando, he dejado para el final el comentario de dos obras, ambas subtituladas «farsa», en las que tiene particular relieve la sátira y la dislocación espacio-temporal.

La cena de los tres reyes (1953) tiene los asuntos de la política internacional como base temática.

Tres reyes depuestos de sus tronos se reúnen en un albergue de montaña alpino para celebrar de incógnito la Navidad. Aparecen dos espías rusos que traen la misión de reponerles en sus tronos y restaurar las viejas monarquías. Entre equívocos y reconocimientos se produce la relación amorosa entre Paloma Monetti, una frívola actriz, y Federico, príncipe intelectual de ideas democráticas, frustrado porque no puede ocupar el trono que le corresponde y tímido de carácter. Paloma sufre una decepción cuando se entera de que Federico es el príncipe, porque en nada se parece a la idea que ella se había formado. Pero Federico, que la ama, se disfraza de Príncipe Azul y consigue enamorarla, renunciando al trono que le ofrecen los espías por el amor de Paloma. Los otros dos reyes también repudian los planes de restauración monárquica y los espías piden asilo político.

Esta inverosímil peripecia entra de lleno en el juego de una farsa que configura una especie de «mundo al revés»: los agentes secretos comunistas, aparte de ser populares y conocidos por todos, tienen como misión la restauración del orden y la jerarquía en la sociedad europea. Además, son elegantes y están acostumbrados al lujo, mientras los tres reyes cuentan que viven modestamente y en el fondo no tienen ningún deseo de volver a reinar. De manera especial, Federico es, por su porte, sus ideas democráticas y sus costumbres, lo menos parecido a un príncipe. El planteamiento de esta absurda situación, complementado por comentarios y frases en este mismo sentido, se encaminan a la consecución de un humor basado en la paradoja. Una paradoja que tiene como objetivo también la sátira de los vaivenes de la política internacional después de la segunda guerra mundial, de los oscuros intereses que la mueven, de los cambios operados en la Europa del siglo XX desde el mundo de las viejas monarquías de principios de siglo hasta las democracias. No hay que olvidar que en la España de los 50 existe un grupo de personas en la vida política que pide la restauración de la monarquía y que, quizá, también a ellos alcancen ciertos aspectos de la sátira (cfr. Alfil 11, 48-49).

Integrado en este aspecto de la farsa aparece, todavía con relieve, el tema del sueño como reminiscencia del teatro de imaginación de los años 40. Paloma cuenta que cuando era una pobre actriz de provincias:

> PALOMA.—... cerraba los ojos y soñaba. Me empeñaba en adivinar cómo sería de verdad aquel príncipe maravilloso que nunca salía a escena y, como tengo esta imaginación, hasta le veía... (...) vestido con su uniforme blanco y su gran capa roja.
> (Alfil 11, 34-35.)

Federico, pese a ser un príncipe, es un típico «pobrecito» que se enamora de Paloma. Pero ésta, inadvertidamente, le desprecia por su timidez y aspecto insignificante. Para conseguir el amor de Paloma es capaz de fingir, de cambiar de personalidad y de vestirse con el uniforme blanco y la capa roja con que Paloma sueña a su príncipe. Federico siente que su destino es ser rey, pero prefiere el amor de Paloma al trono que se le ofrece a cambio de hipotecar su libertad.

La guerra empieza en Cuba (1955) es, a mi entender, la mejor de las comedias escritas por Ruiz Iriarte en este período, por la habilidad y compenetración con que combina un humanísimo trazado de los personajes principales con una bien graciosa y perfectamente construida estructura de farsa. Los elementos humorísticos no son, en realidad, distintos a los que engendran el contenido humano y de aquí la impresión de unidad que da categoría a esta obra.

La acción se sitúa en la casa del Gobernador de una provincia de la España de finales del siglo XIX. El vigoroso e irónico retrato de ese ambiente provinciano hace pensar, como en el caso de *El pobrecito embustero,* en Arniches.

Se trata de una obra apoyada en uno de los temas

clásicos de la comedia: el equívoco de los gemelos, empleado por Plauto en *Menaechmi,* por Shakespeare en *The comedy of errors* o por Anouilh en *L'invitation au château* (1947). Ruiz Iriarte hace suyo este núcleo argumental y lo explota eficacísimamente dándole su propio sello: introduce una segunda pareja de gemelos —como *The comedy of errors*— que son como el contrapunto plenamente cómico de la principal pareja Adelaida-Juanita y, sobre todo, desliza sus propios temas y preocupaciones en este artificio tradicional del equívoco, sin subordinarse a los puros efectos cómicos que pueda provocar.

Adelaida es la esposa del Gobernador civil, que con su autoridad y rigidismo moral tiene sometida a toda la provincia como un cacique. La llegada imprevista de su hermana melliza Juanita, mujer de vida alegre cuya existencia había ocultado escrupulosamente la familia, pone en peligro la reputación de Adelaida. El favoritismo de sus padres hacia Adelaida provocó la huida de Juanita con un ingeniero y la deshonra de la casa, que evitaron trasladándose desde Cuba a España. Juanita, después de ser abandonada por el ingeniero y de llevar una vida de privaciones, se presenta en el hogar de Adelaida para vengarse. Los equívocos que se producen inmediatamente después de su llegada —especialmente con Javier, un militar libertino— la inducen a aprovechar su semejanza física para hacerse pasar por Adelaida y desacreditarla. Pero Adelaida se adelanta haciéndose pasar por Juanita y en su simulación descubre el valor de la alegría y el amor. Por su parte, Juanita, enamorada de Javier, desiste de sus planes y abandona su odio.

El rapidísimo y rectilíneo desarrollo dramático, tan ágil que casi no se advierte que toda la acción se desarrolla en un mismo espacio escénico, es mucho más variado y jugoso que lo que puede desprenderse del precedente esquema argumental. En lo omitido se incluye una graciosa sátira del teatro romántico y sus derivaciones (cfr. capítulo I, 9) y abundantes situaciones cómicas basadas en la paradoja y el puro equívoco provocado por el otro par de gemelas, Rosita y Teresita.

Sin embargo, lo más relevante de esta farsa satírica y lo más original en relación con el empleo del «truco» de los gemelos es el modo como aprovecha ese recurso, subordinándolo a la expresión del tema del cambio de personalidad que venimos encontrando a lo largo de este teatro de los años 50. Ruiz Iriarte practica de nuevo su técnica de la verdad escondida en la farsa, que esta vez se centra en el clásico «quid pro quo» identificativo entre gemelos.

Pero supera el estado cómico de la mera confusión de individuos, que se da en las dos hermanas, Rosita y Teresita, para ir más allá en el dúo Adelaida-Juanita. En éstas se produce un intercambio de personalidades, una evolución psicológica que esconde una idea capaz de conmover. Cada una de las dos hermanas actúa según una identidad ficticia, una máscara de la que acabará desprendiéndose para adaptarse a su auténtico ser.

Juanita, de aspecto y lenguaje vulgar y dudosa conducta, regresa sin otra intención que la venganza: destruir la posición social de Adelaida revelando que pertenece a una familia deshonrada. Bajo esa envidia y ese odio aparentes descubre la injusticia que cometieron con ella sus padres privándola del amor que necesitaba (cfr. Alfil 142, 31). Juanita es un ser necesitado de amor; por eso, cuando Javier y ella se enamoran, cambia interiormente, abandona sus rencores y recupera su auténtica personalidad.

La transformación de Adelaida es más sutil. Su rigidismo moral es un papel asumido desde la infancia por envidia a la alegría de su hermana y por el egoísmo de disfrutar en exclusiva del cariño de sus padres, que quieren hacer de ella una gran dama para figurar en sociedad. Tras la huida de Juanita, su madre y ella ponen los prejuicios sociales por encima de la unidad familiar y se trasladan a España para conseguir un buen marido al que, naturalmente, ocultan el deshonor. Su severidad moral es una ruin careta del amor propio.

La pretensión de Juanita de suplantarla delante de la gente resucita la envidia de tiempos infantiles, porque comprende que cuando Juanita desaparezca, todos apreciarán su alegría y recordarán a la «otra» Adelaida (cfr. ibídem, 87). Por orgullo decide adelantarse y comienza a comportarse amorosamente y sin autoritarismo. Con esta experiencia descubre su otra personalidad, la auténtica, y termina cambiando realmente y gozando de la estimación ajena.

Creo que las relaciones entre Adelaida y Juanita son algo más que el puro juego de la farsa. Son un esperanzado canto al eterno tema humano del amor y la generosidad. El amor es una necesidad de hombres y mujeres que todo lo hace posible: que Juanita abandone su odio y Adelaida su rigidez egoísta que hace infelices a los demás. Por contra, la ausencia de afecto hizo a Juanita rencorosa y el egoísmo convirtió a Adelaida en un ser sin comprensión, imposible de ser amado. Dos personalidades fingidas que finalmente recuperan su auténtica sustancia, que es la misma en los dos casos (cfr. ibídem, 87).

Entre las comedias de los años 50, *La cena de los tres reyes* y *La guerra empieza en Cuba* tienen en común su carácter de sátira y un cierto exotismo, espacial en el primer caso y temporal en el segundo, que les hace constituir un subgrupo. Ese mayor despego de la realidad inmediata universaliza su mensaje, especialmente en el caso de *La guerra...*, y facilita un más intenso cultivo de esa vertiente farsesca que oculta la verdad de todos los días. Pero no debemos olvidar que son obras compuestas en los años 50 para un público español de los años 50. Si el blanco de la sátira en *La cena...* apuntaba al tránsito de las monarquías a las democracias, el ambiente de la «guerra fría», etcétera, *La guerra...* bien podría ser también una sátira de la rigidez moral de la posguerra, a la que seguramente no serían ajenos los espectadores.

4.1.2.3. *Teatro de reflejo social: conclusiones*

1. El teatro de Ruiz Iriarte en los años 50 puede caracterizarse en cuatro puntos: desarrollo de los personajes, humor, propensión a la farsa como forma dramática, reflejo social.

Naturalmente, estos cuatro puntos no se dan de forma aislada y químicamente distinguible, sino que son vías de acercamiento a una misma y única realidad. Si hubiera de señalarse alguna de estas características como punto de partida, principio unificador o intencionalidad inicial, escogería el último: el reflejo social. Pero un reflejo que no está exento de una deformación humorística que, por serlo, otorga a la risa o, mejor, a la sonrisa un contenido moral o crítico.

No me parece ocioso volver a citar las palabras con que el autor se refiere a su teatro de esta época:

... la realidad inmediata aparece, con intención, traducida a la farsa. Y la verdad de las cosas, envuelta en cierta caricatura, se diluye un poco. Pero, de

187

todos modos, esta verdad se halla siempre presente, protagoniza la acción y toda la peripecia gira a su alrededor.

Esa «verdad de las cosas» poco tiene que ver con los problemas políticos, sociales, económicos de la España de los años 50, entendidos como problemas de unos grupos humanos constituidos como tales por su relación de oposición o protesta con el régimen de Franco o con los condicionamientos impuestos por su política.

Es cierto que estos temas «sociales», en el sentido que habitualmente se da a este adjetivo, no aparecen en el teatro de Ruiz Iriarte. De ahí su inevitable encasillamiento en el «teatro de evasión», «teatro burgués», «comedia de la felicidad» y similares denominaciones. Se le acusa de producir un teatro de consumo que entretiene y tranquiliza las conciencias de su público bienpensante, haciéndole olvidar las realidades desagradables mediante un alejamiento y una desconexión entre la situación social española y el mundo de ficción de su teatro (vid. capítulo III, 1 y 2, donde trato más detenidamente de estos juicios) [34].

Produce extrañeza contrastar estas opiniones con diversas manifestaciones del parecer de Ruiz Iriarte acerca de las relaciones entre teatro y sociedad.

> La verdad de la crisis del teatro en nuestros días, entre nosotros, es una pura y tremenda desavenencia espiritual entre el teatro y el mundo que lo circunda (...). El teatro no es otra cosa que un eco del modo de ser en que se nutre y luce.
> («El teatro, su gracia y su desgracia», 1945.)

> ¿Puede evitar el autor, aunque se lo proponga, que en su obra aparezca, objetiva o subjetivamente acusada, captada en alguno de sus diversos y múltiples matices, esa realidad social? El autor es una consecuencia de su ambiente, una resonancia de su época; su voz y su acento son, quiérase o no, la voz y el acento del mundo que lo produce.
> (*El teatro de humor...*, año 1966, 197.)

> El teatro de hoy, como el de ayer y de mañana, es un puro receptáculo de los latidos de su tiempo (...). Hasta en la ficción más desprendida de la realidad

inmediata, en teatro llamado de evasión, que es, por fortuna, un teatro irremediable y eterno, que surge por una razón poética intemporal, se descubre bien visible la huella del presente.
(EFE, Servicio Exterior, 4-IV-66.)

El teatro no influye para nada en la sociedad. Nadie modifica en la vida su conducta después de haber visto una comedia. En cambio, la sociedad sí influye, y decisivamente, en el teatro, no sólo en cuanto a los temas, sino en la pura expresión de cada momento.
(*Amanecer*, de Zaragoza, 8-VII-71.)

El origen de la discordia está en el entendimiento de qué realidad es aquella de que puede o debe nutrirse legítimamente el teatro.

Rastreando este aspecto en las obras comentadas y en los artículos periodísticos que compone por esos años (vid. Bibliografía Primaria, 4.2), se observa como denominador común un interés por reflejar la evolución de los modos de vida y de la sensibilidad de la sociedad española de su tiempo, desde un punto de vista general, con la perspectiva de una mentalidad de sociólogo (cfr. III, 3.1). Como objeto de su observación Ruiz Iriarte escoge el sector social que, a su entender, es el motor de las transformaciones de la sociedad y que coincide con el que él mejor conoce: la clase media acomodada.

— ¿Se siente comprometido con la realidad social española?
—Lo he procurado. Con un cierto aspecto. Cada autor tiene el suyo. Contra muchas opiniones, cada obra tiene un contenido social, un testimonio.
(*Cine en 7 días*, de Madrid, 30-XII-72.)

Por tanto, para delimitar los aspectos concretos que son objeto de reflejo social en el teatro de Ruiz Iriarte hay que tener en cuenta, primero, que se trata de una «realidad traducida, con intención, a la farsa», es decir, que no aparece limpiamente, sino que, bajo la deformación humorística, hay que buscar la imagen concreta de que parte.

En segundo término, no debe olvidarse que Ruiz Iriarte no retrata toda la sociedad, sino una parcela de ella —la burguesía— que se estima como la principal impulsora de las evoluciones de la sociedad.

La transformación social más ampliamente dramatizada por Ruiz Iriarte es la de la posición de la mujer, casada, soltera o viuda. El autor explica la sustancia de ese cambio de la siguiente forma en uno de sus artículos periodísticos:

> Donde de verdad se ha operado una rotunda transformación es en el espíritu femenino. Estas intrépidas mujeres de hoy, terriblemente separadas, en lo sentimental, de sus madres, han decidido llorar en silencio lo menos posible. Y con una gracia infinita —a la que yo rindo mi fervoroso homenaje— se han lanzado a vivir con el más jubiloso e inteligente sentido de la vida. El marido —ese ser egoísta por naturaleza— lo pasa muy bien con su pimpante mujercita y no siente la menor nostalgia por su perdida libertad.
>
> («Los maridos han cambiado mucho», *Informaciones*, 22-VII-49; *UPM*, 62.)

Este interés por la mujer se demuestra inmediatamente por la abundancia de personajes femeninos. En *Las mujeres decentes* (Paulina y Paloma), *Juegos de niños* (Cándida), *La soltera rebelde* (Lupe), *Cuando ella es la otra* (Verónica), *Usted no es peligrosa* (Marta), *La vida privada de mamá* (Teresa), *La guerra empieza en Cuba* (Juanita, Adelaida), los principales personajes son mujeres..No lo son, pero hay un claro desarrollo de psicología femenina, en *El aprendiz de amante* (Catalina), *El pobrecito embustero* (Rosalía, Magdalena, incluso Victoria), *La cena de los tres reyes* (Paloma) y, de forma más episódica, *Tengo un millón* (Carolina).

En todas las comedias de este período hay, por lo menos, una psicología femenina [35].

A través de estas comedias Ruiz Iriarte da a conocer la existencia en la sociedad española de un progresivo abandono por parte de la mujer de su papel exclusivo de esposa y madre, de aspirante al matrimonio o de viuda recatada. Ruiz Iriarte contempla con simpatía la activa participación de la mujer en la vida social, el desarrollo de su capacidad intelectual y una igualdad de costumbres y libertad respecto al hombre.

Cándida (*Juego...*), Verónica (*Cuando ella...*), Catalina (*Aprendiz...*), Rosalía y Victoria (*Pobrecito...*), Paloma (*Las mujeres...*), encarnan diversos problemas en torno a la mujer casada y al matrimonio. Cándida y Verónica son dos mujeres «a la antigua», sumisas y pasivas, que preservan la unidad conyugal, pero que se ven en la necesidad de convertirse en el tipo de la mujer casada moderna para asegurar la fidelidad de sus maridos. El título de *Cuando ella es la otra* es bien alusivo respecto a esta transformación. Rosalía y Victoria encarnan separadamente los dos tipos de mujeres casadas con tensiones de envidia y falsedad.

En Catalina y Paloma no se da una clara oposición entre dos patrones de comportamiento en la mujer casada, pero las dos, para resolver su problema matrimonial, actúan con una iniciativa y libertad impropias de una esposa tradicional.

El caso de Lola en *Usted no es peligrosa* resulta cómico precisamente por la regresión que supone: sus relajadas costumbres de soltera se convierten en austero y estricto cumplimiento de sus deberes de esposa (Cfr. Alfil 118, 26 y 33-34).

En Milagros (*Una investigación privada*) no hay cambios de conducta, sino que es la reacción del marido ante la independencia que practica su mujer.

Ruiz Iriarte relaciona directamente la situación de la viuda con el sentimiento de soledad, mitigado inicialmente por la dedicación a los hijos, pero que resucita cuando éstos —generalmente una sola hija— abandonan el hogar materno.

El caso más claro es Teresa en *La vida privada de mamá*, que mediante su doble vida resuelve el problema antes de que se plantee.

Son viudas también Carolina (*Tengo un millón*), Anita (*Esta noche es la víspera*) y Adelaida (*La soltera rebelde*). El caso de Adelaida tiene poco relieve en este aspecto, pero los de Carolina y Anita coinciden con el problema de la soledad de Teresa. Carolina, acuciada por su necesidad de amor y compañía, entrega a su amante el dinero de su hija Marita. A Anita, bajo su apariencia frívola y voluble, esa misma necesidad la impulsa a viajar a París con un dudoso propósito.

Recordemos también, dentro de las obras de la etapa anterior, el caso de Margarita, joven y hermosa viuda que forja y obtiene un sueño de amor (*La señora, sus ángeles y el diablo*).

El comportamiento de estas viudas refleja la existencia de unos modos de vida distanciados del patrón de recato y fidelidad al difunto marido que eran tradicionales.

Ruiz Iriarte dramatiza el tema de la solterona en dos ocasiones y con distinta intensidad. Lupe, en *La soltera rebelde,* es el personaje principal, mientras el problema de Magdalena —idéntico en esencia al de Lupe— es secundario en *El pobrecito embustero.* En los dos casos se trata de mujeres sensibles y aptas para el amor, que no pueden lograrlo por un problema de carácter combinado con la incomprensión de los demás. La envidia a las cualidades personales de sus respectivas hermanas —Adelaida y Victoria— provoca el repliegue de Lupe en su mal genio y el de Magdalena en sus rezos. Estas dos mujeres recuerdan a la protagonista de *La señorita de Trevélez,* de Arniches, en sus ansias de amor y también en el doloroso final en que concluyen, abierto únicamente a la melancolía.

Las mujeres solteras que aparecen en las comedias de este período tienen en común la independencia del propio entorno familiar y la agresividad frente al hombre. Así ocurre con Paulina, la novelista de *Las mujeres decentes,* y Marta, la vecina de *Usted no es peligrosa.* Los ribetes de inmoralidad —los supuestos amores escandalosos de Paulina, la noche de Marta y Fernando— se acentúan en Patricia (*Cuando ella es la otra*), que es una profesional en el trato con los hombres, y en Manolita, la secretaria de *Juego de niños,* que corre una aventura con su jefe, Ricardo.

Si las dos primeras mujeres van a la búsqueda del matrimonio, las dos segundas, especialmente Patricia, no manifiestan aspiraciones en este sentido. Excepto el caso de Marta, que no se dice, las otras tres tienen un modo de vida propio y una independencia económica.

La aparición en este período del mundo de los jóvenes da oportunidad a Ruiz Iriarte para hacer un retrato de las también cambiantes relaciones entre chicos y chicas jóvenes. La novedad fundamental consiste en que las chicas persiguen y se declaran a los chicos. Nos lo da a conocer Tony con sus comentarios en *Juego de niños,* lo mismo que el comportamiento de Maité, que termina manifestándole su amor. Con la misma iniciativa actúa Loreto con Pedrín en *El pobrecito embustero*. Mónica es la que da los primeros pasos con Pepito en *La soltera rebelde*. En esta misma obra Maty coquetea con distintos chicos a la vez. Caso extremo de este coqueteo múltiple es Pepita en *Usted no es peligrosa*, que cambia de carrera según sea la de su nuevo amante.

Otros tipos de mujeres representadas son la «golfa» —*Aprendiz*…: Manolita; *Tengo un millón*: Juanita; *Esta noche*…: Rosa; *El landó*…: Margarita; *La guerra empieza*…: Juanita—; la doncella —*Juego de niños*: Rosita; *Una investigación privada*: Manolita—; la florista callejera —*Café de las flores*: Cris; *El landó*…: Rosita.

Diversos autores se hacen eco de las libertades que se toma en ocasiones Ruiz Iriarte pintando personajes y situaciones atrevidas, opuestas completamente a la moral [36].

No hay que concluir que Ruiz Iriarte sea un feminista o que propugne una moral sexual libertaria. Los matrimonios se reconcilian y las cosas terminan bastante bien. No obstante, es evidente que Ruiz Iriarte se hace eco ampliamente en su teatro de un punto en la evolución social que tiene una indudable repercusión: el papel cambiante de la mujer en la familia y la sociedad.

La profesora Boring, que es bastante sensible a estos temas, afirma en «The comedy of Víctor Ruiz Iriarte: mirror of the middle class morality» (*Estreno,* X, 1, 1984, 3-6) que el autor refleja un estado de cosas respecto a la mujer y al sexo que no se corresponde con la moral nacionalcatólica del franquismo.

Dado este intenso cultivo de los personajes femeninos, no sería de extrañar que el público adicto al teatro de Ruiz Iriarte estuviera mayoritariamente integrado por mujeres.

Otros aspectos de la sociedad española que encuentran reflejo en su teatro son la diferencia de ambiente y costumbres que se da entre Madrid y el resto de las provincias, siempre aprovechado con un fin cómico, o las diferencias entre las jóvenes generaciones y los mayores. *Juego de niños* y *La soltera rebelde* son las obras en que aparecen grupos de gente joven. Aparte del ya comentado de las relaciones sentimentales, otros aspectos testimoniados son la afición al deporte, el empleo de un lenguaje diferente, el dejarse crecer la barba, diferentes costumbres y atuendo y, cargada de ironía, la tendencia hacia el existencialismo y la intelectualidad angustiada, como Maty en *La soltera rebelde* [37]

El reflejo social se extiende también a otros terrenos dispersos como, por ejemplo, el de la arquitectura interior de las casas modernas, marcada por la tendencia a lo práctico y lo «confortable» —como empieza a decirse por entonces— y por la introducción de amplias terrazas contiguas al salón. Señalo este detalle, que comienza con *Juego de niños,* porque Ruiz Iriarte lo emplea repetidas veces como técnica para la entrada y salida de personajes [38] en comedias posteriores.

Pérez Minik considera a nuestro autor como un «curandero de la realidad» junto a López Rubio y Neville, pero añade también que, de los tres, Ruiz Iriarte es el más cercano a la realidad que retrata (*Teatro europeo contemporáneo,* 458-59). Por mi parte, he señalado los dos presupuestos con que debe contemplarse el reflejo de la sociedad que Ruiz Iriarte hace en sus obras: la deformación farsesca y la limitación a la clase media acomodada. Desde este punto de partida, creo poder afirmar que su teatro tiene un innegable y permanente valor documental.

Allí aparecen testimonios de conductas censurables matizadas —o intensificadas, no es fácil determinarlo— por el humor y relacionadas con la caridad oficial de los ricos, las diferencias sociales [39] y, más frecuentemente, el esnobismo, la vanidad o el egoísmo que se esconden tras ciertas actitudes. En la conducta de sus personajes se aprecian grietas en la rigidez de costumbres de la España de aquellos años. *La guerra empieza en Cuba,* con distanciación temporal, apunta a una sátira de esa inflexibilidad.

En general, el hecho de que un personaje tenga que mentir, aparentando unas cualidades que no tiene, para ser apreciado por los demás, ¿no supone una sutil denuncia de la frivolidad e hipocresía, de la existencia de una incapacidad social para reconocer las auténticas virtudes de las personas?

En conclusión, no parece exacto considerar estas obras como «evasivas». Están bien volcadas hacia la realidad de su tiempo. El mundo que el autor retrata es el de la burguesía, el mismo que va a presenciar sus comedias y —no lo olvidemos— cualquier otro tipo de teatro en los años 50. Ruiz Iriarte coloca al público enfrente de sí mismo, sin que por ello sea un «teatro de clase».

Estas comedias, en cuanto a su relación con la sociedad, pueden ser censuradas por haberse limitado a un sector social —precisamente el que va al teatro —o por haber escogido como mecanismo de reflejo —y de crítica— el humor de la farsa. Pero no por hallarse despegadas de la realidad social en que han surgido.

2. Otro de los puntos que he distinguido como característicos del teatro de Ruiz Iriarte en estos años es el desarrollo de los personajes.

Se recordará que al comentar el «teatro de imaginación» de los años 40 aludí como principal fallo y probable causa del escaso éxito de estas obras al esquematismo y la excesiva dependencia de los personajes con respecto a la idea de que eran portadores. En el tránsito del «teatro de imaginación» al «teatro de reflejo social» puede señalarse, como clave de distinción el desarrollo de personajes principales, primariamente el descubrimiento del «pobrecito» en *El aprendiz de amante*. Esta figura es un hito en la dramaturgia de Ruiz Iriarte comparable al teatro en torno a una idea, generalmente el «sueño de amor».

En esta mayor atención al trazado psicológico de los personajes, Ruiz Iriarte encuentra su camino como dramaturgo y obtiene el éxito de público.

En la visión general a esta etapa de los años 50 (4.1.2.1) he adelantado lo sustancial en cuanto al desarrollo dramático de los personajes: el cambio de personalidad como requisito para la obtención de un objetivo que resulta inasequible al personaje en su modo de ser actual.

No hay ruptura con el «teatro de imaginación», sino continuidad. Como hemos visto, las dos etapas se solapan cronológicamente —*El aprendiz*... está escrita en 1947 y *El café de las flores* en 1953—, y eso indica que esta vía del «reflejo social» es la que prevaleció entre otras que Ruiz Iriarte podía haber tomado en su propósito de llegar al público con eficacia. De hecho, lo que se verifica es una concreción de la idea del sueño en objetivos determinados que impulsan a los personajes a actuar. La mayor acción determina un incremento de los conflictos entre personajes —no entre ideas, como tendía a suceder en los años 40— y de la situación como elemento dramático por excelencia. La concreción de los personajes y de sus aspiraciones conduce a un acercamiento a la realidad inmediata.

A su vez, la peculiaridad de la acción que desarrollan los protagonistas, consistente en un cambio de personalidad, propicia la entrada franca de un humor basado en la paradoja, en el cambio de papeles, en el acaecer de lo inesperado.

Es decir, las cuatro características que estamos comentando están íntimamente relacionadas, mutuamente causadas y sólo teóricamente pueden ser distinguidas.

De los comentarios realizados sobre cada una de las comedias se deduce una primera distinción dentro del censo de los personajes: los que, como Andrés, Cándida, Marcelo, Lupe, Adelaida-Juanita, contienen una auténtica verdad que explica sus psicologías y los que son puro resultado del juego de la farsa.

De entre estos personajes que esconden una humanidad latente y que los críticos han denominado como «"authentic" individual», y más frecuentemente «pobrecito-a», yo distinguiría dos grupos generales: el «pobrecito» y el «contemplativo».

El «pobrecito» se caracteriza por la adopción de una personalidad distinta a la suya en busca de un objetivo. Es lo que Boring denomina «role playing». No todos se someten a un mismo patrón y los matices diferenciadores son variados.

Una secuencia de ese proceso de cambio de personalidad, con sus variantes, podría ser la siguiente:

1. Todos parten de una insatisfacción inicial. Por su modo de ser no consiguen la estimación ajena en forma, generalmente, de amor. Este es el origen del conflicto.

2. Para lograr la estima de los demás cambian de personalidad recurriendo a una ficción o bien haciendo una tentativa de superarse, pero sin que el engaño esté en el origen de esa decisión (vid. lo que digo más adelante en 4.2).

i. A la ficción acuden Andrés y Catalina en *El aprendiz...*, que viven pendientes de la falsa imagen de donjuán que ha forjado Andrés. Paulina y, en menor medida, Paloma (*Las mujeres decentes*) inventan aventuras escandalosas con un Jerónimo inexistente. Cuando Federico (*La cena de los tres reyes*) se viste de Príncipe Azul intenta colmar una ficción de Paloma. Lorenzo, Rosalía y Victoria (*El pobrecito embustero*) inventan, respectivamente, una enfermedad, un marido y una brillante vida social. Cándida (*Juego de niños*) finge un amorío con Marcelo.

Las ficciones de Verónica (*Cuando ella...*) y Adelaida-Juanita (*La guerra...*) tienen tan amplio desarrollo que casi nos hacen olvidar que sus auténticos caracteres están en contradicción con su engañosa apariencia.

ii. La tentativa a que recurren otros personajes no supone, en principio, engaño que engendre cambio de personalidad. Es el caso de Lupe cuando va a la búsqueda de un beso (*La soltera...*) o el de Mateo (*Tengo un millón*) cuando se apropia del dinero.

En *Usted no es peligrosa* Marta levanta una calumnia contra Fernando y se presta a fingir el matrimonio ante el tío de éste. Hay engaño, por tanto. Pero un engaño puramente instrumental y desvinculado de un cambio de personalidad en Marta. Esta, sencillamente, se decide a conquistar a Fernando por cualquier medio —el engaño—, pero su audacia procede de sí misma y no de una ficción exterior.

Igualmente, en Teresa (*La vida privada...*) el cambio de personalidad de viuda recatada a mujer que busca el amor no tiene origen en un embuste, sino en una decisión propia. El engaño, el juego apariencia-realidad, existe, pero como cobertura de una decisión propia y no como su motivación.

3. Efectuado por uno u otro medio el cambio de personalidad, unos personajes consiguen su objetivo y otros no.

En *El aprendiz...*, Andrés y Catalina tienen que renunciar a la aureola de seductor que han inventado y mantenido para el protagonista. De igual manera, a Paulina se le desmorona el Jerónimo de su imaginación (*Las mujeres decentes*); Adelaida y Juanita abandonan sus personalidades ficticias (*La guerra...*). Lorenzo descubre voluntariamente su falacia y tanto a Rosalía como a Victoria se les impone la fuerza de la verdad por encima de sus argucias (*El pobrecito...*). Lupe (*La soltera...*) y Mateo (*Tengo un millón*) dan marcha atrás en sus respectivas decisiones de superar el complejo y quedarse con el dinero.

En cambio, logran su propósito Federico (*La cena...*), que con su disfraz de Príncipe Azul enamora definitivamente a Paloma; Cándida, que con su aventura con Marcelo atrae de nuevo a Ricardo, su marido (*Juego de niños*); Verónica (*Cuando ella...*), que es capaz, por amor, de cambiar de modo de ser para que Gabriel sea feliz; Marta, que logra enamorar a Fernando (*Usted no...*), y Teresa (*La vida privada...*), que, efectivamente, consigue vivir nuevos amores.

4. El éxito o fracaso en la ficción o la tentativa no implica necesariamente felicidad o desgracia, respectivamente. En este último momento es cuando Ruiz Iriarte revela qué zonas de nobleza o egoísmo hay en esos cambios de personalidad.

Aprendiz...: Cuando el egoísmo y la vanidad de Catalina obligan a Andrés a aparentar lo que no es, por miedo al ridículo, el matrimonio se rompe. Andrés, al aceptarse como es, recupera algo de su paz. Sólo cuando Catalina, ayudada por Manolita, cambie y descubra el auténtico ser de Andrés, ambos podrán ser felices.

Las mujeres decentes: Descubierta la superchería de sus amores con Jerónimo, Paulina, aunque a regañadientes, prescinde de su falsa fama de «indecente» y emprende una nueva vida con el auténtico Jerónimo.

Cuando ella...: Verónica, al jugar el papel de la mujer moderna o comportarse como es en realidad, consigue la fidelidad y la felicidad de Gabriel. Paradójicamente, ella es un juguete de los caprichos del marido, aunque parezca lo contrario.

Juego de niños: Cándida recupera a su marido dándole celos con el profesor de francés, Marcelo, que se presta a una ficción porque en realidad ama a Cándida. El desenlace no es un «happy end» porque la falsedad ha tenido una víctima imprevista: el profesor Duval. Cándida ha recuperado a Ricardo sólo transitoriamente —al menos no hay evidencias para pensar que la reconciliación vaya a ser duradera— y se ha hecho daño a los nobles sentimientos de Marcelo [40].

La soltera rebelde: El esfuerzo de Lupe por superar su carácter no se cumple plenamente. Lupe prefiere llevarse un hermoso recuerdo de Esteban, que la ayudará a hacer más leve su soledad, antes de casarse con él. Sin embargo, la más importante consecuencia de su lucha está en haber logrado que Mónica abandone una personalidad impuesta por su envidia y se abra al amor.

Usted no...: Marta, gracias a su audacia y a su astucia, consigue manifestar a Fernando el amor que siente por él.

La vida privada...: Asistimos a un conflicto entre tres amantes provocado por la firme decisión de Teresa de volver a vivir el amor, lo cual, evidentemente, se ha conseguido.

Tengo un millón: Mateo, al desprenderse de su falsa imagen de «hombre malo», recupera la paz y la felicidad.

El pobrecito embustero: Las mentiras de Lorenzo, Rosalía y Victoria producen víctimas: Loreto y Pedrín, Lorenzo y Magdalena, y Rosalía, respectivamente. Sólo el abandono del engaño —más o menos voluntario— y la aceptación de la propia idiosincrasia y la de los demás trae consigo un final feliz.

La cena de los tres reyes: En lo que tiene de asunto amoroso, Federico es capaz de cambiar su identidad, ajustándose a los sueños de Paloma.

La guerra empieza en Cuba: La renuncia de Adelaida y Juanita a sus respectivas personalidades ficticias determina el triunfo del amor en sus vidas.

Este proceso lineal que acabo de describir no se da así en todas las obras, sino que el autor introduce variantes y graduaciones que hacen ricos y humanos a los personajes: nos hace creer que Juanita y Adelaida, Verónica, Mónica y Victoria son de una determinada manera, para descubrirnos después, brevemente, su auténtica personalidad. La estratagema de Cándida para recuperar a su marido rebasa los límites de la ficción y se introduce en el terreno de la verdad.

De los personajes que contienen una psicología humana por encima del juego de la farsa hay un segundo grupo, distinto a éste de los «pobrecitos». Es el de los que podrían denominarse «contemplativos». Su rasgo distintivo consiste en la aceptación de sí mismos, en el reconocimiento de sus propias limitaciones. La ausencia de ambición en lo que a ellos se refiere, les libra de eventuales vaivenes de carácter y les otorga un cierto aire de «sabios» o experimentados frente a los «pobrecitos» que intentan salir de su insatisfacción. Si alguna vez tuvieron sueños, hace tiempo que renunciaron a ellos y ahora son medianamente felices con su sosiego y su conformismo.

No están exentos de sentir el amor, pero, para lograrlo, no alteran su fisonomía interior, sino que se ofrecen como son, con su mediocridad y sus virtudes. En su aspecto exterior tienen en común el desaliño.

Este personaje aparece ya con sus notas en *Academia de amor* (1946) con Luciano:

LUCIANO.—Hay otra clase de hombres que no han
llegado hasta usted nunca: son los hombres como yo. Hombres sin ambición, sostenidos nada
más que por la alegría de ver la vida, felices en
medio de esta melancolía de la soledad (...). Un
solitario es un hombre que acaba olvidándose
de sí mismo y sólo tiene los ojos abiertos para
contemplar la aventura ajena. Somos como los
niños, dichosos con la felicidad de los héroes...
(*3CO*, 125; subrayado mío.)

Quizá el caso más típico sea Esteban, el organista de
La soltera rebelde:

LUPE.—¿Quién es usted?
ESTEBAN.—¡Je! Lo que ustedes decían. Un pobre
hombre. El organista... Nadie. (...) de verdad
soy un pobre hombre (...). Yo soy uno de esos
hombres que jamás tienen prisa, que nunca van
a ningún sitio (...). Uno de esos hombres que
cenan solos en el rincón de una tabernita barata.
(...). La gente dice que soy un bohemio y un
perezoso. Pero lo que yo soy de verdad es un
vagabundo.
LUPE.—¿Y... sólo eso?
ESTEBAN.—¿Para qué más? (...). Vivo como quiero. Como me gusta vivir. ¡Soy feliz! (...). Hay
algo más emocionante y más divertido que vivir
uno mismo y es ver cómo viven los demás. (...).
¡La gente hace tantas tonterías!
(Alfil 37, 44-45.)

Esteban está enamorado de Lupe, le enseña a vivir el
amor y, cuando la soltera decide regresar a Montalbán,
goza sabiendo que ella no podrá olvidarle, casi sin dolor.

También Marcelo Duval, el profesor de *Juego de niños*,
es un «contemplativo», aunque no idéntico a Luciano y
Esteban. Como éstos, no cambia de personalidad, se conoce
y se acepta como es, pero tiene la entereza de hacer ante
Ricardo, el marido, una vibrante defensa de sí mismo:

A usted le resulta cómica esta hipótesis [que él sea
el amante de Cándida] sencillamente porque soy un
pobre hombre. ¡Sí! Un humilde profesor de fran-

200

cés desaliñado, torpe y tímido que pasa inadvertido en todas partes.

(Alfil 8, 43.)

Prestándose a la componenda que le propone Cándida no finge, sigue siendo el mismo, porque él realmente está enamorado de ella y sabe que no puede aspirar a hacerla suya. En principio, se conforma con que crean que finge. Al final, la resignación y su conformismo, teñidos de dolor, son una enseñanza para Ricardo y para Cándida. A éste hace ver su vanidad, su egoísmo y el valor de su mujer; a Cándida hace experimentar de nuevo el amor y descubrir lo peligroso que resulta jugar con los sentimientos.

Magdalena, la soltera beata de *El pobrecito...*, no es propiamente una «contemplativa», porque no se acepta íntegramente como es, se siente insatisfecha por su fracaso amoroso. Carece, sin embargo, del dinamismo de los «pobrecitos», no intenta nada, se conforma. Pero, como Luciano, Esteban o Marcelo, enseña algo a los demás. Por la confesión de Magdalena, Rosalía aprende a amar a Lorenzo, dando al olvido sus fantasías.

Jerónimo (*Las mujeres decentes*) y Bobby (*Cuando ella...*) tienen menor entidad dramática, pero participan de las cualidades del «contemplativo». Jerónimo se ha arruinado haciendo el amor a las mujeres y no tiene ningún inconveniente en convertirse en taxista. Aristócrata o cochero, sigue siendo interiormente el mismo: un conformista que se deja llevar por lo exterior, pero con una capacidad de amor que enamora a Paulina.

Bobby es el amante de Patricia anterior a Gabriel. Desde su juventud es un donjuán, y ahora que tiene ya cierta edad no sólo acepta resignadamente que las mujeres le abandonen, sino que eso precisamente le hace tomarles más cariño. Con su experiencia contribuye a que Gabriel y Verónica se reconcilien.

Con estos comentarios acerca de los personajes he querido trazar unas líneas generales que ayuden al conocimiento del teatro de Ruiz Iriarte. Algunas de estas apreciaciones podrán ser discutibles porque no se da, evidentemente, una aritmética en la creación literaria.

Los desenlaces son felices en general. El fracaso de la soltera rebelde se atenúa con el recuerdo de Esteban y el éxito de Cándida (*Juego...*) se enturbia con el dolor de Marcelo. Se mantiene, pues, el optimismo de la etapa dramática anterior, esa «fe en la insobornable alegría del hombre» (prólogo a *3CO*, 3).

Al iniciar este estudio de conjunto del teatro de Ruiz Iriarte se dijo que escogía como criterio clasificador el de los temas. Si en estas obras de los años 50 he hecho especial hincapié en los personajes es precisamente porque me ha parecido el procedimiento más adecuado para llegar a los temas. El autor hace a algunas de sus criaturas vehículos de sus ideas. A éstas las dota de una humanidad que las distingue de otras puramente cómicas. Esos individuos encarnan con diversos matices lo que, después de todo, es un único tema: el amor. El amor como impulso entre mujer y hombre, como ansia, como huida de la soledad, como valor que debe reinar en la convivencia de todos los hombres, como necesidad universal.

Junto a las cualidades ya señaladas, de documento social, las más valiosas de estas comedias son obras que resisten el paso del tiempo por la universalidad del mensaje que transmiten sus personajes. Universalidad en el sentido de que la trama, más o menos verosímil, contiene en los casos más logrados sentimientos y problemas de que puede participar cualquier persona, sin caer en melodramatismos o moralinas.

En conjunto, esta galería de personajes, que ante su insatisfacción reaccionan con una fuerza interior que parecen no tener, hace pensar en esos tipos de Arniches que conmueven y hacen reír al mismo tiempo cuando inesperadamente hacen frente a un problema que les desbordaba: Venancio en *El santo de la Isidra*, el Antonio de *Es mi hombre*, Adrián en *El señor Adrián, el primo*. No es que exista dependencia o influjo directo, pero considero que la estirpe arnichesca de estos personajes de Ruiz Iriarte puede apuntarse [41].

3.   Fue Alfredo Marqueríe el que dijo que «Ruiz Iriarte es un comediógrafo que iba para dramaturgo, pero que se quedó a mitad de camino» [42]. Sin embargo, las declaraciones del autor, desde los años 40 hasta los 70, manifiestan un deseo, mantenido a lo largo de toda su carrera dramática,

de cultivar la comedia. Ninguna de la treintena de obras que estrenó lleva como subtítulo la palabra «drama», todo lo más «comedia dramática», y esto en tres casos: *El puente de los suicidas, Los pájaros ciegos* y *Juanita va a Río de Janeiro*, todas ellas de los años 40.

Su convencimiento de que el énfasis ha desaparecido de la sociedad, dejando paso a la sencillez y la naturalidad, está en el origen de su vocación de comediógrafo:

> [El teatro más próximo será] un teatro ya iniciado por los franceses: fondo clásico, trama amorosa y concepción humorística frente a cualquier fatal problema. Este teatro suprime los gritos por la comprensión (...). La comprensión teatral nos lleva a la tolerancia. La tolerancia desemboca en el humor. Esto es lo que yo llamo «la superación por la gracia».
>
> (*EL*, 24, 5-IV-45, 10; cfr. Bibliografía Primaria 4.1.2.1.)

Ruiz Iriarte busca desde el comienzo una forma dramática que conecte con la sensibilidad de su tiempo, pero que también sea estímulo intelectual: «El producto artístico —teatro, novela, pintura, poesía, música— es la quintaesencia de la sensibilidad en alianza con la inteligencia» (*EL*, 40, I-46, 27).

Estas ideas cristalizan desde el inicio de su carrera en la elección de la «comedia» como género dramático más proteico:

> El drama es un género popular, la peripecia cómica también; la comedia es un género minoritario. La risa y el llanto son propiedad de todos los hombres; lo sutil, la captación del matiz, la ironía, las lágrimas apenas descubiertas son facultad de unos cuantos... La comedia, que puede ser un compendio armonioso e ingrávido de todos los géneros teatrales, es el menos teatral de todos los géneros. Pero es el más bello. Y el más importante (...). La comedia es el género teatral de este tiempo; no lo es la tragedia, que siempre aparece ante nosotros con un rictus de arqueología; no lo es el juguete cómico de risa boba y vieja.

En los años 50, al cultivar una serie de personajes que
se muestran externamente de forma distinta a como son
en realidad, Ruiz Iriarte aumenta los elementos humorísticos que ya aparecían aisladamente en su «teatro de imaginación», elevándolos a la categoría de constituyentes formales en su concepto de comedia. Donde por primera vez
apreciamos un intento de integración entre el humor y lo
humano es en *La señora, sus ángeles y el diablo,* que es,
en mi opinión, la primera «comedia» de Ruiz Iriarte tal
y como él entiende el género.

No se produce, pienso, simplemente la adquisición de
una determinada fórmula, sino una maduración en su concepto de esta forma dramática de que tratamos.

En la teoría de Ruiz Iriarte acerca de la comedia hay
dos elementos fundamentales: el contenido humano y la
estructura de farsa. Y un principio: el equilibrio. Este
equilibrio no ha de entenderse como igualdad cuantitativa
entre lo grave y lo ligero, sino como proporcionalidad cuali-
tativa. Para Ruiz Iriarte, unos instantes de dramatismo en
la revelación de la interioridad de sus criaturas, que dan a
conocer las motivaciones humanas escondidas bajo una conducta aparentemente disparatada, compensan o equilibran
dramáticamente un abundante número de escenas en que
únicamente parecía perseguirse el efecto cómico de la farsa.

De ahí que el contenido humano vaya unido a unos
inevitables y fugitivos «momentos de confesión» en que
los personajes descubren sus claves interiores. Inmediatamente vuelve lo humorístico y se esfuma de escena lo grave.

El punto fundamental de este «teatro de reflejo social»
consiste en esta técnica de la insinuación, de mostrar brevemente la verdad que subyace para inmediatamente, como
con rubor, volver a enmascararla bajo el aparato de la farsa [43]. En este sentido hay que entender estas palabras de
Ruiz Iriarte: «La fuerza de una comedia depende (...) del
equilibrio entre forma y contenido» [44].

Esta técnica es debida, en último extremo, al temperamento del autor, que, como sabemos, tiene fe en la vocación
del hombre a la felicidad.

La ternura, como oficio, es demasiado simple. Como expresión de un sentimiento en la hora supre-

ma de la verdad es la máxima y más noble sinceridad... No, no es únicamente mi arma. Responde
(...) a mi forma de ser (...). La ternura no es un
refugio.

(Entrevista de A. Olano, *Sábado Gráfico*, 20-I-74, 15c)

Como dice Waldemar Todd [45], la farsa, más que un
género, es una actitud —textualmente, «a mode»—, «the
manifestation of a distorted sense of values». Morales ofrece
una más ceñida definición del concepto de farsa: «A distortion of the conventional pattern of behavior that is
expected from human beings, and also a distortion of what
is conventionaly acepted as truth, goodness and beauty» [46].
El tipo de personajes que Ruiz Iriarte desarrolla en estos
años se adapta perfectamente a la expresión dramática de
conductas inesperadas o paradójicas.

El subtítulo «farsa» aparece en las obras incluidas dentro del «teatro de imaginación» en tres ocasiones de entre
trece obras: *Un día en la gloria, El landó..., El gran minué.*
Las dos últimas se estrenan en 1950. De entre las catorce
comprendidas en el «teatro de reflejo social», nueve llevan
ese subtítulo.

En ese contraste interior de los personajes se apoya, en
primer término, el humor que el autor busca y que, al ser
más que pura comicidad, trasciende sus límites en la burla
de una sociedad que aprecia a las personas por lo que
parecen antes que por lo que realmente son.

Este incremento de los aspectos de farsa en su teatro
desemboca en el perfeccionamiento del «oficio» para cons-
truir una acción causalmente encadenada, verosímil dentro
del propio mundo —quizá inverosímil— de la obra. Las
entradas y salidas de los personajes, el ritmo generalmente
rápido de la acción, el movimiento escénico, están justifi-
cados con ingenio y habilidad. Este aspecto de la construcción teatral, donde se advierte claramente la influencia de
Benavente, es irrenunciable para Ruiz Iriarte: «Toda comedia que interesa, por una o por otra razón, es que está
necesariamente "bien hecha". Yo no recuerdo ninguna gran
obra "mal hecha"» [47].

Pero la pericia para organizar dramáticamente un asunto
no es un puro virtuosismo de «carpintería teatral» porque
tiene como fin el establecimiento de situaciones, elemento
fundamental del teatro como género, en que Ruiz Iriarte

apoya tanto sus efectos humorísticos como esos remansos de la acción en que los personajes se desnudan interiormente.

> Cuando la idea de una obra está alcanzada y el encadenamiento de las situaciones se ha conseguido escribo en largas jornadas (...). Sin el dominio de cada momento escénico, esto es, sin establecer la situación, es inútil dialogar. En el teatro, la más rutilante brillantez de diálogo no sirve para nada si no está colgada de una situación, de la índole que sea. Yo no conozco ninguna comedia de auténtico interés que carezca de situaciones teatrales. (*T*, 17, IX-XII-55, 31a) [48].

Sería excesivamente prolijo detallar aquí la totalidad de las situaciones dramáticas que emplea Ruiz Iriarte. Sin embargo, podemos llegar a una profundización en este aspecto acudiendo al concepto de «ironía dramática». «Dramatic irony is the sense of contradiction felt by the spectators of a drama who see a character acting in ignorance of his condition» [49]. Esta ironía dramática lleva a un truco común en la comedia, especialmente en la farsa: la situación equívoca en que se crea un contraste entre la acción percibida por el personaje y la acción vista por el espectador, que «sabe más» que el personaje.

Ruiz Iriarte hace uso de esta ironía dramática y no siempre con intención cómica: las confesiones, estando de espaldas, de Marta a Fernando, que se duerme (*Usted no...*, Alfil 118, 61-63), y de Juanita, que cree que es su madre quien la escucha, cuando es en realidad Javier (*La guerra...*, Alfil 142, 81-83), se apoyan en esta situación.

No son tampoco exclusivamente humorísticos los equívocos que se producen cuando un personaje habla a otro de un tercero sin saber que ése con quien habla es el mismo del que habla: así, Paulina y Paloma toman al auténtico Jerónimo por un criado (*Las mujeres decentes,* Alfil 5, 114-18); Paloma ignora que está hablando con el mismo príncipe de quien hace un retrato fantástico (*La cena...*, Alfil 111, 36-38)y Pedrín que está en presencia de su admirado tío Lorenzo (*El pobrecito embustero,* Alfil 80, 83-84).

Son cómicos otros numerosos efectos basados en la situación dramática: la explicación que da Catalina a la huida de Andrés y los equívocos de éste con los criados (*El apren-*

diz de amante, Alfil 35, 50-51 y 53-59), el inicio de la conversación entre Marcelo y Ricardo (*Juego de niños,* Alfil 8, 67-68), las intervenciones de don José (*La vida privada...,* Alfil 168, pp. 52, 57), las entradas de Esteban (*La soltera rebelde,* Alfil 37, pp. 14, 21, 41). El engaño de Lorenzo se inicia también en un malentendido de situación (*El pobrecito...,* Alfil 80, 90).

Otra situación cómica reiterada —en exceso, a mi entender— es la de los rivales que terminan abrazándose (*Cuando ella...,* 13-15 y 24-25; *La vida privada...,* 59, 98; *Usted no...,* 25-26, 80).

Entidad en el contenido y apariencia de farsa en peculiar equilibrio, personajes típicos junto a personajes que confiesan una insatisfacción profunda, sensibilidad e inteligencia, éstos son los ingredientes de la «comedia», tal como la entiende Ruiz Iriarte.

> Todos los géneros dramáticos son buenos (...). Sería muy curioso exponer, largo y sin prisa, cómo por paradoja sobre lo que comúnmente se cree, desde el punto de vista literario significa una mayor función intelectual la elaboración de una farsa que la composición de un drama. Porque el drama, cuanto más se aparta del intrincado y complejo mundo del cerebro, más resortes dramáticos, esto es, sensibles —mundo del corazón—, obtiene. Por el contrario, la obra cómica —con su extensa escala de estilos (...)— ha de estar toda ella formada por elementos de clarísima fuente literaria: la caricatura, la ironía, el anacronismo, la paradoja.

Pero lo cómico es irremediablemente pasajero porque pierde su efecto.

> Sólo hay una forma difícil y prodigiosa de lo cómico: cuando se logra alcanza posibilidades de posteridad. Es precisamente cuando se roza con lo trágico... Me refiero a la tragicomedia, quizá el más bello de todos los géneros teatrales.
> (*Triunfo,* 28-XII-55.)

Hasta el final de su carrera como autor para el teatro, Ruiz Iriarte se mantiene en esta concepción de los géneros teatrales y de la comedia especialmente.

En 1966 dirá, respondiendo a la pregunta de si «se quedó a mitad de camino» entre comediógrafo y dramaturgo:

> Si convenimos en que, en el teatro, todo lo que no es drama es un medio camino, acabamos, de pronto y sin remedio, de un simple manotazo, con todos los géneros —la comedia, el sainete, la farsa, el vodevil— que no son drama. Y parece un poco audaz semejante resolución que yo, desde luego, no comparto. Ello sería tanto como establecer que sólo en el drama reside la auténtica, la única y excluyente expresión del espíritu del teatro. No. El teatro es un amplísimo universo, vario y múltiple. Todo importa. En el teatro, como decía García Lorca cuando pedía un buen teatro, todo puede ser noble, desde el vodevil a la tragedia. En mi caso, diré que, en efecto, a veces, me he sentido sincero, muy sincero, divertido y hasta elocuente mientras escribía algunas de esas comedias que han sido denominadas amables y costumbristas. Y nunca he sentido en semejante trance la angustia de quien se queda frustrado a la mitad de un camino. Porque, sencillamente, era otro el camino que yo había emprendido. Cuando el drama se insinuaba entre mis personajes era porque así, con insinuarse apenas, se cumplía un propósito bien meditado del autor. ¿No hay un drama, por ejemplo, en el profesor de francés de *Juego de niños*? Pero, claro, un drama a la manera de ese personaje. A mi manera. De todos modos, esto no quiere decir que yo haya renunciado a escribir el «otro» drama. Un drama, en contra de lo que se cree desde ciertas aptitudes [sic] críticas muy legítimas, pero demasiado concretas, no encierra más peligros que otro género cualquiera. Cada estilo de teatro tiene sus riesgos propios. Todo es muy difícil.
>
> (*El teatro de humor en España*, 198.)

Creo que la longitud de la cita se compensa con la importancia de contenido de esta declaración. Permítaseme añadir diversas manifestaciones de los años 70 que considero importantes:

—¿Por qué se califica de dulzón su teatro?

—Eso no es exactamente cierto. En la mayoría de mis comedias, y desde luego en las mejores, por encima o por debajo, hay una preocupación que tiene muy poco de esa dulzura que me achacan. Lo que ocurre es que no siempre la melancolía, la desesperanza o incluso la pena que producen ciertos aspectos de la condición humana han de ser expuestos a gritos o en tono *excesivamente* dramático. En definitiva, cada autor tiene su modo de expresión (...). Una comedia, al menos en Europa, puede tener dos direcciones: su aspecto divertido y ese asomarse al drama tras la exposición del humor. Esa comedia intento yo.

(Entrevista de J. Molina, *El Ideal Gallego*, de La Coruña, 16-XII-74; subrayado mío.)

Yo soy lo que preceptivamente se llama un comediógrafo. Esto quiere decir: la comedia es un género que tiene un contenido muy amplio que puede rozar el drama, evidentemente, y que puede rozar la farsa. En ese mundo está lo que yo he hecho hasta ahora y lo que he de hacer.

(Entrevista de López Castillo, *Nuevo Diario* (M), suplemento CCXXVII, 27-I-74.)

Si ciertos críticos consideran que en algunas de mis comedias, pese a su envoltura humorística, vibra una idea dramática, no tengo más remedio que alegrarme y sentirme halagado. En realidad, es lo que yo he pretendido.

(Entrevista con P. O'Connor, «Víctor Ruiz Iriarte habla de la comedia», *Estreno*, IV, 2, 1978, 16a) [50].

Estimo que, a la hora de juzgar al autor, lo recto es partir no de lo que nosotros esperaríamos, sino de lo que el propio autor ha pretendido, tratando de comprobar si, en efecto, lo ha conseguido o no.

La comedia de Ruiz Iriarte, más que una «mezcla de géneros» [51], es un género concebido como un recipiente dramático de anchos límites donde cabe todo: «...creo que en mis comedias unas veces el público puede reírse, otras se puede conmover y otras puede pensar un poco. Este es el juego de la comedia moderna y, si queremos, de la comedia eterna» (entrevista de J. Trenas, *ABC,* 22-VII,69, s. p.).

Con razón afirma Pérez Minik que «Ruiz Iriarte es el [autor] que se mantiene más entero dentro de la tradición clásica de la comedia como enmendadora de costumbres y vicios sociales» (*Teatro europeo contemporáneo,* 459).

Ruiz Iriarte es un eslabón más en esa línea que va desde Menandro, que civiliza la anárquica comedia aristofanesca dándole un sentido moral, haciéndola presentadora de tipos sociales [52] y dotándola de una intriga, a nuestro Siglo de Oro, con su mezcla de lo trágico y lo cómico, a Moratín y, finalmente, hasta Benavente, con su rechazo de la altisonancia postromántica.

No olvidemos, sin embargo, que en la tradición española el término «comedia» no designa exactamente lo mismo que entre los americanos o los franceses.

> Si (...) una determinada comedia contiene, además de los naturales resortes para la risa y la sonrisa (...) una idea, una sugerencia o un sentimiento (...) es indudable que el género queda ennoblecido por esta aportación intelectual o sentimental. Estoy de acuerdo (...) aunque siempre es peligroso generalizar, en que la comedia en otros países —buen ejemplo el del vodevil francés— surge más ligera de contenido o sin ningún contenido. Entonces justo será reconocer (...) que la comedia española es superior.
> (Entrevista «Víctor Ruiz Iriarte habla...», 16b) [53].

De la comedia dice N. Frye que es «a vision of *dianoia,* a significance which is ultimatelly social significance. The establishment of a desirable society» (*Anatomy of Criticism,* Princeton University Press, New Yersey, 1957, 285; cit. por Morales, cit., 24).

Ruiz Iriarte no siempre acierta en dar la proporción adecuada entre los elementos de farsa y los de humano contenido, y es aquí donde deben señalarse sus errores. Los fallos que se producen vienen por un desequilibrio en favor del componente de farsa, nunca por un exceso de peso de lo grave. Ese desequilibrio lo provoca o bien la desmesurada dosis de peripecia y farsa o bien la desconexión de esos dos ingredientes fundamentales que origina una yuxtaposición de elementos sin coherencia interior.

Es el caso, aparte de esas obras que decidió no publicar, de *Tengo un millón, La vida privada de mamá, Usted no es peligrosa, La cena de los tres reyes, Cuando ella es la otra* y *Las mujeres decentes,* que no pasan de ser obras discretas, con aciertos sólo parciales.

Según mi criterio, donde más cumplidamente se verifica la integración en unidad de esos variados elementos es en *La guerra empieza en Cuba* y *Juego de niños,* las dos mejores obras de Ruiz Iriarte hasta el momento. Son comedias sobresalientes *El pobrecito embustero, La soltera rebelde* y *El aprendiz de amante.*

4. El humor es la última de las marcas que señalé para este «teatro de reflejo social». Se ha afirmado en varias ocasiones que esta cuádruple distinción es puramente teórica. De hecho, llegados a este punto, tenemos adelantadas ya algunas observaciones acerca del humor.

No será inútil, sin embargo, tratar concretamente de este aspecto. Desde los años 40 hasta los 70, Ruiz Iriarte tiene bien claro su objetivo en cuanto a la vertiente ligera de su teatro:

> Nuestro teatro clásico (...) no halló el módulo propio para la risa bella. Molière (...) no es realidad dramática que se origine en Madrid, sino en París (...) Anotemos, pronto, que nada que se desenvuelva al margen de la inteligencia es demasiado interesante (...). Consecuencia de un teatro para reír sin clasicismo son estos cincuenta años últimos de juguetes cómicos en los cuales ni en un solo caso probablemente se promovió la risa por elementos inteligentes dependientes de la sensibilidad y la cultura (...) carcajadas de este hombre medio español que ríe de un modo mecánico y muscular (...). Nosotros (...) necesitamos crear un humor nacional nuestro, genérico, pero tan importante que resulte con gratitud de arte ante todos los climas.
> («Risa, risa, risa», *EL,* 2, 20-III-44, 10; vid. también *EL,* 27, 25-V-45, 10.)

Obsérvese la semejanza con estas declaraciones de 1978:

> Vamos a distinguir entre lo cómico y el humor. Lo cómico —insisto: merece todos mis respetos— es

la provocación contundente de la risa. El humor tiene una ambición más difícil: la sonrisa del espectador. Lo cómico maneja elementos sencillos, naturales y espontáneos. El humor se produce con razones de mayor o menor intensidad intelectual; en lo cómico, no. En realidad, hemos de aceptar que lo cómico tiene más raíz española que el humor. No se olvide que los «graciosos» de nuestro teatro clásico son verdaderos personajes «cómicos». En los años 40 y 50 a los autores que entonces nos iniciábamos cultivando la farsa y la comedia humorística —con o sin esencias dramáticas— se nos tildaba de extranjerizantes. Pero de lo que no se puede dudar es que, en estos últimos y largos años, el teatro de humor ha desplazado, en cierto modo, al teatro cómico tradicional.

(«Víctor Ruiz Iriarte habla...», cit., 16a.)

Ruiz Iriarte se coloca en línea con los que buscan el humor como resultado de la inteligencia frente a los efectos directos y casi físicos de la comicidad. Se comprende así que lo que pueda resultar regocijante en el teatro de Ruiz Iriarte no es un fin en sí mismo, como lo es la carcajada, sino un medio sutil e insinuante de decir las cosas.

Tratar de apresar la escurridiza esencia del humor en una definición es un empeño acometido repetidas veces y que ha suscitado discrepancias igualmente numerosas. El humorismo tiene algo de indefinible. Si algo puede hallarse de común en los ensayos acerca del humorismo es que se trata de un producto de la alianza de la inteligencia con la sensibilidad, en sus diversas formas, y que es realidad distinta a lo cómico.

Para J. Sully la condición principal es el desarrollo de la inteligencia, como mezcla de juego y reflexión (*Essay on Laughtter,* Longman Green, New York, 1902, 298-99). Para Allardice Nicoll el humor «is certainly intelectual in that it appears only after a large and comprehensive view of the world (...) but, at the same time they [los cultivadores del humorismo] have been men of feelings. If insensibility is demanded for pure laughter, sensibility is rendered necessary for true humour. Humour (...) is often related to melancholy of a particular kind; not a fierce melancholy but a melancholy that arrises out of pensive thoughts and an brooding of the ways of mankind (*The Theory of Drama*, George Hanap, Londres, 1937, 199; ambos cit. por Morales, cit., 19-20).

Rof Carballo, en el estudio inicial de los que componen el libro *El teatro de humor en España*, titulado «Humorismo y sociedad» (pp. 5-30), intenta una captación de la idea del humorismo. De los conceptos expuestos por Rof Carballo hay dos que vienen como anillo al dedo a cuanto venimos diciendo acerca de Ruiz Iriarte. Comentando a C. Fernández de la Vega (*O segredo do humor*), dice: «Lo cómico es incompatible con el sentimiento: el humor va vinculado esencialmente con la simpatía, la ternura y la compasión» (...) lo cómico desemboca siempre en la risa; el humorismo hace, a la vez, llorar y reír. El humor —destaca Fernández de la Vega en su agudo estudio— «se mueve siempre entre dos situaciones límites: lo verdaderamente trágico y lo verdaderamente cómico» (11-12).

Poco más abajo apunta Rof: «Tan pronto las normas o convenciones sociales se exageran, (...) dejan de ser flexibles, humanas, sencillas, para convertirse en algo envarado, rígido, poco natural, surge la situación cómica, aparece la posible víctima del humor. Esto es, la propia estructura social, al exagerar sus normas, suscita la aparición del fenómeno de lo ridículo» (21-22). La proyección social del humor de Ruiz Iriarte está en ese destacar el torcido sistema de valores por el que la sociedad juzga a los individuos.

En este mismo volumen colectivo *El teatro del humor...*, Baquero Goyanes relaciona estas ideas con los personajes de Ruiz Iriarte: «El humor (...) se vacía de contenido y significado si no lleva consigo una ternura o compasión reparadoras... Ternura y compasión: los "pobrecitos" de Ruiz Iriarte. Este es su secreto. Y éste es, en definitiva, el resorte mágico de sus comedias...» (196).

Para Ruiz Iriarte su concepto de comedia está íntimamente relacionado con el uso del humor, cuyo elemento básico es:

> Ante todo, un juego de contrastes. Ese drama escondido, grande o pequeño drama, que, al asomarse al exterior y plantarse en medio de una realidad adversa, produce la risa o la sonrisa. Por eso creo que la perfecta expresión del teatro de humor está en la tragicomedia. Después, la palabra, que sigue

> siendo el arma más noble del teatro. El teatro de
> humor, además, debe ser inteligente. La risa pro-
> ducida sin una llamarada intelectual es simple co-
> micidad. Algo muy respetable, claro está. Pero que
> desde luego es otra cosa.
> (*El teatro de humor...*, 196.)

Es un concepto del humor bastante semejante el pirandelliano «sentimiento de lo contrario» que sobreviene a la
inicial «observación de.lo contrario» como diferencia entre
lo cómico y lo humorístico [54].

En último término, el humor es una actitud ante la vida,
un modo de enfocar acontecimientos y personas. Y Ruiz
Iriarte, ya lo sabemos, «por vocación, es un cazador de
sonrisas» (*UPM*, 10).

Históricamente, esta vena del humor en el teatro español del siglo XX tiene tres pilares previos a Ruiz Iriarte:
Arniches, Muñoz Seca y Jardiel. Ya he indicado la repercusión de los personajes arnichescos y ahora hay que destacar que esa influencia para nada se extiende a sus chistes
verbales. También sabemos hasta qué punto aborrece Ruiz
Iriarte de la risa desustanciada de los juguetes cómicos.
El humorismo de Ruiz Iriarte, aparte de su personal temperamento, es «postjardielesco», es decir, que se beneficia
de la labor de esa «otra generación del 27» de que hablaba
López Rubio en su reciente discurso de ingreso en la Academia Española: la generación de los humoristas [55].

Monleón interpreta esta tendencia al humorismo —no
sólo la de Ruiz Iriarte— como una inteligente ocultación
de la realidad, fruto de un cansancio de la guerra civil al que
eran ajenos los jóvenes del momento. «El "teatro de humor"
(...) ha sido el gran refugio intelectual del mejor teatro de
la derecha (...). El éxito de público del teatro "de humor",
una vez suavizada su potencia agresiva y colocadas las
poéticas comillas, prueba hasta qué punto el resultado res-
pondía a un sentimiento compartido por la burguesía, la cual
agradecía que se le escamotease, con cierta inteligencia y
buen gusto, la realidad» [56].

5. De estas catorce comedias pueden formarse tres
grupos:

El primero comprendería *El aprendiz de amante* y *Las*

214

mujeres decentes, obras de transición con la etapa anterior por la notable presencia del tema del sueño.

El segundo lo formarían las demás «comedias de reflejo social» propiamente dicho, excepto *Tengo un millón, También la buena gente..., Una investigación privada* y *De París viene mamá,* que por el escaso interés en configurar personajes y el predominio de una acción de tintes detectivescos componen un grupo de comedias policíacas. Resulta algo chocante que Ruiz Iriarte se dejara llevar por esa moda del teatro del misterio, que alcanza también a *Esta noche es la víspera,* ya que el género policíaco no gozaba de su simpatía [57]. De estas cuatro comedias sólo *Tengo un millón* alcanza un discreto mérito por la dosis de humanismo diluida entre la peripecia.

He explicado antes por qué *El café de las flores* (1953) y *Esta noche es la víspera* (1958) no se incluyen en esta etapa de los años 50, aunque cronológicamente pertenezcan a ella. En ambas sería fácil detectar rasgos comunes con los señalados para este «teatro de reflejo social», especialmente en la segunda, donde los personajes resultan ser cosa distinta de lo que parecían al principio. Estimo, sin embargo, que estos cambios de identidad están sometidos a la expresión de la idea de la responsabilidad, en torno a la cual gira el mundo dramático de la comedia.

4.1.3. Los años 60: La madurez o el paso del tiempo

4.1.3.1. *Visión general*

Desde el estreno de *El carrusell* (1964) hasta el final de su carrera dramática con *Buenas noches, Sabina* (1975), Ruiz Iriarte compone una serie de comedias que responden a una nueva etapa de su evolución.

La primera diferencia frente a su «teatro de reflejo social» es que se produce un declive en su fecundidad. De las 16 obras originales estrenadas entre 1950 y 1960 pasan a ser sólo siete las que estrena en los quince años que van desde esta última fecha hasta 1975.

Las razones para este descenso de creación son, aparte de que nunca fue un autor excesivamente prolífico, su dedicación al género televisivo a partir de 1966, con casi un centenar de telecomedias emitidas, y su participación cada vez más intensa en las tareas de gobierno en la Sociedad

General de Autores de España, de la que fue presidente durante más de cuatro años, sin olvidar motivos derivados de la situación del teatro español en aquellos años, que le llevaba a sentirse cada vez más desplazado (cfr. capítulo I). Estrena además dos adaptaciones de autores extranjeros, *Manzanas para Eva,* sobre cuentos de Chejov reunidos por Gabriel Arout (1970), y *Las tres gracias de la casa de enfrente,* del holandés Eric Schneider (1973). En 1962 había llevado a cabo también una versión escénica de la novela de Alarcón *El capitán Veneno* (cfr. entrevista de J. Montero Alonso, *Madrid,* 19-XI-63, 13).

No obstante, el año 1967 es singularmente intenso: «...en este último año he escrito tres comedias: *La muchacha del sombrerito rosa, La señora recibe una carta* y *Primavera en la Plaza de París.* A mí me parece demasiado. Y probablemente no volveré a repetir la experiencia» (*ABC,* 1-II-68, 69 c).

El mismo Ruiz Iriarte es consciente de que ha ido recorriendo un camino en su labor como autor para el teatro y que su situación se encuentra alejada de la de sus comienzos, aunque siga sintiéndose el mismo

> Cada autor, sin dejar de ser él, que esto es el estilo (...) debe buscar en sí mismo todas las salidas posibles. No hay que confundir la fidelidad con la insistencia. Hay que ser fiel siendo vario, si es posible.
> (*T,* 17, IX-XII-55, 32b.)

> Yo creo que estoy en ese momento de la madurez que llega fatalmente. En el que uno lo ve todo con más sosiego, pero sin perder aquellos primeros presentimientos de la juventud (...). Queda el rescoldo de todo aquello, pero en una mayor serenidad (...) De *El landó de seis caballos* a *Historia de un adulterio* hay una gran diferencia, no sólo formal, sino de fondo y contenido.
> (*A B C,* 22-VII-69, s. p.)

En efecto, este sentido de la madurez es lo que define globalmente el teatro de Ruiz Iriarte en esta su última etapa. Esa madurez se manifiesta a través del planteamiento de

216

unas crisis vitales en sus personajes, como fruto del paso del tiempo y del contraste entre lo que se fue o se quiso ser y lo que en la actualidad se es. Este típico conflicto que se da en todos los hombres cuando alcanzan una determinada edad es el elemento común presente, en una u otra forma, en las comedias de este período.

El resultado de esta indagación en el contrapunto temporal es la comprobación de que la frivolidad se ha ido apoderando insensiblemente de la vida de los hombres de ese sector social, la burguesía, que Ruiz Iriarte sigue presentando en su teatro.

> La sociedad que describo (...) es una sociedad en crisis cuyos principales defectos son la frivolidad y la incomprensión. La frivolidad es la gran protagonista de la vida contemporánea (...). Es la frivolidad que nos hace continuar impasibles, sin sentir el estremecimiento del dolor ajeno. La incomprensión radica en la falta de curiosidad por «el otro». Cada uno de nosotros está más solo que nunca, por muy rodeado de gente que esté. Creo que mi último estreno, *El carrusel*, viene a ser una síntesis de esa sociedad nuestra donde la frivolidad desemboca en drama, pero donde al final, pase lo que pase, no sucede nada. Es una visión melancólica. Y éste es el retrato de la burguesía, sector que he reflejado preferentemente en mi obra.
>
> (Entrevista de M. Gordon, *Ya*, h. 1965, s. p.)

A pesar de que las autocríticas no sean testimonios absolutamente fiables, tratadas con cautela pueden aportar algo acerca de las intenciones del autor. En nuestro caso, un repaso a las autocríticas escritas para las comedias de este período —no todas la tienen— delata una reiteración subrepticia en el planteamiento de conflictos humanos derivados del paso del tiempo:

> Esta es la *historia* que alguien (...) tiene que contar aún a su pesar, esta noche (...) ha sucedido algo insólito: un reloj invisible (...) cuyo tic-tac tantas veces pasó inadvertido a lo largo de los años, ha marcado la hora inesperada y trascendental (...). Este contar a un confidente ocasional (...) da lugar

217

a un despreocupado y desenvuelto —pero justo y puntual, eso sí— juego con el tiempo.
(*De Historia de un adulterio, TE* 1968-69, 299; subrayado mío.)

En *Un paraguas bajo la lluvia* se juega (...) con el tiempo y con el amor.
(*TE* 1965-66, 101.)

La muchacha del sombrerito rosa es una *historia de amor* con su pasado y su presente (...). Una historia de amor que se inició en aquella lejana primavera (...) y revive ahora, a la llegada del otoño, muchos años después.
(Alfil 555, 5; subrayado mío.)

El carrusel no es una comedia intemporal (...). Ha sido necesario que, con el transcurso del tiempo, se hiciera evidente entre nosotros un nuevo modo de ser (...) para que el autor creyera en la posible vigencia de esta comedia.
(*TE* 1964-65, 279.)

Consecuencia de estas preocupaciones del autor son, en cuanto a los temas, un predominio de los conflictos vitales que sólo pueden darse cuando un hombre ha recorrido ya una buena parte de su vida; en cuanto a los personajes, un mayor interés por configurar psicologías humanas —Ernesto, Daniel, Leonor, Amadeo— que, lógicamente, ya no son jóvenes como los personajes de su primera etapa; en cuanto a la técnica, el manejo del contrapunto temporal; en cuanto a la forma, el mantenimiento de su peculiar concepto de «comedia», pero con incremento del tono serio en perjuicio de los elementos de farsa; en cuanto a la intención, un mayor peso de la crítica social.

Según Lendínez Gallego [53], «el año 1964 y su obra *El carrusell* marcan un cambio sorprendente». Yo diría que, en efecto, supone un cambio, pero no «un cambio sorprendente» ni mucho menos. En realidad, se trata únicamente de una cuestión de grados, de proporciones en la combinación de unos elementos que estaban ya presentes desde sus comienzos como autor dramático.

De las cinco obras que Boring denomina «serious dramas», tres pertenecen a estos años: *El carrusell, La señora recibe una carta* e *Historia de un adulterio,* junto a *Juanita va a Río de Janeiro* y *Esta noche es la víspera* (*VRI*, 83-101).

Ruiz Iriarte sólo fue deliberadamente a la búsqueda del drama en una ocasión:

> —¿Nunca ha intentado usted el drama?
> —Sí. Hace años estrené *Los pájaros ciegos,* que era una comedia dramática.
> (Entrevista con F. Umbral, *Ya,* después de 1968, s.p.)

Los pájaros ciegos (1948), *El puente de los suicidas* (1945), también subtitulada «comedia dramática», *Juanita va...* (1948), *Esta noche...* (1958) y, lo que es más importante, obras como *Juego de niños, El pobrecito embustero, El landó..., El gran minué, La guerra...,* en las que hay, bajo la cobertura del humor, «serious and even tragic undercurrent» (*VRI, 83*), atestiguan la fidelidad a sí mismo que Ruiz Iriarte observa en estos años. Una lealtad que no consiste en una fórmula esclerotizada, sino en el variado empleo de unos recursos que se combinan en dosis diferentes. «With his dramas, Ruiz Iriarte not only established conclusively that the writer of light comedies may be making a serious commentary on human nature and society's attitudes but also proves that he, himself, is a multifaceted playwright» (*VRI, 84*).

Estimaciones semejantes se encuentran en Magaña Schevill (Introducción a *Juego de niños,* xxii) y Spencer (*Dreams and reality...,* passim), quienes afirman que en el teatro de Ruiz Iriarte el énfasis se va desplazando progresivamente desde el sueño hasta la realidad (p. 1).

Este adensamiento del contenido humano y de la actitud crítica en los años 60 desmiente juicios formulados desde la base de una precaria comprensión de sus anteriores comedias, de tono más ligero. Sin olvidar que Ruiz Iriarte es «lo que preceptivamente se llama un comediógrafo», bueno será ir perdiendo de vista cómodas designaciones —autor intrascendente, superficial, evasivo— y dar un paso hacia una visión más objetiva de su obra (vid. capítulo III).

En este sentido, *Historia de un adulterio* y *El carrusell* son las dos obras más representativas y, desde luego, dos de las más importantes de todo su teatro. Difícilmente puede afirmarse de ninguna de las dos que tengan poco que ver con la realidad de su tiempo o que escamoteen problemas y responsabilidades.

Los adjetivos que se impusieron a Ruiz Iriarte en los años 50 minusvaloran su teatro, pero al menos parten del hecho cierto de que los elementos de farsa están en ocasiones sobredimensionados. Lo que no parece justo es continuar aplicando esos calificativos cuando obras posteriores ofrecen otros datos.

En las consideraciones generales sobre el teatro de Ruiz Iriarte ha operado una inercia que conduce a sobreponer la parcela más numerosa de sus comedias —los años 50— a la más valiosa, que es, en conjunto, la de los años 60.

M. Holt, en *The Contemporary Spanish Theater,* afirma que «the fact that his great popularity has been associated with his lighter comedies should not be allowed to oscure the value of his more substantial accomplishments» (109).

4.1.3.2. *Las obras*

Acerca de *El carrusell* (1964), el lector encontrará un pormenorizado análisis en *VRIAS*.

Daniel y Rita cada vez viven más desvinculados de los problemas de sus cuatro hijos: Lolín, la menor, se siente tan sola que se dedica a enseñarle francés a la doncella. Tomy, muchacho serio e intelectual, es amante de Mónica, la doncella de la casa —que está embarazada—. Ramonín, el hermano mayor, de tendencia izquierdista y antiburguesa, es homosexual y cultiva un círculo de amistades rayano en la delincuencia. Maribel, hasta ahora ligera y enamoradiza, parece haber encontrado a un hombre al que amar decididamente. Cuando, llena de ilusión, va a comunicar a su madre que está seriamente enamorada, Rita, que vuelve con su marido de una fiesta, no la atiende. Como reacción, la inocente Lolín propone dar un escarmiento a sus padres haciendo que cada uno les plantee una imaginaria situación conflictiva. Cuando Tomy dice a sus padres que va a tener un hijo, Mónica, que ha int tado varias veces decírselo, le comunica que eso es verdad; Lolín finge tener una pulmonía, Maribel se va de casa y Ramonín llama por teléfono diciendo que está detenido por la policía.

Lolín, asustada por la magnitud de los «embustes», revela a sus padres —sin que lo sepan sus hermanos— que todo es un engaño. Daniel y Rita se tranquilizan, pero en absoluto reflexionan sobre lo que sus hijos han querido decirles y continúan con su vida como antes. Mientras, Tomy promete a Mónica darle su apellido y comenzar una vida

la expresión del deseo de Sandoval —y del autor— de someterse a una especie de examen de conciencia de toda su vida. La misma forma dramática de *El carrusell* es, al tiempo, vehículo de su mensaje, simbolizado en la rueda luminosa que, inesperadamente, detiene su marcha para iniciarla de nuevo con un sentido de expiación.

Por último, debe hacerse constar que Ruiz Iriarte no renuncia al empleo del humor, que «en las palabras y en las situaciones envuelve, ojalá que con eficacia, el desarrollo de la patética confesión. Y hasta parece evidente una cierta armonía entre lo más profundo y lo más superficial» (*TE 1964-65*, 299), según se declara en la autocrítica. Por este conducto hace también acto de presencia la sátira (vid. Análisis..., B-3 y 4).

«*Un paraguas bajo la lluvia* (1965) es la antípoda intelectual de *El carrusell*» (*TSVRI*, 11). Es una comedia cuya más llamativa característica es la ligereza de intención, que el autor confiesa sin empacho alguno.

> ... para mí esta forma dramática —el juego por el juego—, tan antigua y tan fresca (...), guarda un irresistible encanto y una permanente seducción. Pienso que es muy bonito y muy reconfortante entregarse de vez en cuando a la pirueta desenfadada, airosa y jovial del humor sin mensaje profundo y sin moral engolada (...). Para un autor estos ejercicios representan unas gozosas, ricas y divertidas vacaciones. Por eso, sin duda, presumo yo que Calderón escribió *La dama duende*; Shakespeare, *El sueño de una noche de verano*; Molière, *Las preciosas ridículas* (...). Por otra parte, ¡es tan difícil este teatro ligero y vaporoso que ha de hacerse a punta de pluma, usando las palabras como flechas dirigidas a la sensibilidad del espectador! Naturalmente, para algunos espíritus trascendentes, ya se sabe, éste es un menester menor. Pero, en fin, nada nos obliga a aceptar sin reservas que los espíritus trascendentes tienen razón a todas horas.
> (Ibídem.)

Ruiz Iriarte no sólo reconoce que se trata de una obra intrascendente —esta vez sí—, sino que hace una defensa y un elogio de esta manera de hacer teatro cuyo mérito está en la misma forma, en el esfuerzo por entablar contacto con el espectador a base, casi exclusivamente, de procedimientos artísticos, renunciando a una idea más o menos dramática como apoyatura para establecer la corriente escenario-sala.

El asunto de *Un paraguas...* consiste en la reiteración de cuatro momentos temporalmente distintos de una misma situación: aquella en que bisabuela, abuela, madre e hija consiguen, con diversos trucos, apartar al hombre que aman de los brazos de una seductora contrincante y casarse con él. Las cuatro se llaman Florita y encarnan el tipo de mujer insignificante y sensible, muy enamorada, pero con bríos y astucia suficientes para salirse con la suya.

La actuación de esta dinastía de Floritas se sitúa en 1885, 1905, 1936 y 1965. El distinto emplazamiento histórico de los hechos da lugar a la presentación irónica de ciertos aspectos sociales de tiempos pasados y especialmente de la evolución del papel de la mujer en la relación amorosa. La bisabuela Florita gana a Octavio por el estómago, con su habilidad para la cocina; la siguiente mediante el enredo que arma a Teodoro, que es amante de su tía Rosalía; la tercera Florita es una solterona enamorada de Adolfo, pero éste está comprometido ya con Guillermina. Florita hace que riñan diciendo a cada uno que el otro tiene un amante. En ese momento estalla la guerra civil española y Adolfo pasa los tres años encerrado con Florita. En el caso de la última Florita las cosas han cambiado mucho. Es ella la agresiva, pero no consigue nada con Mateo, pudoroso muchacho del que está enamorada. Consigue que acepte una invitación para merendar en la sierra y una tormenta les obliga a pernoctar en un parador. Florita, alegando que se equivocó de habitación, pasa la noche con Mateo y éste, escandalizado, le exige que se case con él.

Estas cuatro historias están hilvanadas formalmente por la conversación que mantienen la última Florita y su madre, doña Florita. Florita ha invocado a su difunta madre y ésta se ha presentado para escuchar el relato que su hija le hace de la locura que acaba de cometer con Mateo. Doña Florita, al comprobar que vuelve a cumplirse el sino de las mujeres de la familia, cuenta a Florita lo que ocurrió con sus ante-pasadas. Una conversación entre madre e hija va cerrando e introduciendo cada una de las historias pasadas. El contra-punto temporal es aprovechado para provocar efectos de humor basados en la insólita situación.

Hasta este momento, desde el punto de vista formal, encontramos la misma fórmula de *El carrusell*: los personajes conversan y el contenido de ese diálogo es objeto de teatralización. Al ser las escenas pertenecientes al presente y al pasado, se distinguen claramente y engendran un contraste temporal.

Sin embargo, cuando Florita comienza a relatar a su madre lo que acaba de sucederle con Mateo —cuadro vii—, se produce en escena una presencia simultánea del presente —diálogo hija-madre— y el inmediato pasado —lo que acaba de suceder entre Florita, Mateo y Nina, la rival—. Se originan dos espacios escénicos superpuestos: doña Florita contempla lo que ha ocurrido, pero Mateo y Nina no pueden verla. Unicamente Florita puede pasar de un espacio a otro, según se dirija a su madre o a los otros personajes. Florita actúa en el pasado y comenta los acontecimientos con su madre en el presente. Esta, por su parte, increpa desde el presente los hechos del pasado que está contemplando y provoca un efecto humorístico.

La técnica narrativa de *Un paraguas...* es seguramente el más importante valor de esta obra. Conjuga los procedimientos de uso del tiempo que había ya empleado en *Esta noche es la víspera* o *El carrusell* con el hallazgo de ese cuadro vii en que presente y pasado inmediato conviven escénicamente. La técnica narrativa de este cuadro vii será la base formal de una de sus obras más importantes: *Historia de un adulterio* (1969).

La teatralización de un relato pretérito tiene un antecedente remoto en la obra de Ruiz Iriarte (cfr. 4.1.1.2): es técnicamente mucho más elaborada en *Un paraguas...* e *Historia...*, pero coincide con aquella escena de *La señora, sus ángeles y el diablo* (1947) en lo sustantivo: la presentación estrictamente dramática, teatral, de una materia que es objeto de relato por parte de los personajes de la obra.

Un paraguas... es la versión ligera de las preocupaciones de Ruiz Iriarte en esta etapa de la madurez. La importancia del tiempo, la influencia de su paso, en esta ocasión sobre las relaciones amorosas, así lo demuestran. Las tres primeras historias están concebidas como una reconstrucción irónica del pasado, contrastada automáticamente con el presente de Florita y la sensibilidad actual de los espectadores. En la cuarta, Ruiz Iriarte se enfrenta con la situación contemporánea, pero consigue mantener el contrapunto temporal con la figura de la difunta doña Florita, cuyos anticuados comentarios acerca de la situación presente provocan una visión igualmente satírica de la sociedad contemporánea española: los jóvenes contestatarios, los curas progresistas, la relajación de la moral matrimonial y, naturalmente, de las prácticas amorosas de las jóvenes.

Un paraguas... es una forma desenfadada y original de dar cauce a los temas sobre los que Ruiz Iriarte va a centrarse en esta época: la mirada hacia atrás en el tiempo en busca de un contrapunto que destaque los cambios operados en la sociedad y en las personas.

En *La muchacha del sombrerito rosa* (1967) y *Primavera en la Plaza de París* (1968) el pasado y el presente de los personajes «está prendido con inexorable rigor a la Historia grande y dramática que a todos nos conmovió en lo más profundo y en la que todos hemos tomado parte» (Alfil 555, 5), dice el autor en la autocrítica a la primera de estas obras, refiriéndose a la guerra civil.

> La acción de *Primavera...* se inicia el mismo día en que concluye *La muchacha...* Es otra comedia, naturalmente, escrita con absoluta independencia de la anterior en cuanto a situaciones y argumento. Pero son aquellos personajes los que todavía continúan viviendo su peripecia humana. Entonces se movían entre la nostalgia y la esperanza. Ahora todo es esperanza.
>
> (*A B C*, 1-II-68, 70a.)

Con estas dos obras, Ruiz Iriarte aborda directamente un tema hasta entonces difícilmente planteable y que ningún otro autor —me parece— había tratado: la vuelta de un exiliado de la guerra civil.

Dentro de ese conjunto de preocupaciones de madurez, Ruiz Iriarte amplía el ámbito de sus temas y, sin pasar por alto la configuración de los conflictos interiores de los personajes, los convierte en representantes del conflicto histórico que enfrentó a los españoles y en preconizadores de la reconciliación total. El autor fue consciente de que estas obras tenían un contenido político concreto:

—¿Nunca ha sentido la necesidad de hacer teatro político?

226

—Mis dos últimas obras, *La muchacha...* y *Primavera...*, plantean la problemática política de la vuelta del exiliado.

(Entrevista F. Umbral, *Ya*, después de II-68, s. p.) [60].

Estas dos obras suponen una posición ideológica que contiene una esperanzada llamada a la reconciliación, al olvido de los rencores fratricidas y a la construcción de una sociedad basada en la tolerancia. En el fondo, una nueva petición de que sea el amor y la generosidad el valor que prevalezca en las relaciones humanas. Pocos años antes, Ruiz Iriarte había dicho:

> Hasta hace muy poco tiempo, entre nosotros, por insobornables circunstancias históricas, había un teatro que se podía hacer y un teatro que no se podía hacer. Unos cuantos autores hemos hecho a lo largo de estos años el teatro que se podía hacer. Esto no quiere decir que si hubiéramos podido hacer el otro teatro, el que no se podía hacer, no hubiéramos hecho, además, el que hemos hecho. Hoy, por fortuna, (...) la aduana que fiscaliza el pensamiento y la imaginación es más generosa. Ello significa que todos debemos intentar ahora ese teatro que no se ha podido hacer. Estamos a tiempo.
> (*El teatro de humor...*, 197.)

Con esta bilogía el autor intenta ese teatro que «no se podía hacer».

Esteban Lafuente, un intelectual de izquierdas que huyó de España en el 39 sobreponiendo su lealtad ideológica al amor de su mujer, vuelve después de casi treinta años. Leonor, la esposa, se negó a acompañarle en el exilio, también por lealtad a sus principios ideológicos, de signo contrario. El encuentro de los dos tiene lugar en un prolongado y emotivo diálogo al final del cual ambos quedan configurados como personajes, especialmente Leonor. Ella, que todavía le ama, se mantuvo fiel a su memoria, pero su orgullo le impidió manifestarlo cuando tuvo noticia de que se había unido a otra mujer. Una de las tres hijas que Esteban ha tenido en estos años revela a Leonor que esa mujer salvó a Esteban cuando, desesperado, intentó suicidarse. Leonor va evolucionando poco a poco, acepta a las

227

tres muchachas y termina reconciliándose con su marido y con todo lo que éste representa.

La segunda de las obras, *Primavera...*, está centrada en las consecuencias que produce el establecimiento de Esteban en casa de Leonor. Los correligionarios de uno y otra se sienten traicionados por lo que interpretan como cesión a sus respectivas ideas: el regreso de Esteban y la decisión de Leonor de aceptarle como su marido. La persistencia de los rencores de la guerra civil se personifica en Pedro Barrera, antiguo amigo de Esteban que reprocha a Leonor su claudicación. Las pasiones y los enfrentamientos resucitan cuando Pedro Barrera, hijo, y una de las hijas de Esteban anuncian que están decididos a casarse. Finalmente el amor de los jóvenes logra que Barrera abandone su odio, y el perdón, la renuncia al rencor, la reconciliación sincera que se produce entre ellos se convierte en un llamamiento a que esos sentimientos cundan en la sociedad española.

El contrapunto temporal vuelve a ser un elemento importantísimo, aunque esta vez no tiene repercusión en la construcción formal de la comedia, planteada más bien como un intento de concentración de un problema que dura treinta años. El pasado, en contraste con el presente, es quien configura dramáticamente los personajes de mayor contenido: Leonor, Esteban, Barrera.

El mérito de estas dos comedias —en especial *La muchacha...*— está en haber obtenido que el conflicto que viven estos personajes tenga, por sí mismo, valor de trasunto de una coyuntura histórica bien concreta y que la solución que éstos aportan adquiera inmediatamente un sentido de reconciliación social definitiva. Esta unión íntima de lo individual y de lo colectivo se logra sin concesiones a lo sentimental ni proclamas demagógicas.

Leonor es un personaje de auténtica fuerza dramática y humana. Desde que Esteban aparece al comienzo de la primera obra hasta la escena final de la segunda, su psicología experimenta una paulatina regresión hacia el pasado hasta el momento en que comenzó con Esteban su vida matrimonial. A medida que se va despojando de su orgullo, su intransigencia y su rencor, va apareciendo con más pujanza cada vez su amor por Esteban hasta el restablecimiento de la plena relación marital.

El espacio escénico inalterado en las dos obras es el salón de la casa de los Valdés, la familia de Leonor, que permanece idéntico a como era treinta años atrás, como un símbolo que evoca constantemente el pasado. Que en este anticuado y significativo ámbito ingresen Esteban y sus hijas, materialización de otro pasado, y se verifique la reconciliación es símbolo instantáneo de una concordia en toda la sociedad española.

Las dos obras revelan una intención de tomar postura política en relación con la necesidad de que la sociedad española olvide definitivamente la guerra civil y se construya con categorías completamente al margen de sus consecuencias. Es una esperanza formulada sobre la base de una sociedad que Ruiz Iriarte refleja tal y como ve: el país se ha desarrollado económicamente, aparecen los llamados «grupos de presión» y un giro de la sociedad española hacia la politización y el esnobismo progresista. El hecho de que el regreso de Esteban no sea aceptado por sus correligionarios y resulte, en cambio, una apoteosis entre la clase burguesa, que se ha enriquecido en los años del desarrollo y juega a progresista, indica una intención de análisis social. La conducta de Lola y sus relaciones con su marido reflejan críticamente la introducción de una nueva moral matrimonial que acepta el adulterio por ambas partes.

En Perico (*Primavera...*) se da paso a la pintura de una juventud inquieta, politizada, activamente comprometida en la protesta, con un lenguaje y unas formas de relación sencillas y directas. A través de los jóvenes, que nada tienen que ver con la guerra, viene la reconciliación entre las dos familias. El mismo Ruiz Iriarte confía en que sea esta generación joven quien levante una España ausente de cualquier residuo de odio histórico.

El drama personal de Esteban y Leonor consiste en que las consecuencias inevitables de un drama superior les impidieron vivir su amor y los hicieron infelices. Cuando, pasado el tiempo, se niegan a que la pasión política vuelva a prevalecer sobre el amor, comienza para ellos una nueva «primavera en la Plaza de París». La necesaria transposición de esta historia a la España de 1968 se convierte, por un lado, en un lamento y una denuncia de una guerra fratricida de la que aún quedan huellas y, por otro, en una llamada esperanzada a la reconciliación sincera de los españoles mediante el perdón y la comprensión, formas colectivas del amor. Según Ruiz Iriarte, esta obra es, «quizá, una llamada a la comprensión y al amor, en el fondo» (*ABC,* 1-II-68, 70 a-b).

229

Cronológicamente, *La señora recibe una carta* (1967) se sitúa entre las dos comedias recién comentadas. La acción se desarrolla en casa de Adela y Alberto, autor teatral, durante una velada de amigos: Alicia y Tomás, que se dedican al cine, son un poco chiflados, gastan más de lo que tienen, pero se quieren. Laura es una famosa actriz con éxito entre los hombres, pero que se siente terriblemente sola. Manuel y Teresa no tienen que ver con el mundo artístico, pero son amigos de los demás desde la juventud. También asiste Marina, la joven secretaria de Alberto. La llegada de una carta anónima revela que la amante de Alberto está allí en esos momentos. Alberto niega la calumnia, pero todos se ponen en contra suya. La situación cambia cuando el portero viene a recuperar la carta, porque la ha traído a este piso por equivocación. Pero Alberto, para vengarse de ellos, declara que, en efecto, su amante se encuentra allí en aquel momento. Al sentirse comprometidas, las mujeres se acosan mutuamente y surge el recuerdo del pasado: Teresa estuvo enamorada de Alberto, al igual que Alicia; Laura le acompañó en la noche en que obtuvo su primer éxito como autor teatral; Marina, la secretaria, descubre también su inconfesado amor por Alberto. Después de muchos años de amistad, el grupo se rompe por las barreras que impone la desconfianza. Al final, sin embargo, comprenden que, a pesar de todo, se necesitan, y reanudan la velada. Sólo falta Marina, para quien la llegada de esa carta ha sido como un milagro que la ha salvado, anticipando las consecuencias de lo que podría haber sucedido entre ella y Alberto.

Esta comedia acusa semejanzas tanto con obras de Ruiz Iriarte como de otros autores. La situación de arranque hace pensar en *Historia de un adulterio*. La búsqueda de un «culpable» en *El landó...* y *Esta noche es la víspera*. La actitud vindicativa de Alberto es semejante al escarmiento que Teresa se propone dar a Fernando en *La vida privada de mamá*. La interpretación y las consecuencias del accidente de la carta sobre Marina son paralelas a las del accidente aéreo de *Esta noche...*: un hecho fortuito desencadena un proceso de confesión interior que revela la verdad profunda y desemboca en una decisión.

De entre las obras de otros autores es preciso referirse singularmente a *Las tres perfectas casadas,* de Casona (1941), que fue estrenada en Madrid el 10-IX-65 [61]. También aquí una carta dada a conocer por error —Gustavo no ha muerto, como se cree— revela que éste ha tenido relaciones con las mujeres de los tres matrimonios que están reunidos. Se crea una tensión para dilucidar esta acusación, y finalmente, Gustavo muere en un forcejeo con una de ellas.

La obra de Ruiz Iriarte es, cardinalmente, una comedia psicológica cuyo objetivo es describir las reacciones que van teniendo, especialmente los personajes femeninos, en las sucesivas situaciones. Adela, Teresa, Marina, en menor medida Laura, entre las mujeres, y Alberto son los personajes más desarrollados en este aspecto.

Las revelaciones de Teresa y Laura introducen el pasado como elemento de contraste con el presente, que intensifica el dramatismo de la situación. Una vez más Ruiz Iriarte está interesado en establecer un contrapunto entre lo que los personajes fueron en otro tiempo y lo que son ahora, en poner de relieve los efectos del paso del tiempo en nuestras vidas. *La señora...* es realmente la historia de una amistad. Teresa y Adela son amigas íntimas desde niñas, al igual que Alberto y Manuel. Laura y Alberto vivieron una noche de amor hace ya muchos años. Al manifestarse, el pasado remueve las bases de esa amistad que afianzaba y que ahora entra en crisis.

El tono de la obra es serio, aunque también contenga rasgos de humor y algunas deformaciones caricaturescas en los personajes menos importantes. La obra se agota en el planteamiento y la solución de la crisis que se produce en el grupo de amigos, sin que tenga una idea vigorosa que le dé fuerza dramática y pese a que algunos de los personajes están psicológicamente bien delimitados.

En lo formal, la única situación de que consta la comedia está bien planteada y da lugar a un diálogo vivo y adecuado a las reacciones anímicas de los personajes.

Es de destacar el empleo de un recurso pirandelliano para introducir en escena la conflictiva carta [62]

El reflejo social está más mitigado y se limita a una crítica ligera y caricaturesca de las nuevas tendencias del teatro español y a una exposición del ambiente artístico en que se desenvuelven Laura, Tomás, Alicia, Alberto, en contraste con las actividades económicas de Manuel.

Se explica que la obra no obtuviera excesivo éxito, quizá porque detrás de la hábil conducción de una tensión dramática mantenida hasta el final hay mucho menos de lo que cabría esperar en cuanto a más hondos conceptos. Lo que los personajes revelan no supone un mayor conocimiento de sí mismos que les impulse a cambiar, y no parece claro que esta crisis suponga tampoco una purificación o un estrechamiento de esos inveterados lazos de amistad que han estado a punto de resquebrajarse.

Historia de un adulterio (1969) es la obra más representativa de las preocupaciones de Ruiz Iriarte en este período de madurez. Consiste en la dramatización de un problema de conciencia individual suscitado por la influencia del pasado de un hombre, Ernesto Luján, en su actual capacidad de decisión, limitada trágicamente por los condicionamientos que él mismo se ha ido imponiendo insensiblemente con el paso de los años.

Luján, poderoso hombre de negocios, acaba de sufrir un ataque al corazón en medio de una violenta disputa con su mujer Adelaida y un matrimonio amigo, Jorge y Rosalía. Dialoga con el doctor que le ha atendido, haciéndole su confidente: Rosalía, la mujer de Jorge, es su amante desde que hace años ésta se presentó en su despacho para pedir a Ernesto que diera a su marido, Jorge, una oportunidad de mejorar el oscuro empleo que desempeñaba en la empresa. Adelaida conoce esas relaciones, pero debido a lo frecuente de los escarceos amorosos de su marido le resultan ya indiferentes. A Ernesto se le plantea ahora el gran problema de sus relaciones con Jorge: ¿Sabe que Rosalía es su amante? En ese caso, es un miserable explotador del adulterio de su mujer. ¿No lo sabe? Entonces piensa que todo su éxito en la empresa se lo debe a sí mismo, y Ernesto pisotea brutalmente tanta inocencia. Después de sondearle, convencido de que Jorge no sabe nada y de que ha destruido las vidas de Adelaida, Jorge y Rosalía, Ernesto decide renunciar a toda su riqueza, que no ha sido más que un foco de corrupción para todos. Pero ni Adelaida, ni Rosalía ni Jorge están dispuestos a aceptar su parte alícuota en el renunciamiento y tratan de disuadirle con motivos puramente personales. En plena discusión, Ernesto cree advertir que Jorge lo sabe todo, sufre un ataque y cae fulminado. La obra enlaza con el comienzo y poco después Ernesto se arrepiente de sus propósitos y nombra a Jorge vicepresidente. Este da a conocer entonces las calumnias de marido consentidor de que es objeto. Ernesto, por su parte, ha aceptado ese seguir adelante como una ineludible condena. En la escena final, Adelaida y Ernesto evocan el comienzo de su matrimonio, generoso e idealista, que contrasta vivamente con el egoísmo moral en que ahora viven. El sollozo final de ambos abre, quizá, una puerta a la esperanza de un cambio de vida.

Al igual que en *El carrusell* y *Un paraguas...*, Ruiz Iriarte acude de nuevo al procedimiento de situar a su personaje frente a un confidente. Este Ernesto Luján es un «triunfador» que desde su pobreza ha logrado encumbrarse socialmente. Pero una terrible pregunta sobre uno de sus colaboradores —¿sabe Jorge que su posición la debe a que su mujer, Rosalía, es la amante de Ernesto?— pone en trance toda su vida. Sus intentos por responder a esa pregunta y a todas sus consecuencias se estrellan contra la imposibilidad de conocer la verdad, y sus esfuerzos por llevar a cabo una determinación heroica son anulados por el egoísmo de los demás. Como el Daniel de *El carrusell,* Ernesto es arrastrado por la fuerza de su propio pasado, personificado en los que le rodean, y se ve condenado a continuar con una vida que le asquea, si bien la última escena de la obra permite suponer un desenlace más halagüeño.

De nuevo el tiempo y su acción sobre los hombres es un elemento básico. Es el agente que paulatinamente corrompe los más nobles ideales cuando los hombres se dejan llevar, también paulatinamente, por el orgullo, el egoísmo, el materialismo, la frivolidad. Técnicamente el juego con el tiempo es el eje narrativo de la obra. El presente actual de la acción convive con el pasado inmediato que Ernesto «narra» al doctor, y va intercalándose con él. Ese pasado introducido desde el presente, generalmente por Ernesto, se actualiza porque se teatraliza y, sin dejar de ser pasado, vuelve a acaecer.

Esta dramatización del contenido de un relato es el más importante aspecto formal de la comedia y tiene como fin la concentración del conflicto dramático, a diferencia del carácter esporádico que tiene *Un paraguas...* (cuadro vii).

En la escena final, en que conviven el fracaso vital del presente de Ernesto y Adelaida con su pasado remoto lleno de esperanzas y nobleza, además de esa concentración, se obtiene plásticamente el contrapunto temporal y emotivo que ha ido manifestándose a lo largo de la comedia por otros medios. Dada la deliberada búsqueda del contraste temporal que estamos comprobando en esta etapa del teatro de Ruiz Iriarte, juzgo desacertado suponer que esta última

233

escena sea simplemente una adherencia sentimental, como manifestaron algunos críticos (vid. *VRIAS*, Análisis..., C-2.1). Estimo que, calculadamente, se produce ese contrapunto en la última escena para oponer el momento de máxima ilusión en la vida de Ernesto y Adelaida con el de mayor abyección, y para ofrecer un desenlace tan ambiguo como el resultado de las inquisiciones de Ernesto sobre Jorge.

El conflicto que viven los personajes por unas horas, pero que es expresión de una crisis en toda su existencia, no limita su alcance a lo individual, sino que quiere trascenderlo y convertirse en reflejo de toda una clase social que se tambalea. Ruiz Iriarte fustiga a ese sector de la sociedad española que se ha enriquecido durante la posguerra y ha creado unas normas de comportamiento, muy «snobs» y muy brillantes externamente, pero que en realidad se asientan sobre un materialismo a ultranza, en la búsqueda del propio interés a toda costa, en la hipocresía, en la desaparición de cualquier rastro de generosidad o rectitud moral.

A pesar de que existan rasgos de humor, el tono de la obra es serio, tanto por el reflejo social que aporta como por los términos en que plantea y resuelve la crisis vital de Ernesto.

En *Buenas noches, Sabina* (1975), el último estreno de Ruiz Iriarte, se plantea una situación de crisis en el matrimonio de Manuel y Sabina, a pesar de que no se produzca como tal hasta la última escena de la comedia. La obra comienza de forma curiosamente idéntica a la de la novela corta *Insolación,* de E. Pardo Bazán: con la angustia de Sabina, que es una mujer de estricto sentido moral y que ha tenido una inexplicable debilidad con Nicolás, hombre muy atractivo a quien acaba de conocer. Confiesa su adulterio a una amiga de la infancia, Amparo, que la tranquiliza. Amparo, soltera, tiene unos criterios morales mucho más amplios y es además amante de Manuel. Este Manuel es un prestigioso intelectual, un tanto despistado y con enorme respeto hacia Sabina, su mujer. Manuel invita a su casa a un viejo amigo de juventud, corresponsal de prensa en el extranjero que resulta ser Nicolás. Finalmente Nicolás y Amparo se van juntos al extranjero y Sabina y Manuel se confiesan mutuamente sus infidelidades, deciden separarse, pero se reconcilian al comprender que se necesitan.

Más que la pura acción, Ruiz Iriarte ha pretendido plantear y desarrollar una situación en que es fundamental la ironía dramática. Es decir, que los espectadores saben más sobre los personajes que cualquiera de éstos sobre los otros o sobre sí mismos. En este sentido es ilustrativa la escena en que, reunidos los cuatro personajes, Manuel insiste a Nicolás para que dé detalles acerca de la aventura que vivió la noche anterior, la identidad de la mujer, etc. Según este mismo principio, Sabina piensa que la conducta de su marido es intachable y viceversa. La escena final adquiere su pleno sentido dramático porque presupone el final del juego de las apariencias, el enfrentamiento de uno con la verdad del otro, la ruptura matrimonial. En esta escena en que se pone en claro la ironía dramática, Sabina y Manuel toman conciencia de que, inadvertidamente casi, han estado viviendo una vida falsa, aparentemente feliz, pero llena de insatisfacción.

> —¿Qué era para ti Amparo?
> —Era la libertad. Tú eras una esposa tan rígida, tan inflexible, tan perfecta...
> (...)
> —¿Qué ha significado para ti Nicolás?
> —La huida. Ahora lo comprendo. La entrada en un mundo adonde sólo se llega soñando con sueños que están prohibidos (...). Nos creíamos que éramos felices, y no lo éramos (...). Nos habíamos creado un mundo para nosotros solos. Pero ese mundo era demasiado estrecho, muy pequeñito. Y, de pronto, un día, sin que nadie pudiera evitarlo, ese mundo se derrumbó...
> (PREYSON, M, 1983, 92-93.)

Una vez más, acorde con su tendencia intelectual de este período, Ruiz Iriarte levanta un conflicto en el que la influencia del paso del tiempo sobre las personas con ideales progresivamente más tibios determina el advenimiento de una crisis vital.

Es evidente un contrapunto temporal implícito en la exclamación de Sabina: «¡Dios mío! ¿Qué hemos hecho? ¿Es que nos hemos vuelto locos?» (ibídem, 92), reforzado por el hecho de que Manuel y Nicolás, lo mismo que Sabina y Amparo, tienen un pasado común al que acudir como punto de referencia.

Los personajes psicológicamente mejor trazados son Sabina y Nicolás. Ella entabla una lucha interior entre el concepto que tiene de sí misma y las ansias inconfesadas de escapar de su rutina. El, pese a sus éxitos profesionales y su atractivo sobre las mujeres, es un ser aislado y necesitado de un auténtico amor.

Como término de los ambages en que formalmente consiste la comedia, el tema se aborda directa y concentradamente: la incomunicación en que marido y mujer han vivido durante años estalla, pero tiene un resultado positivo, el de hacer posible que, sobre la base de este momento de sinceridad y perdón, el amor renazca entre los esposos. El sentido de *Buenas...* está en la purificación mediante el amor y en una exigencia de sinceridad que haga imposible la incomunicación.

Mediante el juego del humor y el eco de lo más inmediato aparece de nuevo sobre escena el reflejo de una España más evolucionada política y socialmente, pero con menos referencias concretas que en otras ocasiones.

La comedia se mantuvo en cartel en el Teatro Arlequín, de Madrid, desde el 25-IX-75 hasta finales de enero del año siguiente [63].

Una pistola en el bolsillo es el título de la copia original de una comedia de estos años que no llegó a estrenarse. Ruiz Iriarte cita este título en una entrevista realizada en septiembre del 76 en San Sebastián, donde estaba participando como jurado en el XXIV Festival de Cine [64].

Amadeo es un poderoso hombre de negocios que, como informan los medios de comunicación, ha cometido un desfalco y ha huido con una pistola. Consigue refugiarse en el apartamento de Paulina, una muchacha joven. Al apartamento llegan otros cuatro amigos de ésta, Tony, Marta, David y el Papi, que es un hombre ya de alguna edad. Los tres jóvenes y el Papi tienen un concepto de la sociedad opuesto a todos los valores burgueses que representa Amadeo y deciden iniciar un juicio contra él para dilucidar si deben entregarlo a la justicia o no. El desarrollo de este juicio pone de manifiesto aspectos insospechados de la personalidad de cada uno: el Papi fue amigo de Amadeo en la juventud. Mientras éste obtenía las mejores notas, era emprendedor y gustaba a las mujeres, el Papi ocultaba bajo la máscara de la bohemia y las aspiraciones artísticas su pereza y su envidia de Amadeo. Verle ahora tan fracasado como él mismo da rienda suelta al rencor de el Papi y declara culpable a su compañero de juventud.

Amadeo se revela como el «triunfador» que es derrotado. Para él, como para Daniel en *El carrusell* o Ernesto en *Historia de un adulterio,* éste es un momento de profundo ocaso en todos los planteamientos de su vida. Amadeo comprende que su existencia ha estado dominada por la ambición, por el orgullo del poder. Su soberbia ha asfixiado el amor y ha hecho infelices a él y a cuantos le rodeaban.

La patética confesión de Amadeo hace ver a los jóvenes la trágica situación de hombre postrado en que se encuentra, y todos comprenden que no están juzgando a un inconcreto adversario político, sino a un ser humano con todas sus circunstancias. El odio, sin embargo, puede más en Tony y el Papi, pero Marta, Paulina y David lo absuelven. Inesperadamente se presenta la policía y Amadeo se suicida con la pistola que llevaba en el bolsillo. La obra finaliza con la llamada telefónica de Lola, la mujer de Amadeo, de la que también estuvo enamorado el Papi. Lola, que es una mujer frívola y egoísta, creyendo que Amadeo la escucha, expresa su deseo de comenzar una nueva vida despojada de toda la frivolidad que hasta el momento les ha otorgado una felicidad engañosa.

El desenlace dramático en que se resuelve esta comedia reafirma una vez más el interés de Ruiz Iriarte por los conflictos de madurez. Cuando en la vida se da entrada franca al materialismo, al egoísmo, a la frivolidad, llega siempre un momento de crisis profunda, porque esos valores son incapaces de colmar las aspiraciones del hombre. El individuo se reconoce íntimamente fracasado y sin posibilidad de rectificación.

Técnicamente, la obra está perfectamente construida, las escenas se suceden ágilmente y la situación nuclear de que consta —el juicio— evita el estatismo en que podría haber caído y produce una serie de reacciones psicológicas en los personajes, que van manifestándose como realmente son.

El modo de reflejar la sociedad española acusa un paralelismo con el tono dramático de la obra, en especial los efectos del incipiente desajuste económico y el comienzo de unas abiertas tensiones sociales en el país. En cuanto a la juventud, hacía años —desde *El carrusell, Primavera...* y *Un paraguas...*— que no comparecía en el teatro de Ruiz Iriarte. En *Una pistola...* vuelve a asomar, y lo hace con unas características que denotan una total independencia de la familia y una moral sexual sin barreras. Estas dos notas marcan la evolución de la juventud tal como Ruiz Iriarte la contempla.

En una entrevista realizada en 1978 por P. O'Connor, Ruiz Iriarte afirmaba que «tengo una obra terminada: *El juicio de los ángeles*. Pero no veo su estreno inmediato» (*Estreno,* IV, 2, 1978, 17 b).

En el folio 26 del segundo acto de la copia mecanografiada original de la comedia, David dice: «... aquí todo está sucediendo como si usted ya hubiera muerto y este apartamento (...) fuera el cielo y usted estuviera entre los ángeles. Pero hay dos clases de ángeles (...). Unos ángeles inflexibles, implacables, que no perdonan (...), y otros ángeles alegres y generosos, un poco inconscientes, que todo lo perdonan porque quieren llenar el cielo de pecadores...».

Ruiz Iriarte tiene por costumbre intitular sus obras reproduciendo un detalle textual o bien mediante un resumen conciso e irónico [65]. Esto me hace suponer que *El juicio de los ángeles* es la misma obra que *Una pistola en el bolsillo.*

De las dos adaptaciones que realiza en estos años no me ocupo extensamente por no tratarse de obras originales. Comentaré, no obstante, aquellos aspectos en que se advierte claramente la presencia de la técnica y las preocupaciones del autor en este período.

Manzanas para Eva (1970) es la versión escénica de ocho cuentos de Chejov, reunidos previamente por Gabriel Arout. Destaca, en primer lugar, el hecho de que los personajes principales son todos mujeres. Se trata de ocho estudios de psicología femenina en los que predomina la volubilidad y la astucia. El tono es de una desenfadada sátira de las mujeres al modo de los tradicionales misóginos, pero sin comunión con su espíritu.

El interés de esta versión escénica radica en el procedimiento narrativo del tercero de los cuentos, titulado «El pichón». Es el más largo de todos y está integrado por ocho cuadros segmentados por un juego de luces. Los cuadros ii, v y viii son una conversación en que «El» relata a Nina cómo cautivó a Sofía, una mujer pura e inocente, para abandonarla después por hastío. En los cuadros i, iii, iv, vi y vii aparece escenificado el relato de «El» a Nina. Estas escenas del pasado son introducidas por ese diálogo, pero el punto de vista no es el de «El», sino el de Sofía. El contenido de estas escenas pretéritas contrasta vivamente con las del presente porque nos enteramos de que Sofía es una prostituta profesional dedicada a hombres ricos que engaña a «El» con el truco de la feminidad, explotando su vanidad y aprovechándose de su dinero.

Esta técnica de la mixtura de escenas de presente y pasado al hilo de una conversación actual es la que ya hemos encontrado en *Un paraguas...* (vii) e *Historia...* La novedad en *Manzanas...* estriba en que se produce una colisión de puntos de vista entre presente y pasado que persigue una intención humorística. En las dos obras anteriores no existe tal juego con el punto de vista como categoría narrativa [66].

El aspecto más destacable de la adaptación del holándes Eric Schneider, que se estrenó con el título de *Las tres gracias de la casa de enfrente* (1973), es el relacionado con el tema del paso del tiempo.

Tres hermanas, que conviven en un enrarecido ambiente de desprecio y agresiones verbales, van paulatinamente revelando la influencia que ha tenido en sus vidas el amor por Roberto, amigo del padre de ellas del que ahora está enamorada Judy, una joven sobrina de las tres mujeres. A esta influencia hay que añadir la de la férrea autoridad de la madre, que llegó a expulsar al padre del hogar. Este se refugió en un asilo, donde murió abandonado. La triple relación sentimental con Roberto en el pasado determina lo que cada una de las tres hermanas es en el presente: Elisa, una desequilibrada; Marta, una alcohólica con impulsos lesbianos hacia Judy y completamente amargada; Cora es la única que ha logrado una cierta estabilidad social, pero convirtiéndose, como contrapartida, en una mujer seca y sin amor. El fracaso existencial de sus vidas culmina en la decisión de alejar a Judy de ellas para que no se contagie de las miserias de las tres gracias.

Desconozco la obra original y no puedo afirmar hasta qué punto este buceo en el pasado como causa del presente es atribuible a Ruiz Iriarte. En cualquier caso, tanto si se trata de una aportación suya como si se da ya en el texto de Schneider, es síntoma de la sensibilidad de Ruiz Iriarte con respecto a las reflexiones del hombre acerca de los condicionantes de su propia fisonomía moral.

4.1.3.3. *Los años 60: Conclusiones*

1. En esta etapa de madurez, Ruiz Iriarte mantiene su objetivo estético en la comedia como género. «De mí diría que soy eso que se llama un comediógrafo. Un hombre que hace comedias. Nada más» (*Ya*, después de 1968, s. p., d).

En general, todo lo dicho sobre el concepto de «comedia» al tratar del «teatro de reflejo social» (4.1.2.3) puede aplicarse a las obras de este período. Refiriéndose a *Primavera en la Plaza de París,* el autor dice que «en la forma todo está dispuesto —si es que está logrado— para que el espectador se conmueva, se emocione y se divierta» (*ABC,* 1-II-68, 70 b). El autor continúa decidido a llegar al público de su tiempo mediante lo que considera el juego de la comedia eterna: conmover, sonreír, hacer pensar.

La característica que distingue las comedias de los años 60 de las de épocas anteriores es, en general, la mayor proporción del elemento dramático. La comedia es para Ruiz Iriarte un género versátil, de anchos límites, donde se roza lo propiamente cómico y lo puramente dramático. Si en los años 50 predominaba una mayor dosis de elementos de farsa —de ahí venían sus errores (4.1.2.3)—, en los años 60 la tendencia general es al incremento de los componentes más dramáticos, siempre dentro de los límites de la comedia como género, es decir, sin abandonar el humor.

Este generalizado adensamiento del contenido humano de su teatro acompaña a lo que puede considerarse como la preocupación temática omnipresente en estos años: el conflicto que estalla en la madurez de las personas cuando se permite que el paso del tiempo corrompa unos ideales nobles y generosos. El resultado de estas crisis vitales es poco halagüeño. Excepto *La muchacha...* y *Un paraguas...,* las demás obras terminan de forma desgraciada o se rematan con un desenlace que más que feliz es incierto. Ruiz Iriarte condena unas costumbres que se fundan en el egoísmo y que, con el tiempo, se tornan irreversibles.

El autor se cuida de señalar a un solo individuo como culpable de la lamentable situación en que coloca a sus personajes. Las gentes que rodean al «triunfador» o las circunstancias políticas en *La muchacha...* conforman una concatenación de causas y concausas que hacen imposible la adjudicación de responsabilidades. En esta responsabilidad difusa y compartida, pero real, estriba el contenido trágico de estas obras.

Las sombrías consecuencias que pueden extraerse de estas comedias no reemplazan con el pesimismo el anterior «optimismo» de Ruiz Iriarte, sino que lo expresan de otra manera, por vía negativa. El amor, la generosidad, todos los nobles valores espirituales del hombre, siguen siendo garantías de felicidad. Por ello su pérdida, debida a la erosión inadvertida del paso del tiempo, es tan dolorosa. El mayor tono dramático de estas obras se origina precisamente en el análisis de ese trance en que el hombre advierte su propio desmoronamiento vital.

Más o menos veladamente, con un ropaje u otro, éste es el mensaje que subyace en estas ocho obras [67].

2. Directamente unido a lo anterior está la intensificación del tono crítico en el reflejo de la sociedad española del momento. En su formulación del concepto de comedia persiste como elemento fundamental el hacer de su obra un receptáculo de los latidos de su tiempo.

«La fórmula de mi teatro podía ser ésta: ironía más actualidad», afirma en una entrevista de estos años (*Ya*, h. 1965). Y poco después, en esa misma entrevista: «La sociedad que describo (...) es una sociedad en crisis cuyos principales defectos son la frivolidad y la incomprensión. La frivolidad es la gran protagonista de la vida contemporánea.» Su diagnóstico acerca de la realidad española mantiene un paralelismo con las crisis vitales a que somete a sus personajes. Al igual que éstos, la burguesía que presentan lleva dentro un cáncer porque sus hombres, con la riqueza, han creado una moral de «snobs» que disgrega la familia, busca la satisfacción del interés y la vanidad y es insolidaria con el resto de la sociedad.

La muchacha... y su continuación es una cala en los sentimientos políticos de esa burguesía, que son de pura conveniencia, y una denuncia de la permanencia de los rencores que dividieron a España en la guerra civil.

Por otra parte, es necesario relacionar esta mayor perceptibilidad del tono crítico del reflejo social con la ampliación de criterios en los responsables de la censura al mediar los años 60.

241

3. El repetido planteamiento de la crisis vital de un personaje en la madurez trae aparejada como consecuencia un énfasis en el manejo del tiempo.

En *Historia...*, *El carrusell* y *Un paraguas...* el relieve dramático de este tema se manifiesta en la propia estructuración formal. En las demás comedias el contrapunto temporal sigue siendo un elemento de primer orden, pero no en el nivel sintáctico, sino en el semántico. Los personajes se configuran por el contraste entre lo que ahora son y lo que en otro tiempo fueron o quisieron ser. En este sentido es significativo el hecho de que, en todos los casos, haya unas relaciones de amistad entre los personajes que provienen de los años de la infancia o la juventud.

4. En cuanto a los personajes, se produce una profundización en su condición problemática. Hay una tendencia a formular ese trance de la madurez a través de un personaje individual que lo padece. Este individuo, sobre el que se vuelca el autor otorgándole una humanidad capaz de transmitir su angustia, es el vehículo dramático fundamental.

Así nace un nuevo «tipo» del teatro de Ruiz Iriarte, del que me ocuparé más adelante (4.2): el «triunfador». Sustituye a los «pobrecitos» y «contemplativos» de los años 50 y provoca en el autor un cambio en su estimativa de afectos. Si aquellos personajes de los 50 eran presentados con ternura, con un sentido terapéutico que imponía sus interiores virtudes frente a falsos valores, este «triunfador» aparece como el triste espectáculo de una derrota existencial proporcionada a su egoísmo. Su sentido va más allá de una referencia a los hombres de una determinada capa social, y quiere ser una reflexión acerca de la naturaleza humana [68].

En el fondo, este «triunfador» encierra el mismo mensaje que los personajes de los años 50: los hombres no son lo que parecen. No hay más felicidad auténtica que la que procede de la rectitud moral. Una vida limpia, acorde con esos valores que todo hombre atesora en su interior, quizá en lo más hondo, es la única garantía de la verdadera fortuna [69].

Junto al «triunfador» aparece la esposa frívola y vanidosa que acepta el adulterio de su marido como una exigencia de su posición, a la que egoístamente saca partido en provecho propio.

5. En el plano sintáctico se observa una insistencia en el teatro «de situación». En 1975 afirmaba Ruiz Iriarte:

>—¿Cómo se hace una obra?
>—Se parte de una situación de arranque, por supuesto. Una situación que tenga la suficiente fuerza para convencerle a uno mismo. Y después es seguir sus consecuencias hasta el final [70].

En *El carrusell, Un paraguas...* e *Historia...* esa situación de partida es idéntica: un personaje enfrentado a un grave problema personal establece con un ser más o menos real un diálogo cuyo contenido es escenificado. El autor salva el estatismo en que podría haberse incurrido recurriendo al ya comentado procedimiento de la teatralización del relato.

La señora..., Buenas noches, Sabina y *Una pistola...* acusan una evidente dependencia de una única situación que sería aún más perceptible si la última llevara el otro título que imaginó el autor: *El juicio de los ángeles*.

La estructura sintáctica más variada es la de *La muchacha...* y su continuación. La intencionalidad política trae consigo un aumento del número de personajes y una composición más abierta.

En síntesis, se observa una predilección por una organización sintáctica apoyada en una situación que consiste básicamente en una confesión provocada por la angustia interior y la necesidad de analizar el pasado. En el porqué de la recurrencia en esta situación encontramos de nuevo el adensamiento del contenido humano y del tono crítico de su teatro en esta etapa de madurez.

6. Desde el punto de vista pragmático, tanto el de la puesta en escena como el de las relaciones del autor con su texto, hay que tener en cuenta que cuatro de las ocho comedias de estos años fueron montadas por la compañía de Enrique Diosdado y Amelia de la Torre: *El carrusell, La muchacha..., Primavera...* e *Historia...* A éstas hay que agregar, seguramente, *Una pistola en el bolsillo*. Aunque no

conste la intención del autor, resulta fácil suponer que el «triunfador» Amadeo fuera interpretado por Enrique Diosdado y Lola, la mujer vanidosa y frívola, por Amelia de la Torre, ya que ambos habían hecho papeles semejantes en dos ocasiones: *El carrusell* e *Historia de un adulterio* [71].

En 1968, respondiendo a la pregunta de si escribía por encargo o por propia decisión, declara: «De las dos maneras, como cualquier otro autor. Pero estoy convencido de que los dos sistemas son perfectamente legítimos» (*ABC*, 1-II-68, 70 b).

Pienso que la vinculación a esta pareja de actores está relacionada con la homogeneidad de las obras de esta etapa, si no como causa, sí como efecto.

4.2. LOS PERSONAJES

Desde hace decenios la crítica estructural y semiológica se esfuerza por determinar el concepto de personaje, por otorgarle un «estatuto» dentro de la obra literaria. Para Aristóteles y sus seguidores, el personaje estaba completamente subordinado a la acción. Después, en la etapa moderna, el personaje fue adquiriendo esencia psicológica y convirtiéndose en receptáculo de una esencia, en persona. El estructuralismo supone una resistencia a considerar el personaje simplemente como un ser. El personaje será enfocado fundamentalmente como un participante en una acción, que se define por sus relaciones con los demás participantes de la obra de ficción y que alcanza su sentido en el superior nivel de análisis [72].

Desde este punto de vista, lo fundamental de los personajes de Ruiz Iriarte, en conjunto, es que partiendo de una situación desagradable de soledad, falta de afecto o culpa reaccionan tratando de superarla. Los distintos procedimientos concretos que emplean para dar solución a esta situación de partida permite establecer unos grupos de personajes que se caracterizan por un tipo de acciones semejantes. Ante situaciones paralelas los personajes desencadenan una acción o participan en ella de forma parangonable.

Esa acción, que se manifiesta fundamentalmente a través de lo que hacen, lo que dicen y lo que se dice de ellos y que se realiza de forma discontinua en el texto, configura a un nivel superior el sentido, el ser o la etiqueta semántica de esos personajes.

En el teatro de Ruiz Iriarte existen unas series de personajes «sinónimos», al decir de Hamon (cit., 133), por tener en común una misma etiqueta semántica. Dicho de otro modo, son personajes anafóricos porque, al cumplir una función semejante en textos distintos, reiteran un mismo sentido.

Aparte de su función y significado interno al texto, los personajes en Ruiz Iriarte tienen una importante vertiente sociológica o pragmática en cuanto que, por su configuración como personajes, remiten a unos determinados referentes o modelos extraliterarios de los que son reflejo. Trasladando al «personaje» una división de los signos, Hamon (cit., 121-24) distingue, junto al personaje «de engranaje» y el personaje anafórico, el personaje referencial. Este personaje remite a unos valores aceptados en una cultura y su inteligibilidad depende directamente del grado de participación del espectador en esa cultura. Sirven esencialmente de enlace referencial entre el texto en que están presentes y el gran texto de la ideología, los convencionalismos o la cultura, produciendo así un efecto de realidad.

En Ruiz Iriarte ese mundo referencial es el de la burguesía madrileña de los años 50 y 60. Como, por otra parte, son las gentes de este sector social las que preferentemente acuden al teatro, resulta fácil el establecimiento de una corriente de identificación entre el público y esos personajes que, en buena medida, son su propio paradigma.

Como sabemos, la característica de los personajes principales de Ruiz Iriarte en cuanto actuantes, su «predicado de base» según la terminología de Todorov, es la lucha encaminada a superar una situación original desagradable. Cuando este esfuerzo por lograr un objetivo se prolonga a lo largo de toda una obra estamos ante uno de esos tres o cuatro personajes que el autor suele crear en cada una de sus comedias. A pesar del número más o menos amplio de «dramatis personae» que tenga una obra es axiomático el hecho de que sólo un reducido número de ellos contrae un haz de relaciones pleno, mientras el resto se limita a una dependencia más o menos episódica con esos personajes principales.

Formalmente puede comprobarse esta característica del

teatro de Ruiz Iriarte a través de un recuento cuantitativo de las presencias de los personajes en escena que está, habitualmente, en proporción directa con su relieve en el sentido global de la obra[73].

Los personajes centrales encarnan una situación básicamente humana e individual de oposición a unos valores generalmente aceptados por los demás que les impiden obtener su objetivo, generalmente la felicidad. La acción superadora que éstos desencadenan es, por una parte, índice del rechazo de Ruiz Iriarte a determinadas actitudes de la burguesía española. Por otra, desde el punto de vista pragmático, ofrece al público la posibilidad de identificarse individualmente con unos personajes cuya experiencia es básicamente compartible porque opera sobre sentimientos y vivencias de ámbito universal, que pueden resumirse en la necesidad de amor —en sentido amplio— y en la inexcusable exigencia de la nobleza personal.

De aquí se desprende la virtualidad que, en general, tienen los personajes del teatro de Ruiz Iriarte para provocar en los espectadores una corriente de identificación que afecta tanto a su condición de seres humanos como a su pertenencia a esa parcela de la sociedad que el autor presenta prioritariamente en escena.

4.2.1. Personajes sinónimos

El primero y único intento que conozco de establecer una galería de los personajes del teatro de nuestro autor es el de Spencer, en su trabajo *Dreams and Reality in the Theater of Víctor...* (1982; vid. Bibliografía Secundaria, 1.3). En un epígrafe titulado «Character types...» y en otro posterior en que vuelve sobre ellos, Spencer señala el «pobrecito-a», el «businessman», la mujer vanidosa y frívola, la mujer romántica y soñadora y el «outsider», personaje que se ve envuelto en la acción más como espectador que como participante.

En *VRIAS* y en el capítulo dedicado a los temas y evolución del teatro de Ruiz Iirarte he ido haciendo referencias a los personajes también desde el punto de vista de su repetida aparición en obras distintas.

Para cualquier conocedor del teatro de Ruiz Iriarte resulta fácil establecer como un aire de familia entre una serie de personajes. Esto no significa que sus comedias sean identificables con la comedia del arte y sus derivaciones o el teatro clásico español en cuanto a la esquematización funcional rigurosa de unos personajes que adquieren unos nombres fijos en virtud de la esencia psicológica de que son portadores. «Comedy is expected to depict types rather than individuals (...). The simpler the character, the more remote from the moral complexity of the human beings» [74]. La insistencia en una sola característica del personaje, su uni-dimensionalidad, suscita un efecto de distanciamiento, de irrealidad, que resulta rentable de cara a la comicidad. Hay una serie de personajes secundarios en Ruiz Iriarte que participan de esta configuración unívoca en cuanto criaturas escénicas. Su objetivo es la provocación de un efecto humo-rístico y su proliferación supone un acercamiento a la farsa. Este fenómeno es frecuente, como hemos visto, en las obras de reflejo social de los años 50.

Según Nicoll, «as soon as we begin to sympathize then we entirely lose the spirit of laughter, and we begin to sympathize when we see before us not types but persona-lities» [75]. Especialmente en las comedias de los años 50, los personajes principales son capaces de producir esa «sim-patía» que posibilita la identificación y hace compasiva, nunca distanciada, la sonrisa que simultáneamente puede llegar a originar.

Los grupos de personajes que defino a continuación ofrecen, internamente, una escala de gradaciones y, en la combinación de unos con otros en las obras concretas, unas relaciones diferentes que otorgan a este teatro una variedad limitada, pero auténtica.

1. El tipo más destacado por la crítica es el del «pobre-cito». Ya me he ocupado de él (4.1.2.3.2) e introducido una distinción entre éste y el «contemplativo» según la funcionalidad de cada uno de ellos en relación con los de-más personajes de la obra.

Son «pobrecitos» los hombres y mujeres que, teniendo auténticas virtudes, no obtienen la estima de los demás porque «no gustan», como Andrés (*Aprendiz...*), Lupe (*La soltera...*), Marta (*Usted no...*), Verónica (*Cuando ella...*), las Floritas de *Un paraguas...*, Lorenzo y Loreto (*El pobre-cito embustero*); o encuentran algún otro obstáculo exterior que dificulta el logro de su objetivo, como Paulina y Paloma (*Las mujeres decentes*), Cándida (*Juego de niños*), Federico

247

(*La cena...*), Teresa (*La vida privada...*), Mateo (*Tengo un millón*); en cierta medida, Juanita y Adelaida (*La guerra...*).

Obtengan o no éxito con su fingimiento o cambio de personalidad, se caracterizan por una relación de lucha con uno o varios de los otros personajes. Más cercana o lejana, sobre estos personajes gravita la influencia de Arniches.

2. El «contemplativo» tiene notas comunes con el «pobrecito», pero es fundamentalmente pasivo porque no intenta un cambio de personalidad. Así, Luciano (*Academia de amor*), Esteban (*La soltera...*), Marcelo (*Juego de niños*), Jerónimo (*Las mujeres...*), incluso Florencio (*El landó...*).

3. La figura del «pobrecito» se extingue prácticamente con el «teatro de reflejo social» y es sustituida por la del «triunfador» (4.1.3.3.4). En cierto modo, es la antípoda del «pobrecito», el tipo de personajes con los que éste entra en conflicto.

Es clara esta oposición entre Marta y Fernando (*Usted no...*) o, mejor, entre Ricardo y Marcelo (*Juego de niños*), pese a que a éste no lo haya considerado estrictamente como «pobrecito».

El tipo se da plenamente en Daniel (*El carrusell*), Ernesto (*Historia...*) y Amadeo (*Una pistola...*) y está presente ya como tal en Ricardo. Aunque no aparece en escena, sabemos que el padre de la última Florita (*Un paraguas...*) entra dentro de este patrón (cfr. *TSVRI*, 487-89). Un antecedente lejano podría ser Brummell, el financiero estafador de *El puente de los suicidas.*

Son poderosos hombres de negocios, tienen ideas conservadoras, son adúlteros, tienen una esposa vanidosa y frívola y padecen una crisis interior tardía e incapaz de rectificar una vida corrompida.

Más pronto o más tarde, más o menos intensamente, el sentido de esas relaciones se invierte y este «triunfador» pasa a depender de los demás o de su propio pasado. Es vencido cuando sobreviene esa crisis vital que no es capaz de superar con su habitual seguridad. Se ha dicho ya que éste es el personaje más típico del teatro de madurez de Ruiz Iriarte por el énfasis que supone en la idea de que el materialismo puede hacer sucumbir los más nobles ideales.

Hay otro «triunfador», quizá menos enterizo como personaje-tipo, que se distingue del anterior por su dedicación profesional: el prestigioso intelectual. Es el caso de Fernando (*Usted no...*), Marcos (*Esta noche es la víspera*), Alberto (*La señora...*) y Manuel (*Buenas noches, Sabina*). Al igual que el «triunfador», el «businessman» de Spencer, es varón, gusta a las mujeres, disfruta de reconocido prestigio en su profesión y padece una contrariedad más o menos intensa que modifica su personalidad. En algunos aspectos, Esteban (*La muchacha del sombrerito rosa*) pertenece a esta clase de personajes. En *El pobrecito embustero* la oposición entre la «pobrecita» Loreto y el apuesto Pedrín, que gusta a todas las chicas, hace de éste un ejemplo larvado de estos tipos, lo mismo que Tony (*Juego de niños*).

4. La mujer frívola de buena posición alcanza su más plena configuración y sentido junto al «triunfador» en los años 60. Rita (*El carrusell*) y Adelaida (*Historia...*) se caracterizan por la inmutabilidad de sus relaciones con el «triunfador». Por esa permanencia suya en el propio modo de actuar, éstos se ven obligados a continuar con una vida cuyos errores de planteamiento conocen perfectamente.

El tono más crítico del reflejo social de las obras de esta etapa de madurez, al igual que sobre el «triunfador», recae sobre este tipo de mujer al que se hace responsable en buena parte de la degeneración familiar y conyugal. La simpatía con que Ruiz Iriarte enfoca el cambio de costumbres en la mujer española de los años 50 se convierte aquí en una denuncia de sus excesos. Interpretada al modo de una advertencia, se había dado este fenómeno ya en el caso de Victoria (*El pobrecito embustero*), si bien en un plano secundario. El excesivo apego a la posición social es causa de la ruptura del matrimonio y del envío de Pedrín a España. Aunque poco desarrollada, Lola (*Una pistola...*) entra dentro de esta clase de mujeres volubles y egoístas.

En los años 50 aparecen personajes femeninos con estas características sometidas a una sátira que no alcanza el tono más dramático de las que acabamos de tratar. Es el caso de Adelaida (*La soltera...*) y Anita (*Esta noche es la víspera*).

5. La «golfa» es, de nuevo, un tipo femenino. Su presencia en el teatro de Ruiz Iriarte es casi ininterrumpida

desde la aparición de Manolita en *El aprendiz de amante* (1947) hasta la de Amparo en *Buenas noches...* (1975).

El tipo experimenta una evolución con dos etapas: en la primera —los años 50— se trata de una mujer de conducta irregular, relacionada con el mundo de los «cabarets», con una economía saneada, fruto del trato con diversos hombres. A pesar de ser apreciada, se siente fundamentalmente sola porque no encuentra un verdadero amor. En ocasiones su dedicación a la explotación del amor es consecuencia de un fracaso amoroso inicial. Es vulgar y poco refinada, como se desprende de su lenguaje y sus gestos, marcas habituales de su personalidad. El punto de vista del autor sobre este personaje es francamente positivo porque, bajo las apariencias, surge finalmente su buen corazón.

En cuanto al reflejo social, es una forma más de resaltar el sistema invertido de valores que predomina. Se establece una relación de oposición entre ese otro tipo de la mujer de buena posición, aparentemente respetable, pero satirizada por su egoísmo, y esta «golfa», deshonrada socialmente, pero con muy estimables condiciones personales.

Una fuente literaria para esta «golfa», aparte de lo que pudiera aportar la observación social, podría ser Rosita, la protagonista de *La diosa ríe* (1931), de Arniches, que reúne la mayoría de las características apuntadas.

Entran holgadamente en esta tipología Manolita (*Aprendiz...*), Margarita (*El landó...*), Rosa (*Esta noche...*), Aurora (*Usted no...*), Juanita (*Tengo un millón*).

Mantienen relación con este tipo la Juanita de *La guerra...* y Diana, la favorita de *El gran minué*. Puede tenerse en cuenta también, pero a mayor distancia, la Patricia de *Cuando ella...*

En los años 60 quedan resabios claros de este tipo en Adelina y Nina Valenti (*Un paraguas...*) o en Laura, la actriz de *La señora recibe...*

Este tipo evoluciona en los 60 hasta convertirse en una mujer, casada o no, desenvuelta, con aceptación social, que es la amante del «triunfador». Tiene de común con la «golfa» de los años 50 su irregularida moral y su relación de rivalidad con otra mujer, en este caso, la esposa. Conserva en ocasiones algo de su lenguaje y modales ordinarios.

Es el caso de Lola (*La muchacha...*), Amparo (*Buenas noches...*) y Rosalía (*Historia...*). Aunque no aparecen en escena, tanto en *El carrusell* como en *Una pistola en el bolsillo* se alude a un personaje de esta misma estirpe, Rosa Fornell y Linda Moreno, respectivamente.

A esta evolución de ciertas características del tipo de la «golfa» acompaña un desplazamiento en la estima del autor por su personaje, al igual que ocurría con el «triunfador» que reemplazaba al «pobrecito». Si era positiva en la primera etapa, en esta segunda «golfa» de los años 60 se acentúan las notas de la frivolidad egoísta y del interés personal.

6. Otro tipo femenino es el de la mujer romántica y soñadora. Se da únicamente en el «teatro de imaginación» de los años 40, donde tanta importancia alcanza el tema del sueño, y en el «teatro de reflejo social» de los años 50.

Ostenta algunos puntos de contacto con la «pobrecita», pero, a diferencia de ésta, no finge una personalidad distinta. La actividad que desarrolla, especialmente de imaginación, de forja de un amor idealizado, es coherente con su propia personalidad. Esta unidad de personalidad y de acción acerca este tipo de mujer al del «contemplativo», si bien la existencia de una actividad destinada a lograr un objetivo la distancia de éste. Es, pues, una personalidad a medio camino entre el «pobrecito-a» y el «contemplativo».

Este personaje que busca en la realidad el amor que existe en su imaginación es Isabel (*El puente...*), Margarita (*La señora, sus ángeles...*), Isabel (*El landó...*) [76], Catalina (*El aprendiz...*), Paloma (*La cena...*), Estrella (*Yo soy el sueño*), Juanita (*Juanita va a Río...*), Paloma (*El cielo está cerca*), Irene (*Don Juan se ha puesto triste*), Magdalena (*El pobrecito embustero*). Incluso hay reminiscencias de este personaje en Leonor (*La muchacha...*, vid. Alfil 555, 26).

Este personaje-tipo, abundantemente representado, es, junto al del «demiurgo» que examino a continuación, el principal vehículo dramático del «optimismo» en el «teatro de imaginación», aunque su calidad como personaje sea en ocasiones defectuosa (vid. 4.1.1.3.1).

Como es de suponer, la posición afectiva del autor respecto a este personaje es muy positiva, pues se caracteriza por el esfuerzo activo en la superación de la realidad desagradable mediante la imaginación que busca la felicidad.

7. El «demiurgo» de un mundo de ficción interior a la obra dramática es un personaje que se repite en cuatro de las primeras obras de Ruiz Iriarte: Daniel en *El puente...*, Paulina en *Academia...*, Adelita en *El landó...* y Laura en *El café de las flores*.

Los cuatro personajes tienen en común, como motivación para su filantrópica empresa, la existencia de una desgracia en su vida y, como finalidad, la busca altruista de la felicidad para los demás, aunque no se excluya un deseo de felicidad personal en la propia generosidad.

8. La aparición en escena de personajes jóvenes los constituye en un grupo peculiar dentro del teatro de Ruiz Iriarte. Su presencia es muy notable en *La soltera rebelde, Juego de niños, El carrusell, Primavera en la Plaza de París* y *Una pistola en el bolsillo.*

Como personajes referenciales (cfr. Hamon, cit., 122-23), tienen en común el ser portadores de un nuevo modo de comportarse, que se mira generalmente con simpatía. En las obras de las primeras etapas se hace hincapié en la mayor libertad de trato de que disfrutan los jóvenes de ambos sexos y en la inversión del papel agresivo, tradicionalmente atribuido al hombre. En las obras de los años 60, sin perderse estos aspectos, es más perceptible una caricaturización crítica de las actitudes ideológicas y de protesta de los jóvenes.

Como actuantes en las obras concretas, pueden contraer relaciones de oposición con una o más de las personas mayores (*El carrusell, Juego..., Una pistola, Primavera...*) o bien un paralelismo y afecto (*La soltera..., Academia..., El pobrecito..., Un paraguas...*), de manera que en cierta forma «la historia se repite».

En cuanto al sentido dramático, la función de los jóvenes Marita y Perico es prioritaria en *Primavera...*, pues se atribuye a la nueva generación el encargo de hacer una España sinceramente reconciliada. Por contra, los tres hijos de la familia Sandoval (*El carrusell*) no salen bien parados en cuanto a su capacidad real de contribuir a un cambio en la sociedad. La juventud que aparece en *Una pistola...*, la que juzga a Amadeo Roldán, supone el estado desarrollado y ya consolidado, en cuanto a libertad e independencia, de las características de los jóvenes de *El carrusell* y *Primavera...*

9. Existe también representación de la clase popular, aunque sometida a algunas limitaciones. Son éstas, principalmente, el mantener los personajes en un plano secundario, con frecuencia cómico, y el reducirlos generalmente a la condición de criados, doncellas o sirvientes de casa burguesa.

Tienen alguna entidad, sin embargo, en *La señora, sus ángeles...,* donde el mundo de la servidumbre es importante; en *El puente...,* con Pedrín; en *El landó...,* donde los ancianos son los antiguos criados del duque. Los sirvientes tienen clara función cómica en *Cuando ella..., Las mujeres decentes* y *Tengo un millón.* Es muy claro el paralelismo entre Rosita, la doncella de *Juego de niños,* y Mónica, la de *El carrusell.*

Mónica, con su trágico amor por Tony, es, entre los personajes de este tipo, el que contiene una mayor carga significativa. Ella y el muchacho entran en relación de oposición con el resto de los personajes de la obra y es precisamente el suicidio de Mónica el suceso que da lugar al remordimiento y la confesión de Daniel, eje estructural de *El carrusell.*

La primera de las Floritas de *Un paraguas...* es una cocinera y desempeña una importante función dramática, aunque su sentido esté limitado por el tono humorístico de la pieza.

Aunque únicamente se da en dos ocasiones, hay que destacar también el tipo de la florista callejera: Cris, en *El café de las flores,* y Rosita, en *El landó...* Sus características son muy similares: se ganan la vida honradamente, son soñadoras y están ansiosas de amor, pero tienen que hacer frente también a situaciones peligrosas para su honestidad; concretamente, el acoso de que son objeto por parte de algunos «señoritos». Estos aspectos están más ampliamente desarrollados en Rosita, por ser ella una de las protagonistas de *El landó...*

Es de señalar el hecho de que en *El café de las flores* se da una concentración de este tipo de personajes: Cris, la florista; el señor Pepe, el taxista; el Chico, un golfillo callejero, y César, un artista vagabundo.

Estos personajes se expresan en un lenguaje peculiar caracterizado por las fórmulas de respeto, la elementariedad, en ocasiones la incorrección gramatical y las invocaciones religiosas clicheadas como « ¡Ay, Virgen! » o el inicio de alguna oración, ante un suceso imprevisto o trance dificultoso.

4.2.2. CONCLUSIONES

1. Ruiz Iriarte tiende a una limitación en el número de personajes. En cada obra, dentro de ese número reducido, pueden distinguirse generalmente dos tipos de personajes: unos secundarios que únicamente sobrepasan el nivel actancial para la producción del humor y otros principales, tres o cuatro, que encarnan una situación humana básica y que tienen como predicado de base la lucha para superar un estado desagradable de soledad, falta de amor o culpa.

Puede establecerse un censo de nueve tipos, que no es extenso y que además hay que limitar en virtud de la evolución dramática —el «demiurgo» pertenece sólo a la primera etapa— y la entidad de cada uno —la doncella o la florista— no son comparables con el «triunfador», por ejemplo.

En general, puede decirse que, en cuanto a los personajes, las comedias de Ruiz Iriarte resultan básicamente de una reiteración y combinación de estos nueve tipos. Naturalmente, una reiteración hábilmente manejada y que se apoya en una combinatoria cuyos principios son la diversidad de grados dentro de cada tipo y la variada selección de los que deben entrar a formar parte de cada comedia concreta.

Dentro de un innegable aire de familia, las comedias de Ruiz Iriarte alcanzan una limitada, pero real variedad.

2. Destaco nueve personajes-tipo fundamentales: el «pobrecito-a», el «contemplativo», el «triunfador», la mujer frívola, la «golfa», la mujer romántica y soñadora, el «demiurgo», los jóvenes, los tipos populares, especialmente criados y floristas.

Los seis primeros son los que sostienen principalmente el teatro de Ruiz Iriarte en su conjunto.

No es necesario decir que no se trata de una nómina exhaustiva, sino una galería de los «personajes sinónimos» más representativos.

3. Los personajes del teatro de Ruiz Iriarte tienen una vertiente pragmática muy fuerte que remite habitualmente al sector burgués de la sociedad española, más concretamente la madrileña. En general, los apellidos de los personajes no son ni aristocráticos ni excesivamente corrientes, sino que tienen algo de «snob» y biensonante: Villanueva, Sandoval, Luján, Mendoza, Roldán, Lafuente.

4. Predominan numéricamente los tipos y personajes femeninos. Tres de esos nueve tipos básicos son exclusivamente femeninos —sólo dos lo son masculinos— y uno de ellos es el más nutrido. Por otra parte, las «pobrecitas» son más abundantes que los «pobrecitos» y entre los tipos populares dominan las doncellas y floristas.

No olvidemos, además, que *Buenas noches, señores* es una serie de 13 telecomedias (vid. Bibliografía Primaria, 2.5) en torno a otras tantas situaciones de mujer, al igual que la adaptación que lleva por título *Manzanas para Eva* o que *Las tres gracias de la casa de enfrente* son tres hermanas.

A este propósito, el autor declaró:

> —Mihura suele decir que a él le «salen» muy bien las señoras cuando escribe una comedia. ¿Y a usted?
> —También ellas me salen mejor que ellos.
> (Entrevista F. Umbral, *Ya*, después de II-68.)

5. Una característica permanente de los personajes de Ruiz Iriarte es su individualidad. Los conflictos que se plantean revelan un interés por el hombre o la mujer concretos y sus reacciones ante un determinado problema. De este teatro puede afirmarse sin vacilar lo que Doris K. Arjona aplica al teatro español: «The spanish theater has certain basic traditions. Its great interest is in man as individual not as a cog in society» [77]. En efecto, los conflictos que Ruiz Iriarte plantea en sus obras por lo general no rebasan el ámbito de lo familiar, se desarrollan y se resuelven en el marco de la vida privada. De la dialéctica inherente al conflicto surge siempre un mensaje que trata de implicar al espectador en su dimensión individual, de persona humana que puede llegar un día a encontrarse en trances paralelos

255

a los de los personajes que contempla. Se ha señalado la importancia de la vertiente pragmática o referencial de los personajes. Pero este hecho no impide que encarnen unas situaciones en que se comportan como individuos preferentemente, no como representantes paradigmáticos de un grupo.

A su vez, esta prioritaria individualidad de los personajes no es obstáculo para que éstos contraigan, en una segunda instancia, la capacidad de ser representativos de ciertas actitudes sociales. Sin embargo, el teatro de Ruiz Iriarte es, fundamentalmente, un teatro de individuos para individuos. Por otra parte, esa estandarización de los personajes principales es síntoma del deseo del autor de insistir de distintas maneras en unos mismos personajes acerca del hombre y la sociedad, de los que hace vehículos a sus personajes (vid. los análisis semánticos de *VRIAS* para profundizar estos juicios).

6. En la construcción de los personajes de Ruiz Iriarte debe señalarse la influencia de Arniches. Me estoy refiriendo no a la existencia de determinados tipos comunes, ya vistos en el comentario a las obras, sino más bien al interés del alicantino por aportar un contenido de crítica social a través de un conflicto al que se enfrentan individualmente unos personajes que, por otra parte, se reiteran con características semejantes a lo largo de su teatro. No olvidemos, además, que Arniches no es sólo el sainetero y el autor de comedias de tipos populares, sino que dio también entrada en su teatro a la aristocracia (*La tragedia de Marichu* —1931—, *La condesa está triste* —1930—) y a la clase media (*El señor Badanas* —1930—, *La locura de don Juan* —1923—).

4.3. EL LENGUAJE DRAMATICO

Este apartado tiene como objeto estudiar lo que Jansen denomina «réplique» [78], aplicado a la obra de Ruiz Iriarte en conjunto. Jansen, en su intento de establecer los elementos que constituyen la forma peculiar de la obra dramática, distingue en primera instancia entre la «Forma teórica del texto dramático» y la «Forma teórica de la obra dramática». La primera es el conjunto estructurado de elementos de que dispone y debe utilizar el autor dramático y por los que el lector reconoce tal o cual texto como dramático. Esos elementos son, según Jansen, cuatro, distribuidos en dos planos: el plano textual consta de «réplique» y «regie» y se caracteriza por la naturaleza sucesiva de sus unidades; el plano escénico incluye «personnage» y «décor» y se distingue por el carácter no sucesivo de sus unidades. En ambos planos debe existir como rasgo principal la dramaticidad, entendida como la necesidad de que el texto contenga los cuatro elementos y sólo esos cuatro: «si le texte contients les élements exigés et non pas d'autres, il faudrá l'appeler dramatique» (75).

La forma teórica de la obra dramática es el conjunto estructurado de los medios que sirven para unificar los elementos de la forma teórica del texto dramático de manera que formen un todo unitario. Su rasgo principal es la coherencia y ésta se verifica fundamentalmente mediante unas relaciones entre las «situaciones dramáticas», que pueden ser en «cadena» o en «sistema», según el punto de vista del que se parta.

Para este estudio del lenguaje dramático interesan los comentarios de Jansen acerca de las «répliques», ya que inevitablemente partimos del «texto», no de la «obra». Para describir la forma de los diálogos, dentro de la del texto dramático en su totalidad, Jansen propone en primer lugar cuantificar la extensión y el número de los parlamentos; a continuación, clasificarlos según sean diálogos, monólogos, multílogos o apartes.

4.3.1. No me ceñiré exactamente a los dos momentos que señala Jansen, pero en gran medida manejaré sus conceptos descriptivos, pese a las dificultades teóricas que plantean [79].

Puesto que la recolección de estos datos exige un pormenorizado análisis formal del texto, me serviré de los realizados en *VRIAS*: *El puente de los suicidas, El landó de seis caballos, El gran minué, El carrusell* e *Historia de un adulterio*. Los resultados que puedan obtenerse serán, en principio, parciales, pero, por otra parte, pueden servir como un primer acercamiento al lenguaje dramático de Ruiz Iriarte.

Hay que mencionar la inexistencia de apartes y monólogos, entendidos éstos como la exposición que hace un personaje en voz alta de sus pensamientos, fingidamente para sí mismo, en realidad para que lo escuche el público.

En *Historia de un adulterio, El carrusell* y *El puente de los suicidas* predominan los diálogos sobre los multílogos [80]. Para las dos primeras hay que tener en cuenta que son obras estructuralmente basadas sobre un diálogo, entre Sandoval y el comisario y entre Ernesto Luján y el doctor.

i. En *El carrusell* existen cuatro situaciones que pueden considerarse largas con relación a las demás: dos de ellas son diálogos (el cuadro ii y la escena 18, I) y las otras dos multílogos (9, I, y 24, I).

Únicamente hay cinco ocasiones en que un personaje pronuncia un parlamento que destaque por su longitud: Rita (cuadro ii), Daniel (cuadro iii), Lolín (5, I), Maribel (9, I) y el comisario (cuadro vii).

ii. En *Historia de un adulterio* hay seis escenas largas: la 5, I (diálogo), la 21, I (diálogo especial), la 26, I (diálogo especial), la 1, II (diálogo especial), la 7, II (multílogo) y la 12, II (multílogo). La 7, II es especialmente prolongada.

Como «diálogo especial» denomino las escenas en que, habiendo tres personajes en escena, por el peculiar juego temporal de la obra (vid. *VRIAS,* Análisis..., A-1.3.4), únicamente uno de ellos, generalmente Ernesto, puede entablar diálogo sucesivamente con alguno de los otros dos.

Se advierte una tendencia a la dilatación de los parlamentos de los personajes en seis escenas: 20, I (diálogo), 21, I (diálogo), 25, I (diálogo), 4, II (diálogo), 7, II (multílogo) y 12, II (multílogo).

iii. *El puente de los suicidas* presenta, en contraste con las demás obras, una tendencia general a que las intervenciones de los personajes sean más largas. Quizá puedan destacarse, por su extensión, las del General (7, II; diálogo), Daniel (10, II; diálogo), Isabel (12, II; diálogo) y Daniel (3, III; diálogo).

Como consecuencia, las situaciones son también más prolongadas. A pesar de ser una obra en tres actos tiene el número total de escenas menor de las cinco: 39.

En *El gran minué* y *El landó de seis caballos* son más numerosos los multílogos que los diálogos [81]. Buena parte de la causa de este hecho reside en que el censo de personajes es mayor en estas dos obras que en las otras tres, especialmente *El gran minué*.

iv. *El landó...* contiene cinco escenas de longitud superior a las demás: 7, I (triálogo), 9, I (triálogo), 22, I (diálogo), 17, II (diálogo), 18, II (multílogo).

Los parlamentos notoriamente más largos son los pronunciados por Adelita en 22, II (multílogo).

v. En *El gran minué* pueden señalarse cinco escenas prolongadas: 5, I (diálogo), 8, I (diálogo,) 12, II (diálogo), 13, II (diálogo), 11, III (diálogo).

Es de destacar el hecho de que siendo minoritarios los diálogos frente a los multílogos (10/43 y 31/43, respectivamente) las escenas más largas pertenezcan totalmente a aquéllos. Además, los parlamentos más extensos tienden a coincidir con esas escenas de diálogo.

En conclusión, lo que predomina en el diálogo —en sentido amplio— de Ruiz Iriarte es el intercambio continuado y rápido de breves intervenciones por parte de cada uno de los personajes. Escasean parlamentos prolongados a cargo de un mismo personaje; se persigue, en cambio, la agilidad y fluidez del diálogo. Esta es la base de todos los adjetivos que habitualmente recibe el lenguaje de nuestro autor: hábil, ingenioso, agudo, brillante, burbujeante, etc.

El continuo intercambio en el uso de la palabra es una de las características formales más claras del teatro de Ruiz Iriarte. Este hecho, unido —o, mejor, causado por— a la agudeza con que el autor sabe encontrar diversos puntos de vista a las situaciones, apoyado en los distintos interlocutores, desemboca en dos efectos: por una parte, el humorismo, la vertiente farsesca que, cuantitativamente, es prioritaria en su obra, contemplada globalmente. Por otro, la pura dramaticidad, es decir, la huida de diálogos puramente expositivos o verbales sin raíces en la situación dramática. En términos del espectador corriente, la amenidad [82].

Sin embargo, las escenas cualitativamente más importantes de las obras de Ruiz Iriarte coinciden con aquellas en que tanto la situación como los parlamentos tienden a dilatarse. En cada obra hay cinco o seis escenas —algo más del 10 por 100 si tomamos como media de situaciones por comedia el número de 47— que se prolongan con respecto a las demás y que funcionan como un remanso dentro del generalmente acelerado ritmo de la acción. Estas escenas —diálogos y triálogos en proporción semejante— contienen el momento en que los personajes revelan su interioridad y otorgan la clave para interpretar el sentido de que el autor ha querido impregnar su obra. Una vez conocidos los temas y personajes de su teatro —los «pobrecitos» o, en general, esos personajes que no son lo que parecen en el diálogo vivo y veloz, sino otra cosa distinta, como se da a conocer en las escenas largas—, o bien teniendo en cuenta su permanente concepto de lo que es una «comedia» —género en que se roza la farsa y el drama—, resulta lógica y perfectamente coherente que la dialéctica del teatro de Ruiz Iriarte tenga esta estructura.

4.3.2. Si iniciamos un estudio más sociolingüístico de la lengua empleada por Ruiz Iriarte, es decir, dejando momentáneamente de lado el hecho de que el diálogo se realice en una obra dramática, hay que decir que los personajes se expresan en un registro culto y conversacional. El vocabulario no es excesivamente rico ni poético, pero es funcional y reproduce, incluso con sus latiguillos, el modo de hablar de la burguesía madrileña.

Un fragmento de *La señora recibe una carta* fue incluido por F. González Ollé en su *Textos para el estudio del español coloquial* [83].

Ruiz Iriarte pretende hablar al público en el lenguaje de su tiempo. Sin embargo, en los últimos años el léxico va quedando ligeramente anticuado, al tiempo que se produce un progresivo endurecimiento del vocabulario, especialmente el amoroso, bien apreciable en *Las tres gracias de la casa de enfrente* (1973), *Buenas noches, Sabina* (1975) o en la serie televisiva *El señor Villanueva y su gente* (1979). Este nivel culto y coloquial que quiere ser reflejo lingüístico de una clase social es, pues, la lengua habitual del teatro de Víctor Ruiz Iriarte.

Pero no la única. Los personajes no pertenecientes al sector social más atendido se destacan también por su lenguaje, además de por sus modales o su indumentaria. Los casos más claros son los de la «golfa» y la «chica», doncella o florista (vid. 4.2.1.5 y 4.2.1.9). Incorrecciones gramaticales, exclamaciones o vulgarismos son, en estos casos, elementos discriminatorios en una lengua que tiene también una función social identificadora (vid. referencias a este aspecto en *VRIAS*, Análisis de *El landó...*, B-1, *El gran minué*, B-1, *Historia de un adulterio*, B-1).

Una última nota, y quizá la más evidente a primera vista, es la insistencia en determinadas muletillas exclamativas que, sobre todo en los últimos años, denuncian un notable desfase con la sociedad contemporánea [84].

Saltan a la vista en diferentes obras, sin excesiva distinción de períodos, epifonemas negativos como « ¡Ca! », « ¡Quiá! »; de asombro: « ¡Hola! »; de afirmación: « ¡Digo! », o de determinación firme como remate a la exposición de un propósito por parte de un personaje: « ¡Ea! » o « ¡Hala! ». En otras exclamaciones distingue entre hombres y mujeres. Aquéllos exclaman con frecuencia « ¡Un cuerno! », como expresión fuerte, pero tolerable. Para las mujeres, más frecuentemente en las obras de los años 60: « ¡Jesús! » o « ¡Hijita! ».

4.4. LOS CODIGOS NO LINGÜISTICOS

En el artículo citado de Jansen [85] se incluyen algunas orientaciones acerca del modo de analizar formalmente las «régies». Jansen propone, en primer lugar, contar su número y determinar su extensión relativa al número y longitud de las «répliques». En segundo término, distinguir las acotaciones que introducen personajes de las que introducen espacios escénicos.

Del mismo modo que al examinar el lenguaje dramático, este análisis de las acotaciones del teatro de Ruiz Iriarte se basa fundamentalmente en los datos aportados en *VRIAS*. Igualmente, las conclusiones que extraigamos estarán sometidas a las mismas limitaciones.

Para la identificación y clasificación del conjunto de sistemas sígnicos que actúan simultáneamente en una obra dramática me serviré del conocido cuadro de Kowzan [86]. Distingue 13 códigos distintos y los clasifica según la esfera sensorial a que pertenezcan:

Actor:	Texto pronunciado:	1. Palabra
		2. Tono
	Expresión corporal:	3. Mímica
		4. Gesto
		5. Movimiento
	Apariencias externas:	6. Maquillado
		7. Peinado
		8. Traje
Fuera del actor:	Aspecto del espacio escénico:	9. Accesorios
		10. Decorado
		11. Iluminación
	Efectos sonoros no articulados:	12. Música
		13. Sonido

Omito la distribución que hace Kowzan de estos códigos semióticos en «auditivo/visual»; «temporal/espacial»; «auditivo (actor; no actor)/visual (actor; no actor)».

4.4.1. Un recuento del número de acotaciones —por el momento, sin atender a su naturaleza— en relación con el de los parlamentos arroja una proporción generalmente algo superior a 2 a 1 favorable a los parlamentos. Es decir, de cada dos intervenciones de los personajes una está escénicamente acotada. Este hecho general es, en principio, un índice de que Ruiz Iriarte otorga una atención muy considerable a los códigos no lingüísticos, a los elementos que en el teatro no son la pura palabra.

Por su extensión y por el código plástico que introducen, las acotaciones de este teatro pueden dividirse en tres grupos:

i. Acotaciones lineales.

Son brevísimas apostillas que consisten generalmente en una sola palabra, la mayoría de las veces adjetivo, y que habitualmente introducen indicaciones acerca del tono, la mímica y el gesto. Entran, por tanto, en la órbita del actor y actúan como refuerzo del texto pronunciado.

Este tipo de acotaciones es notablemente el más frecuente.

ii. Desciende sensiblemente el número de acotaciones algo más extensas —entre tres y seis líneas, según las distintas ediciones—. Este tipo de acotación tiene como objetivo general describir el movimiento escénico o las apariencias externas del personaje. Suele coincidir con el comienzo de una nueva unidad sintáctica, sea escena o secuencia. Está dentro de los códigos visuales referidos al actor.

iii. El tercer tipo de acotaciones es el más extenso. Suele estar al inicio de unidades sintácticas mayores, preferentemente los actos. Tienen por objeto la descripción del espacio escénico, el decorado, los elementos independientes del actor. Estas acotaciones son muy extensas y rara vez superan las tres o cuatro por obra.

Conclusión inmediata, por tanto, es la tendencia a la inmutabilidad del espacio escénico en el teatro de Ruiz Iriarte.

En resumen, las indicaciones escénicas en Ruiz Iriarte son, en relación con los parlamentos, mucho menos extensas, pero no mucho menos numerosas. La abundancia de acotaciones se dirige básicamente a la delimitación de los códigos de la órbita del actor. La considerable atención dedicada a estos aspectos revela un propósito de cuidar lo estrictamente espectacular y dramático de la obra, si bien el predominio de indicaciones sobre el tono-gesto-mímica supone una subordinación de estos códigos a la palabra pronunciada por el personaje.

4.4.2. Pasando adelante de los datos acerca del número y extensión de las acotaciones, es necesario observar cuál o cuáles de los trece sistemas establecidos por Kowzan resultan más atendidos en general en la obra dramática de Ruiz Iriarte. Tomo como base las partes dedicadas en mis análisis a los signos no lingüísticos, dentro de la descripción de la estructura sintáctica [87].

Es clara la subordinación de los códigos de la expresión corporal a los del texto pronunciado en *El puente de los suicidas*. Los sistemas externos al actor tienen poca operatividad.

El landó... continúa esta misma tendencia al cultivo del tono, mímica y gesto como refuerzo del texto «dicho». Sin embargo, quizá excepto la música, pone en funcionamiento los demás sistemas, singularmente el movimiento, los accesorios y las apariencias externas.

Historia de un adulterio se distingue por la escasez de signos plásticos y por la virtualidad de la palabra de los personajes para crear espacios escénicos y planos temporales superpuestos, en consonancia con el carácter de drama mental que la obra tiene.

Las tres obras precedentes suponen, en grados distintos, el predominio de los códigos pertenecientes al ámbito del personaje. *El gran minué* y *El carrusell* ofrecen, sin embargo, un conjunto semiótico más complejo. Sin que disminuya excesivamente la atención a los signos inherentes al actor, estas obras se enriquecen con la presencia significativamente activa de los sistemas externos a él.

En *El gran minué*, la música en combinación con el gesto y el movimiento es un signo notablemente privilegiado que tiene como finalidad la consecución de un ritmo de danza generalizado en toda la obra, lleno de simbolismo. Hay que destacar también el contenido semántico de que está impregnada la duplicidad de espacios escénicos en el segundo acto.

En *El carrusell* cumplen una función semántica de primer orden —a la que hay que añadir la puramente segmentadora de unidades dramáticas— la música y la iluminación. Dentro de la órbita del actor, el intenso movimiento destaca sobre las indicaciones acerca del tono, mímica y gesto.

En conclusión, el análisis de los códigos que actúan en la obra dramática de Víctor Ruiz Iriarte revela un predominio del texto pronunciado, de la palabra, que es reforzada de forma muy minuciosa por el tono, la mímica y el gesto, sin perjuicio de que éstos, en ocasiones, puedan actuar de forma semánticamente independiente.

Movimiento, música e iluminación son también códigos empleados con frecuencia en la producción de un significado autónomo. Estos elementos aportan al teatro de Ruiz Iriarte una discreta variedad y modernidad en cuanto a la técnica.

En cuanto al espacio escénico hay una tendencia a la inmovilidad [88].

Este teatro no es, pues, el de un innovador formal, sino el de un continuador. Ruiz Iriarte nace para el teatro en los años inmediatos al término de nuestra contienda civil y pertenece a esa generación de autores que aspira a crear un teatro digno artísticamente, capaz de atraer al público con las armas de la inteligencia y la sensibilidad. Desde el punto de vista escénico, esta generación introdujo y consolidó la figura del director de escena y descargó a nuestro teatro de anteriores lastres de «teatralería» [89].

En una entrevista (M. Gómez Santos, *Ya*, 7-IV-73, s. p.) de sus últimos años, Ruiz Iriarte pasaba revista a la evolución del teatro español desde los años 40:

> En 1943, fecha de mis comienzos como autor, el éxito de una comedia estaba cifrado en alcanzar el centenar de representaciones; pero hoy estamos viendo que una comedia de éxito puede permanecer un año en cartel. Hablo del teatro de Madrid. En 1943 había más teatro en provincias del que hay hoy, y esto no ha ocurrido sólo en España, sino también en Francia, porque el teatro tiende a aglomerarse en las grandes ciudades (...). Se ha impuesto el hecho del director. Hace treinta años los directores actuaban prácticamente en los teatros nacionales. En los demás era director el primer actor de la compañía, el autor también solía serlo; pero ahora el director se ha hecho imprescindible. Los montajes son mucho mejores y de ello no puede dudarse (...). En cuanto a evolución intelectual, el tiempo manda (...) el autor, para sentirse a sí mismo dueño de una legitimidad en el mundo que le rodea, evoluciona a diario casi sin darse cuenta. Los diálogos se producen de otro modo, porque las gentes de hoy hablan de otra manera distinta y el autor tiene que estar con el oído muy abierto.

Ruiz Iriarte no es un renovador formal, como no lo fueron Buero ni los autores que convencionalmente se conocen como «comprometidos». Hemos visto, sin embargo, cómo, dentro de un concepto permanente acerca del fenómeno teatral, evoluciona moderadamente en cuanto a temas y técnica. Es bien sabido que los gérmenes de la revolución formal del teatro español estaban dados ya en Valle-Inclán y García Lorca, pero, por las razones que sean, ésta no se inicia de hecho hasta los años 60.

4.4.3. El empleo que hace Ruiz Iriarte de los códigos no lingüísticos revela su concepción del teatro como fenómeno cultural. Como complemento, ofrezco una selección de textos y declaraciones del autor, rastreadas en fuentes diversas y, a veces, distantes en el tiempo.

i. *Entendimiento del fenómeno teatral.*

La definición que del teatro dio Louis Jouvet es en verdad bellísima [condenados a expresar el misterio de la vida, los hombres inventaron el teatro] (...) pero Anouilh tiene razón cuando dice que el teatro es un juego del espíritu. Actualmente, ya lo sé, esta definición se cotiza poco, pero sigo creyendo en ella.
(Entrevista de J. López Martínez, «El teatro y la vida», aparecida en diversos diarios: *Amanecer* (Zaragoza), 8-VII-71; *La Mañana* (Lérida), 27-VI-71.)

Amo el teatro. Creo firmemente que el teatro es uno de los hechos más fundamentales que han brotado del espíritu humano.
(Prólogo a *Tres comedias optimistas*, 6.)

ii. *La palabra.*

Todo el teatro de Valle-Inclán está ahí, como un ejemplo inmarcesible, para otorgar la razón a los que afirma que el teatro es, en principio, la palabra.
(*Tres maestros...*, 23.)

El destino del teatro es (...) servir y pasar; cumplir con su propio tiempo, que lo produce y lo provoca, y sucumbir cuando (...) irrumpe el tiempo nuevo y la sociedad evoluciona y los hombres expresan los mismos sentimientos —los eternos sentimientos— con otras palabras que los hacen parecer distintos (...). Porque no olvidemos que el teatro es, sobre todo, un milagro de palabras vivas.
(*Tres maestros...*, 12.)

iii. *Construcción dramática.*

Cada obra tiene su propia hechura, lleva su propio trabajo, tiene su muy característica formulación, tiene su techo único. La necesidad está en encon-

266

trar el medio de la trama, la forma de darle una continuidad unitaria a la obra, y eso radica, para mí, en encontrar la chispa que salte, que le dé un sentido, que engarce todo el conjunto de lo que se quiere expresar.
(*TeleRadio*, 867, 5-11-VIII-74.)

Un autor dramático, a la vista de un tema, no puede hacerse a sí mismo esta pregunta: ¿Resolveré mi idea en un acto o en tres? No. La idea manda y la forma sirve. Porque sin aquélla no hay forma ni, en definitiva, arte. Y la dimensión, en teatro, significa arquitectura específica (...). Convengamos en que el teatro en un acto tiene su propia morfología, su estética propia, su gracia difícil.
(Palabras en un certamen de obras en un acto, Ateneo de Madrid, II-45.)

iv. *El autor dramático.*

El teatro es literatura, pero, además, este escritor ha de sentir el teatro. No se puede decir a sí mismo: voy a hacer teatro. Tiene que sentir la necesidad de escribirlo como un medio de expresión irremediable.
(Entrevista «El teatro y la vida», cit.)

No basta con disponer de una buena pluma, una viva imaginación, un profundo sentimiento, una cultura. Hace falta, además, en el autor un instinto dramático. Y este instinto, este sentir y presentir el teatro, no se da —la historia lo confirma— en todos los escritores.
(*Estreno*, IV, 2, 1978, 17a y b.)

v. *Relaciones autor-director-actores-público.*

Hace ya muchísimos años que sobre el teatro cae el primor de escenógrafos y realizadores: son elementos de envoltura y no de sustancia. El mejor decorador es aquel que construye una escenografía en cuya contemplación apenas tiene tiempo de reparar el espectador. Los decorados, que son «un encanto para los ojos», son un perjuicio para la

obra (...). El gran director, el mejor realizador de una comedia, es el que cumple su tarea sin que parezca que ha intervenido.
(«El teatro, su gracia y su desgracia», conferencia, 1945.)

Si la interpretación es una misteriosa fusión del alma que porta la idea con el alma que la engendra; si interpretar es en cierto modo la desaparición de la personalidad sustancial del intérprete, lo mismo ante el piano que sobre las tablas del escenario (...) en el más alto sentido que nosotros podemos conceder al arte de interpretar, que es el arte de la humildad; humildad, sí, tan genial y tan gallarda que sea la ofrenda del ser propio, como instrumento del ser creador más a [sic] la obra: si aquél que la produce o éste que la ofrece.
(Palabras en un homenaje a Lola Membrives, 14-V-45.)

[integrar al espectador en el espectáculo] es muy antiguo. Hay modernismos muy remotos (...). En cuanto a la provocación del espectador, siempre se le ha provocado: intelectual, anímica o sentimentalmente. Ahora tienden a una dialéctica agudizada, violenta, hasta llegar al insulto. No creo que la salvación del teatro esté por ahí. Sin embargo, cualquier auténtica innovación escénica me parece muy válida.
(*Cine en 7 Días*, Madrid, 30-XII-72.)

... temo que si un día llegamos todos a la estremecedora conclusión de que el intérprete no interesa y el autor no es imprescindible, también caeremos en la cuenta de que el teatro no nos hace falta.
(«Este hombre rodeado de anuncios», conferencia en *La publicidad vista por la sociedad*, Instituto Nacional de Publicidad, *M*, 1971, 162b.)

vi.   *El teatro y otros medios.*

... ¿Es que no es literatura, buena literatura, un film de René Clair o de Franz Capra? (...) Julio Angulo, como todos los verdaderos escritores, en el micrófono de Radio Madrid (...) ha encontrado nada menos que un medio de expresión en cuyos límites encierra su imaginación, su ternura y su sentido poético del humor. Y, claro, la «Instantánea» del día resulta perfectamente radiofónica porque es deliciosamente literaria.

(Palabras en Radio Madrid, hacia 1945.)

En una obra grande se trata una historia con varias situaciones, mientras que en la televisión lo que se hace es desarrollar una situación.

(De un manuscrito de una entrevista. Hacia 1974.)

... ¡al ser televisión ya no es teatro! Es «una expresión dramática a través de la televisión». Es otra técnica.

(*Cine en 7 Días*, 30-XII-72.)

vii. *El «oficio» teatral.*

¿Por qué ciertas actitudes críticas, teóricas e incluso creadoras de nuestro teatro rechazan con tanto ardor este «oficio» de escribir comedias? ¿Es que no hay oficio en Shakespeare y en Molière y en Lope? ¿Es que no hay oficio —mágico oficio— en *Esperando a Godot*, en todo Bertolt Brecht y en el mismísimo Peter Weiss del *Marat Sade*?
(Nota manuscrita sin publicar.)

Si el aprendiz de autor es auténtico, pronto descubrirá que el término «efecto» en una comedia equivale al término «metáfora» en un soneto.

(*T*, 2, 46.)

No creo en el teatro religioso, ni en el teatro social, ni en el teatro político. Pero creo en un teatro que sin etiqueta puede ser a la vez religioso, social y hasta político. En resumen, creo en el teatro cuando (...) es la Obra bien Hecha.

(GIRONELLA, J. M., *Cien españoles y Dios*, Nauta, B, 1969, 558.)

viii. *Sociología del teatro.*

—¿Cree usted que la esencia del teatro es política?
—No, en absoluto. El teatro debe estar al margen de la política.
—¿Hay en España un teatro social?
—Evidentemente, hay algunos autores que cultivan con preferencia ese teatro social al que seguramente usted se refiere.
—¿Cuál es el límite entre teatro político y manifiesto de partido?
—A veces resulta muy difícil encontrar ese límite.
—A su juicio, ¿debe suprimirse en España la censura teatral, aplicarse con más propiedad o ser incrementada?
—Conformémonos con que se produzca con toda la propiedad posible.
(*Primer Acto*, 131, IV-71, 13.)

—¿Se ha visto usted obligado muchas veces a modificar sus obras a causa de la censura?
—No.
—¿Está de acuerdo con la censura?
—No (...) Hasta hace más o menos unos cinco años la censura ha perjudicado el desarrollo de nuestro teatro. Es innegable. Por fortuna, desde entonces acá la censura tiene otros criterios más flexibles [si tiene que haberla, que se oriente] en un orden puramente estético, teniendo en cuenta que la estética ya es por sí misma una moral.
(Manuscrito original de una entrevista; hacia 1970) [90].

El teatro debe estar al servicio del pueblo. Pero el teatro no es para el pueblo, creo yo, por el radical hecho de que los espectadores se quiten la chaqueta. Sería demasiado fácil.
(«La vestimenta»; vid. Bibliografía Primaria 4.2.5.)

[respondiendo a si la literatura está politizada] Más bien diría que el interés está socializado, pero sigue su camino el género que más atrae siempre: la literatura de evasión, que es eterna.
(*Informaciones*, 15-VIII-72.)

Cuando una comedia mía obtiene éxito de público es porque gusta, y si al público le gusta es porque está escrita en su propio idioma, intelectual o popular. Entonces tengo que considerarme incluido en la forma de ser de esta contemporaneidad.

(Entrevista con J. Molina, *El Ideal Gallego*, Coruña, 16-XII-73.)

Creo que hay que experimentar. Me gusta ver todas esas obras avanzadas, aunque yo no escriba así. Yo me siento capaz de escribir mi teatro, que procura corresponder al tiempo en que vivo. De todas maneras pienso que es necesario tanto un teatro para entretener al espectador como otro para preocuparlo.

(Original manuscrito de una entrevista; hacia 1974.)

[1] Diversos artículos publicados en esos años insisten y comentan este aspecto: «Un "fenómeno nacional"» (*EL*, 1, 1-II-44, 10), «Teatro con naturalidad» (*EL*, 14, X-44, 10), «Monólogo ante la batería» (*EL*, 24, IV-45, 10), «El romanticismo y el otro sentido de lo teatral» (*Juventud*, 8-II-43), «De la naturalidad» (*Informaciones*, 4-IV-53), «El tiempo de la naturalidad» (Folleto 9 del Teatro de Cámara, V-53). Vid. comentarios en Bibliografía Primaria 4.1.2.

En lo relativo a la capacidad y necesidad del sueño y el juego, deseo llamar la atención sobre el hecho de que este diagnóstico de Ruiz Iriarte coincide plenamente con el de Ortega y Gasset, al que Ruiz Iriarte cita en el curso de su conferencia (cfr. *Idea del teatro*, Col. El arquero, Revista de Occidente, M, 1966, 62-63).

[2] Soy consciente de que un estudio de conjunto como el presente, que irremediablemente tiene que dar cuenta de las obras concretas, corre el peligro de ser excesivamente descriptivo. He intentado salvar este riesgo dando los que juzgo datos imprescindibles acerca de la trama y, especialmente, ofreciendo los comentarios críticos que a mi juicio merecen esas obras, particularmente y en conjunto.

[3] En 1969, en una entrevista (*A B C*, 22-VII, s.p.), Ruiz Iriarte declaró que esta comedia había sido el mayor fracaso de su carrera de autor dramático.

[4] La obra, tal como fue estrenada, es fruto de una refundición de una versión anterior titulada *Margarita y sus ángeles*.

[5] En la citada entrevista de ROF CARBALLO, *El teatro de humor en España*, Ruiz Iriarte cita como pertenecientes a este «teatro de imaginación» *El landó de seis caballos*, *El gran minué* y *Esta noche es la víspera*.

[6] En distintas entrevistas de los años 60 y 70 en las que se le interrogaba por sus mejores obras, es *El gran minué* la más citada (cfr. *Ya*, 4-XI-73, 31; Folleto Festival de Cine de San Sebastián, 1976). Ya en 1953 tenía este punto de vista (cfr. *Mensaje*, Madrid, 7, V-53, s.p., y *Correo Literario*, 53, 1-VIII-52, 12).

[7] «Hubo un período en que el éxito claro no llegaba. Este éxito de público (...) llegó con *El aprendiz de amante* [se refiere a su estreno en Madrid en 1949]» (*A B C*, 22-VII-69, s.p.).

[8] P. Boring (*Víctor Ruiz Iriarte*, 27-44), en virtud de este parentesco, incluye las cuatro obras en un mismo grupo que titula «Life as theater. The world of poetic fantasy». Nicolás González Ruiz

llama a esta obra «hermana menor de *El puente de los suicidas*» (*Ya,* 10-X-53, 6).

[9] ROF CARBALLO, et al., *El teatro de humor en España,* 196.

[10] Prólogo a *Teatro Selecto de Víctor Ruiz Iriarte (TSVRI),* Escelicer, M, 1967, 7-8: «Ninguna de mis piezas ha reunido para mí tantas dificultades de realización como *Esta noche es la víspera.* Una tarde, en los primeros días del verano de 1955, apareció en mi casa Fernando Granada (...) y me pidió con apremios de urgencia una nueva comedia (...). Tenía yo entonces, por rara circunstancia, dos primeros actos sobre mi mesa de trabajo: aquél pertenecía a una comedia que había de llamarse *La guerra empieza en Cuba,* y éste, a la que luego recibiría el título de *Esta noche es la víspera».*

[11] En el prólogo a *3CO,* 4, anuncia un propósito incumplido: «*Don Juan se ha puesto triste* (...) formará parte de otro libro próximo». En las entrevistas de los años 60 y 70 en los que se le piden títulos de comedias que considere destacables, omite habitualmente estas obras. Y en la publicada en *Nuevo Diario* (Suplemento, 27-I-74, CCXXVII, 3) declara que se arrepiente de algunas de sus obras, pero sin dar títulos.

[12] Cfr. también *Estafeta Literaria,* 24, IV-45, 10.

[13] En *The Contemporary Spanish Theater,* 98, dice M. Holt: «Víctor Ruiz Iriarte was the first new dramatic writer of promise to appear on the theatrical scene during the years inmediately following the end of the spanish civil war». Cfr. también P. Boring, Introducción a su edición de *El landó de seis caballos,* Almar, Salamanca, 1979, 17.

[14] Que me conste, sólo Eduardo Haro trata de este punto en su artículo necrológico con motivo del fallecimiento del escritor, «Víctor o el optimismo» (*El País,* 15-X-82, 30). Aquí interpreta lo evasivo del teatro de Ruiz Iriarte como consecuencia de la necesidad de superar sus propias desgracias.

Casos paralelos podrían ser el de Barrie, el novelista y dramaturgo escocés de escasísima estatura que escribió *Peter Pan,* la historia de un niño que no quiso crecer, o el del pintor francés, iniciador del expresionismo, Henri Toulouse-Lautrec, también con graves anomalías físicas, que cultivó una pintura grotesca y atormentada.

[15] Hay una raíz común en el hecho de perseguir una «pintura moral de la sociedad», pero no en cuanto a métodos y espíritu. Cfr. M. UCELAY DA CAL, «*Los españoles pintados por sí mismos» (1843-1844). Estudio de un género costumbrista,* El Colegio de Méjico, Méjico, 1951, 16-17 y 20-21; MONTESINOS, J. F., *Costumbrismo y novela (Ensayo sobre el redescubrimiento de la realidad española),* Castalia, M, 1980, 45, 54, 61 ss., 116-18.

[16] En el título del artículo que dedica P. Z. Boring a las comedias de esta etapa subyace esta misma idea: «The Comedy of Víctor Ruiz Iriarte: Mirror of the Middle Class Morality» (*Estreno,* X, 1, 1984, 3-6).

[17] «El teatro, su gracia y su desgracia», conferencia pronunciada en el Ateneo de Madrid (25-III-45).

[18] Según Ruiz Iriarte, «la personalidad dramática no está en los temas ni en las situaciones, sino en el garbo y el *acento* del diálogo. Todo lo demás (...) se repite a lo largo del tiempo» («El tiempo de la naturalidad»; Teatro de Cámara, 9; *Frenesí,* de Ch. de Peyret-Chappuis, Teatro de la Comedia, M, 29-V-50). Cfr. también la nota 70 de este capítulo.

[19] Me ocuparé del concepto de farsa y comedia en 4.1.2.3.3. Cfr. PAVIS, Patrice, *Diccionario del teatro,* Paidós, B, 1984.

[20] Vid. Bibliografía Primaria 4.2., en especial la clasificación temática que allí se hace. Existe una carta de la redacción de *El Noticiero Universal,* con fecha 26-VI-50, donde se le comunica que ha pasado a formar parte de la plantilla de colaboradores.
En 1945 (*EL,* 24-IV, 10) dejó escrito: «Me gusta mucho el periodismo (...) el comentario al acontecimiento; el examen de la actualidad». En el prólogo a la recopilación de 30 artículos (*Un pequeño mundo* —UPM—, M, 1962, 10) explica cuál ha sido su actitud como comentador social, que tanto puede aplicarse a su labor periodística como a su teatro: «[los artículos] están provocados por sugerencias de esta vida que nos rodea... Casi siempre estas sugerencias, por sí mismas, me han hecho sonreír; con esa sonrisa que todas las cosas, aún las más graves, y quizá éstas por su misma gravedad, llevan dentro para quien las busca. Uno, por vocación, es un cazador de sonrisas».

[21] «Los maridos han cambiado mucho», *UPM,* 60. Fue publicado en *Informaciones,* 22-VII-49. Aquí se decía «sintomatizan» en lugar de «señalan». En 1977 (*Las Provincias,* Valencia, 27-II) hablaría, en un artículo titulado «El hombre medio», de «este individuo que, sin advertirlo, es el protagonista de todas las evoluciones sociales».

[22] La conversación entre Cándida y Manolita. la mecanógrafa, en *Juego de niños* (Alfil 8, 19-20) es la dramatización de las mismas observaciones vertidas en «Diviértase usted de noche, señor» (sin localizar, h. 1951; *UPM,* 161-65). En ambos casos se describe el itinerario de una diversión nocturna. El mismo fenómeno se produce con las andanzas de don Joaquín en *La soltera rebelde* (Alfil 37, 66-67). Idéntica relación se da entre la percepción de un cambio en las costumbres de la mujer («Los maridos han cambiado mucho», «Las señoras también beben»; vid. Bibliografía Primaria 4.2.3.) y la doble personalidad de Verónica (*Cuando ella es la otra*) o la estratagema de Cándida (*Juego de niños*). O las tendencias existencialistas de la juventud en carácter e indumentaria («La angustia es muy divertida», «Los jóvenes con barba» —vid. Bibliografía Primaria 4.2.3.— y Mónica en *La soltera rebelde*).

[23] ARAGONES, J. E., *Teatro español de posguerra,* 58 ss.; BAQUERO GOYANES, A., «El humor en teatro de Ruiz Iriarte», 189 ss.; BORING, *VRI,* 52-54; PEREZ MINIK, D., *Teatro europeo contemporáneo,* 458; SPENCER, J., *Dreams and Reality in the Theater of Víctor...,* 37 ss.

²⁴ Del texto leído en TVE, 28-VIII-58, fol. 6. En carta dirigida a la profesora Boring (2-XI-77) escribe: «En algún momento he dicho, efectivamente, que *El aprendiz de amante* fue mi primer gran éxito y su estreno constituyó un momento decisivo en mi carrera. Pero me he referido como usted supone al estreno en Madrid de esa comedia: 1949».

²⁵ Cfr. con el final del cuadro 2 (acto II) de *El puente de los suicidas*, donde está ausente el aire humorístico: el disparo con que Brummell acaba de quitarse la vida se transforma en salvas de honor al nuevo mariscal.

²⁶ Ruiz Iriarte advirtió una semejanza de situación entre el primer acto de *Cuando ella es la otra* y el segundo de *Su amante esposa*, de Benavente, que se estrenó cuando la obra de Ruiz Iriarte terminaba de ser redactada. Antes del estreno, Ruiz Iriarte envió a Benavente el texto de *Cuando ella...* junto a una carta de fecha 22-X-50 en que se sometía su decisión. A los pocos días éste contestó en carta (27-X-50) reconociendo el casual parecido y exculpándole de cualquier posible rastro de plagio.

²⁷ Cfr. «Los maridos han cambiado mucho», cit., y especialmente «Las señoras también beben» (*UPM*, 107-110): Verónica hace fracasar la huida de Gabriel y Patricia emborrachando a ésta con la excusa de enseñarle a preparar cócteles, costumbre muy moderna que Verónica domina a la perfección.

²⁸ No comparto la opinión de Boring (*VRI*, 67-68) respecto a la inconsistencia de Lupe como personaje.

²⁹ En los años 50 Priestley fue bastante representado en Madrid. Mihura y Paso estrenaron una serie de obras policíacas o parodias detectivescas y entre 1954-60 se estrenaron en Madrid cinco obras de Agatha Christie (cfr. BORING, *VRI*, 87; «Macabre Humor in the Contemporary Spanish Theater», *Romance Notes*, 9, 1968, 201-205).

³⁰ Dado que se trata de un texto inédito, ofrezco una sinopsis del asunto: Gregorio está celoso de su mujer, Milagros, porque ésta, todas las tardes, sale de casa sin decir dónde va. El chófer, Clemente, también está celoso de su novia, la doncella Manolita, porque el domingo dijo haber estado en casa de su tía y el que estuvo fue Clemente, pero no Manolita. Azuzado por Clemente, Gregorio contrata los servicios de una Agencia de Investigaciones Privadas que dirige una entrometidísima mujer viuda, doña Bárbara. Aparece también un tercer celoso, Ricardo, que el día anterior se enamoró de Milagros; se citaron para un día, pero ella no acudió. Doña Bárbara comienza a seguir los pasos de Milagros, pero ésta, al verse perseguida, se pone en contacto con doña Bárbara para que averigüe quién la espía. Finalmente se descubre que, aparte de que Gregorio tiene una amante, la mujer de la que se enamoró Ricardo es Manolita, la doncella, que con la ropa que le regala Milagros se hizo pasar por ésta porque para ella era un sueño creer que era «la señora». A Clemente, sin embargo, le dicen que Manolita tiene dos tías y que él estuvo en casa de la otra. Clemente, enamorado como está de Manolita, recupera la confianza en ella. En cuanto a Milagros, resulta que por las tardes iba a un gimnasio para estar más joven y gustarle más a Gregorio. Animado

275

por el ejemplo de Clemente, Gregorio promete no volver a dudar de su mujer. Sin embargo, la última escena es idéntica a la primera: los celos de Gregorio por las salidas de Milagros. Con este desenlace se suscita la incertidumbre de si las visitas de Milagros al gimnasio eran tan ficticias como la existencia de las dos tías de Manolita.

[31] Sinopsis de *De París viene mamá*: Máximo es un viudo con tres hijas jóvenes que vuelve de París después de seis meses de ausencia. Allí se ha casado con Madelaine y sólo después de la boda se ha enterado de que es cleptómana. Como no se ha atrevido a decir nada a sus hijas, confía a un viejo amigo, Octavio, la misión de transmitir a las chicas su nuevo matrimonio. En Madrid, Madelaine no sólo comete pequeños robos, sino que incluso contagia a Máximo, que llega a apropiarse de una costosa sortija. Sorprendido y asustado de su conducta, Máximo recibe la visita de Pablo, a quien toman, tanto él como Madelaine, por policía, pero que resulta ser un ladrón profesional impresionado por el «oficio» de Máximo. En ese momento llega la noticia de que la policía ha rodeado la casa. Los tres se dan por perdidos. Sin embargo, la realidad es que ha habido un robo de joyas en otro piso. A continuación una conversación con el joyero les informa de que la sortija robada por Máximo era una baratija y la medalla de oro que se llevó Madelaine fue incluida en el precio de los gemelos que compraron. Por último, las tres hijas de Máximo, que habían tomado a Madelaine por la modista, reciben jubilosas la noticia de que tienen nueva madre.

[32] Sinopsis de *¿Quiere usted tomar una copa?*: Bernabé es un autor de novelas policíacas, tímido y sin éxito con las mujeres, muy interesado en un caso de secuestro de mujeres de que se ocupa la prensa últimamente. Traídas por un hombre externamente igual a él, pero audaz y con enorme poder de seducción, llegan a su casa Bárbara, soltera y muy imaginativa; Manolita, «vedette» de teatro; Lolita, muchacha joven y de abiertas costumbres, y Amparo, mujer casada y decente. Narran cómo han sido seducidas por la irresistible invitación de ese hombre cautivador y disputan por él. La llegada del comisario hace que Bernabé confiese que él es el secuestrador, que vive una doble vida de hombre tímido y audaz. Una estratagema que le tiende el comisario, sin embargo, le obliga a confesar la verdad: su hermano gemelo Federico, un sinvergüenza que huyó a Argentina, ha regresado y, valiéndose de su atractivo con las mujeres, está cobrando elevados rescates por sus secuestros. Para protegerle ha intentado pasar por el secuestrador. Pero hay más revelaciones: el impulsor de los secuestros era el propio Bernabé, que, utilizando el atractivo de Federico para traer mujeres a su casa, quería vengarse de ellas viéndolas acorraladas, como castigo por los desprecios a que las mujeres le sometían a él.

[33] Cfr. *VRI*, 75-76, donde se trata este aspecto. El mismo Ruiz Iriarte en *¿Quiere usted tomar una copa?* —que no fue estrenada— vuelve a emplear este recurso de los gemelos, en este caso masculinos.

[34] Seguramente lo más significativo de la controversia entre «teatro comprometido» y «teatro de evasión», hoy ya un tanto

desfasada, sea la polémica mantenida por R. Doménech y L. Ponce de León con motivo del regreso a España de Casona. Consta de cuatro artículos, dos por cada parte, recogidos en *La Estafeta Literaria* (299, 29-VIII-64, 29-31. Vid. también *Primer Acto*, 49, I-64, 16-19, y 63, 1965, 45-47, y ARAGONES, J. E., «España, sin teatro», en *El teatro y sus problemas*, Publicaciones de la Real Escuela Superior de Arte Dramático, M, 1955, 9-30). Sobre este mismo asunto, más de una decena de años antes, F. C. Sainz de Robles había propuesto sustituir esa dicotomía por la de «teatro colocado» y «teatro dislocado» (*TE 1949-50*, Aguilar, M, 1955, 2.ª ed., 12-13).

[35] La misma comprobación puede hacerse en las dos obras cronológicamente pertenecientes a los años 50 que hemos visto conjuntamente con las de los 40: *El café de las flores* (Laura) y *Esta noche es la víspera* (Elvira, Anita, Rosa).

[36] Cfr. *VRI*, 132, nota 17; 136, nota 23; «The comedy of Víctor...»; MARCOS, Balbino, «Valores humanos en el teatro de Víctor Ruiz Iriarte», *Reseña*, 14, X-66, 255.

[37] Ruiz Iriarte encarna dramáticamente en sus personajes los comentarios vertidos en algunos artículos contemporáneos como «Los jóvenes con barba» (*UPM*, 65-67; publicado con el título de «La angustia es muy divertida», en *Informaciones*, 12-III-49).

[38] Cfr. acotación inicial de *Juego de niños*; la del segundo acto de *El café de las flores*. Emplea la terraza en *El carrusel* (1964), *La señora recibe una carta* (1967), *Historia de un adulterio* (1969) y *Buenas noches, Sabina* (1975).

[39] El acoso de los «señoritos» a las floristas (cfr. *El landó...*; *El café de las flores*, Alfil 86, 20) o a las doncellas de la casa (Manolín en *Juego de niños*), las relaciones de Rosa y Javier (*Esta noche es la víspera*, Alfil 218, 48-49), los comentarios del Padre José sobre su suburbio (ibídem, 34-36), las mujeres vanidosas con sus tómbolas benéficas y sus roperos (cfr. *La soltera rebelde*, Alfil 37, 33).

[40] Boring («The Comedy of Víctor...») opina de la misma forma.

[41] Cfr. EFE, 31-I-66 (Bibliografía Primaria 4.1.3.).

[42] *Veinte años de teatro en España*, Editora Nacional, M, 1959, 169.

[43] Cfr., una vez más, el texto de la entrevista citado al comienzo de este capítulo (*El teatro de humor...*).

[44] Del manuscrito incompleto de una entrevista. Sin fecha.

[45] *The Farcical Mode in the Theater*, tesis doctoral inédita, Columbia University, Nueva York, 1951, 3; cit. por MORALES, M. Victoria, *The Farcical Mode in the Spanish Theater of the Twentieth Century*, Columbia University, 1969; University Microfilms International, 1984, 3-4.

[46] Ibídem, 96.

[47] Del manuscrito cit. en nota 44. Para otros comentarios acerca del oficio teatral, vid. RUIZ IRIARTE, V., *Tres maestros...*, 19 ss.

[48] Años más tarde, poniendo en relación la técnica del teatro con la de la televisión, insistirá en esta idea: «La televisión tiene del teatro la vieja exigencia de la situación. Sin situación, no hay nada que hacer (...). Evidentemente, la madre de todas las expresiones dramáticas es la situación teatral. Por tanto, el teatro será superior a cualquier otro género de expresión dramática» (entrevista en *El Colombiano*, de Medellín, 12-III-72).

[49] SEDGEWICK, G., *Of Irony Especially in Drama*, University of Toronto Press, 1945, 13; cit. por MORALES, *The Farcical...*, 21.

[50] Cfr. las autocríticas de *El carrusell* (*TE 1964-65*, 279), *Juego de niños* (*TE 1951-52*, 223), *Historia de un adulterio* (*TE 1968-69*, 299), *La muchacha del sombrerito rosa* (*TE 1966-67*, 295).

[51] Cfr. RUIZ RAMON, F., *Historia del teatro español del siglo XX*, 317.

[52] J. M. Sagarra señala la trascendental influencia que tuvo sobre este género la relación de Menandro con Teofrasto y su obra *Los caracteres* («La comedia», en DIAZ PLAJA, G., et al., *El teatro. Enciclopedia del arte escénico*, Noguer, B, 1958, 94 ss.).

[53] Cfr. también DOWLING, J., «Teatro cómico y lo cómico en el teatro español de posguerra», *Hispania*, LX, 1977, 901-903.

[54] Vid. PIRANDELLO, L., «El humorismo», en *Ensayos*, Punto Omega 44, Guadarrama, M, 1968, 163.

[55] Vid. GONZALEZ RUIZ, N., «El teatro de humor del siglo XX hasta Jardiel Poncela», en *El teatro de humor en España*, 35-44.

[56] MONLEON, J., *Treinta años de teatro de la derecha*, Tusquets editor, B, 1971, 75-83. Vid. una versión actualizada de las mismas ideas en «Los "nuevos autores" en el teatro español contemporáneo», *Insula*, 456-57, XI-XII-84, 1 y 18.

[57] Cfr. «Las novelas policíacas», *UPM*, 77-79.

[58] *El teatro de Ruiz Iriarte*, Ediciones de Cultura Hispánica, M, 1973, 133.

[59] *El carrusell*, ed. de M. Holt, Appleton Century Crofts, Nueva York, 1970, xx; vid. también *VRIAS*, Análisis de *El carrusell* B-1.

[60] Samuel Trifilo («The Madrid theater: 1967-68», *Hispania*, LII, 1969, 910-15) se hace eco del carácter político de estas obras, y Margaret Jones («The Modern Spanish Theater: the Historical Perspective», *Revista de Estudios Hispánicos*, XI, 2, 1977, 199-218) cita estas obras como ejemplo de teatro histórico (212), al igual que *La guerra empieza en Cuba*.

[61] Boring, citando a F. Alvaro (*El espectador y la crítica..*, 1967, Valladolid, 1965 [sic], 125) añade semejanzas con *An Inspector Calls* y *Dangerous Corner*, de Priestley, y *Juicio contra un sinvergüenza* y *Cena de matrimonios*, de Alfonso Paso (cfr. *VRI*, 96). Casona declara que el punto de partida de su obra es *La muerte del solterón*, de Schnitzler.

[62] Alberto, que es autor teatral, está leyendo a sus amigos una nueva comedia en una de cuyas anotaciones se dice que alguien llama a la puerta. En efecto, en ese momento suena un timbre en escena. Dos niveles de ficción coinciden: el de la ficción de la comedia de Ruiz Iriarte y el de la ficción de la comedia de Alberto, que está «dentro» de la anterior.

Boring (*VRI*, 97) lamenta que el autor no haya desarrollado los aspectos pirandellianos que se le ofrecían en el tratamiento de las relaciones entre ilusión y realidad.

[63] Una carta del empresario del local a Ruiz Iriarte anuncia que la taquilla se resiente y que la obra difícilmente remontará.

[64] De un folleto informativo del Festival.

[65] Ejemplos de lo primero son *Juanita va a Río de Janeiro* (*Estreno*, X, 1, 1984, 11 a), *Esta noche es la víspera* (Alfil 218, 81), *De París viene mamá*, *La muchacha del sombrerito rosa* (Alfil 555, 21). De lo segundo *Un día en la gloria*, *Cuando ella es la otra*, *La guerra empieza en Cuba*, *Juego de niños*, *Tengo un millón*.

[66] En la escena 7 (acto II) de *Historia*... se produce un cambio en el introductor del relato, pero éste, en sí mismo, es objetivo. Vid. *VRIAS*, Análisis..., A-1.3.9.

[67] Si se repasan las antecríticas se comprobará que este aspecto es directamente atendido:

... El humor y hasta un conato de farsa abren sus caminos hacia lo patético. Porque la frivolidad, ya se sabe, es un camino muy corto para llegar al drama.
(De *El carrusell, TE 1964-65*, 279.)

Me gustaría que, además de esa ternura, en *La señora recibe una carta* surgiesen, bien visibles, algunos matices más que yo creo que lleva dentro.
(*A B C*, 15-IX-67, 74 a.)

El humor (...) envuelve (...) el desarrollo de la patética confesión. Y hasta parece evidente una cierta armonía entre lo más profundo y lo más superficial.
(De *Historia..., TE 1968-69*, 299.)

No trato de decir nada. Es (...) un puro juego. Otra cosa es que haya algo más, por supuesto; siempre lo hay. Pero no voy a descubrirlo. Si el espectador se encuentra con su propio camino, con ese «algo más», tanto mejor.
(De *Buenas noches, Sabina*; entrevista sin localizar.)

[68] En *Historia*... dice Ernesto al doctor (*TE 1968-69*, 310-11):

Hace muchos años (...) me decía a mí mismo que ser hombre es algo muy importante (...) yo llegaba a creer que dentro de mí, porque era un hombre como ellos, vibraba un ser fantástico y prodigioso (...). Pero un día, mucho tiempo después, caí en la cuenta de que también son hombres, y a veces muy hombres, qué duda cabe, los ladrones, los traidores, los cobardes, los imbéciles (...) desde ese día me parece espantoso (...) tener que reconocer que en lo más hondo de mi ser puede esconderse (...) un pequeño ladrón, un

pequeño cobarde y hasta un pequeño y taimado imbécil (...)
¿cree usted que debemos sentirnos orgullosos de ser hombres?

[69] Aunque escape a esta generalización acerca del «triunfador»
hay que destacar que, dentro de esta tendencia a la profundización
psicológica de los personajes, Leonor es seguramente el tipo de
mujer más logrado en todo el teatro de Ruiz Iriarte (*La muchacha
del sombrerito rosa*).

[70] De una entrevista (sin localizar) con motivo del estreno de
Buenas noches, Sabina. Y unos años antes:

la personalidad de cada cual está, más que en los temas y los
argumentos, en el montaje de unas situaciones y, sobre todo,
en las palabras. En esas palabras que enhebran diálogos
y forman escenas y brincan del escenario a la platea.
(*A B C*, 15-IX-67, 74 c.)

[71] En una entrevista con M. Díez Crespo (*El Alcázar*, 26-XII-
69), Ruiz Iriarte anuncia que para la temporada 1970-71 tiene pre-
visto hacer una comedia para María Luisa Merlo y Carlos Larra-
ñaga y otra para Amelia de la Torre y Enrique Diosdado.

[72] Cfr. BARTHES, R., «Introduction à l'analyse structurale des
récits», en BARTHES, R., et al., *Poétique du récit*, Seuil, P, 1977,
33 ss. Vid. sobre los personajes HAMON, Ph., «Pour un statut
semiologique du personnage», ibídem, 115-180; PROPP, V., *Morpho-
logie du conte*, Seuil, P, 1970; PAVIS, P., «Théorie du théâtre et
semiologie: sphère de l'objet et sphère de l'homme», *Semiótica*, 16,
1, 1976, 45-66; ABIRACHED, R., *La crise du personnage dans le
théâtre moderne*, Graset, P, 1978; ZARAFFA, F., *Personne et
personnage*, Kliecksieck, P, 1969; MARCUS, S., «Strategie des
personnages dramatiques», en AA VV, *Semiologie de la representation*, A. Helbo editor, Complexe, Bruselas, 1975; FERRARA, F.,
«Appunti per una teoría del personagio», *Annali dell'Istituto Universitario Orientali de Napoli*, 1970.
Para Souriau, el personaje «du fait d'être assemblé, avec les
autres et uni à l'action en même temps qu'eux par cette forme
dynamique du moment [la situación], reçoit une signification dra-
maturgique, clefs de ses destinées dans le dinamisme de cet uni-
vers en action. Il est, ce personnage, comme «signé», ou marqué,
à chaque moment de cette destinée, par le facteur qu'il représente
le système stellaire des forces» (*Les deux cens mille situations
dramatiques*, Flammarion, P, 1957, 55).

[73] Vid. los cuadros de presencias en los análisis a cinco de sus
obras en *VRIAS*.

[74] MORALES, M. V., *The Farcical Mode in the Spanish Theater
of the Twentieth Century*, Columbia University, 1969, 25.

[75] NICOLL, Allardyce, *The Theory of Drama*, G. Harrap, Londres, 1937, 188. Cit. por Morales, 27.

[76] Adviértase que en los tres casos anteriores tiene enorme
funcionalidad el elemento de la carta de amor, o que se interpreta como de amor (*El landó...*).

[77] «The Spanish Theater of Today», *Educational Theater Journal*, 11, 1959, 265. Cit. por Spencer, cit., 38.

[78] JANSEN, S., «Esquisse d'une theorie de la forme dramatique», *Langages*, III, 12, XII-68, 71-93.

[79] Por ejemplo, si un personaje está exponiendo algo a un grupo de tres que simplemente asienten o profieren alguna frase aislada, ¿se trata de un multílogo o, más bien, de un diálogo entre un personaje individual y un personaje colectivo? ¿No sería beneficioso introducir el concepto de «triálogo» como intermedio entre el diálogo y la intervención, por lo menos, de cuatro interlocutores simultáneamente? Para mis comentarios emplearé este concepto de «triálogo».

[80] Las proporciones son éstas:
El puente...: 25/39 diálogos; 14/39 multílogos, de ellos 6 triálogos.
El carrusell: 30/59 diálogos; 26/59 multílogos, de ellos 11 triálogos.
Historia de un adulterio: 23/41 diálogos; 18/41 multílogos, de ellos 5 triálogos.

[81] *El gran minué*: 1/43 monólogos: el prólogo; 10/43 diálogos; 31/43 multílogos.
El landó...: 37/54 multílogos; 13/54 diálogos. No es rentable en estas dos obras determinar el número de multílogos.

[82] Acerca de las relaciones entre diálogo y situación, vid. las citas que ofrecemos en 4.1.3.3.5. y nota 70.

[83] Eunsa, Pamplona, 1976, 59-63. Otros autores seleccionados son Benavente, los Quintero, Baroja, Calvo Sotelo, Mihura, Buero, Cela, Delibes, Aldecoa, Ferlosio y algunos más. Acerca de estos textos dice el autor en su prólogo: «... he elegido fragmentos que ofrecieran variedad de temas y situaciones, de interlocutores y niveles socioculturales, con la característica común y decisiva de emplear el lenguaje coloquial de uso entre los hispanoparlantes de España durante la primera mitad, prolongada hasta el mismo presente, de nuestro siglo» (12).

[84] José López Rubio en el prólogo a la última comedia editada de Ruiz Iriarte escribe: «Ruiz Iriarte, en *Buenas noches, Sabina*, es un puro trasunto de sí y de sus modos. Repite las muletillas tantas veces empleadas en su burbujeante diálogo. Sus exclamaciones, parte de sus peculiares expresiones. Sus insultos y sus imprecaciones. Su insistida mención de algunas políticas de su tiempo: «Yo soy muy de derechas». Su burla de la moral «al uso», ya en desuso: «Porque yo soy muy moral». Y hasta ese «¡Hala!», como un disparo, con que los personajes rematan sus dialécticas» (PREYSON, M, 1983, 3).

[85] Vid. nota 1. a 4.3.

[86] KOWZAN, T., «El signo en el teatro», AA VV, *El teatro y su crisis actual*, Monte Avila editores, Caracas, 1969; *Littérature et spectacle*, Mouton, París, 1975, 188. Me tomo la libertad de hacer una presentación gráfica diferente a la original.

[87] La breve síntesis de estos aspectos que ofrezco a continuación debe ser completada con la información contenida en los respectivos análisis de *VRIAS*.

281

[88] En *El puente de los suicidas* hay dos espacios escénicos; en *El gran minué*, cuatro; en *El landó...*, uno; en *El carrusell*, uno; en *Historia...*, uno. Los cambios de espacio escénico coinciden con las segmentaciones en cuadros o actos.

[89] Vid. LUCA DE TENA, Cayetano, «Ensayo general», T, 1, XI-52, especialmente 37 b-39. Benavente, en *Recuerdos y olvidos* (OC, XI, Aguilar, M, 1950, 600 ss.) aporta una serie de testimonios acerca del ambiente teatral del primer cuarto del siglo XX, que pueden servir de contraste.

[90] Acerca del fenómeno de la censura en España puede verse: MARISCAL, A., *Cincuenta años de teatro en Madrid*, Ed. Avapiés, M, 1984, 146; «Encuesta sobre la censura», *Primer Acto*, 165-166, II y III-74; núm. 170-171, VII-VIII-74, 13-23; BENEYTO, A., *Censura y política en los escritores españoles*, Euros, B, 1975; ABELLAN, M. L., *Censura y creación literaria en España (1939-1976)*, Ediciones Península, M, 1980; «Censura y producción literaria inédita», *Insula*, 359, X-76, 3; O'CONNOR, P., «Torquemada in the Theater», *Theater Survey*, 14, 2, XI-72, 33-45; «Government Censorship in the Contemporary Spanish Theater», *Educational Theater Journal*, XVII, 4, XII-66, 443-49; «Censorship in the Contemporary Spanish Theater and Buero Vallejo», *Hispania*, LII, 2, V-69, 282-88.

Capítulo V
CONCLUSIONES GENERALES

Ahora es el momento de emprender una labor de síntesis de este trabajo, que se orienta en dos sentidos: la recapitulación sumaria de lo ya expuesto y la valoración global del teatro de Víctor Ruiz Iriarte. Las afirmaciones que siguen presentan los peligros de toda generalización. Pueden matizarse adecuadamente con los comentarios más pormenorizados de las conclusiones parciales del capítulo IV. Los extensos análisis de cinco obras que ofrezco en *VRIAS* completan y fundamentan estas comprobaciones.

1.   Parece ineludible enfrentarse con la cuestión de si el teatro de Ruiz Iriarte es o no «evasivo». Adelanto que, a mi juicio, la respuesta depende de lo que se quiera entender por «evasivo». Reconozcamos, además, que el matiz peyorativo que tiene la palabra y que la hace sinónima de «teatro cobarde, acomodaticio», la torna, en principio, inadecuada cuando se trata de establecer valoraciones acerca de realidades artísticas.

Si «teatro de evasión» es todo aquel que no se ocupa directamente de los problemas sociales, económicos, etc., de las clases más necesitadas, si se considera como «evasivo» el teatro que no puede emplearse como proyectil en una lucha política, entonces hay que decir, sin pesar alguno, que el teatro de Ruiz Iriarte es evasivo. Menos radicalmente se habla de «teatro de evasión» como aquel que se refugia en la fantasía, en lo irreal, para evitar el encuentro con la realidad de todos los días, que necesariamente tiene que ser dura y amarga.

En realidad, esta cuestión está casi resuelta desde el momento en que no acepto el punto de partida de la división entre «teatro de evasión» y «teatro comprometido», puesto que la dialéctica que establece esa dicotomía obedece más a motivaciones políticas o ideológicas que a razones de rango artístico. Juzgo mucho más oportuno eludir esos términos cargados de connotaciones poco clarificadoras y buscar otros, como han hecho Ruiz Ramón («Comedia de la felicidad») o Pérez Minik («Curanderos de la realidad»).

Dejando de lado cuestiones terminológicas, subsiste la necesidad de responder a si el teatro de Ruiz Iriarte tiene o no que ver con la realidad en que nace. Esta vertiente pragmática, presente en toda realidad artística, es definitiva en el hecho teatral, ya que sin el concurso del público las obras no pueden «realizarse».

A mi entender, Ruiz Iriarte ofrece un testimonio claro acerca de los individuos de su tiempo y de la sociedad en que se desarrolla su teatro. Especialmente a partir de 1950, con lo que él llama «teatro de costumbres» y yo he preferido denominar «teatro de reflejo social», Ruiz Iriarte construye sus obras sobre una serie de personajes que, por una parte, se enfrentan con un problema personal de tipo afectivo, y por otra, son testimonio acerca de las modas, las actitudes y la sensibilidad de la clase media española, con particular atención a la situación de la mujer.

Aunque el tono crítico no falta en este «teatro de reflejo social» de los años 50, en su «teatro de madurez» posterior experimenta un notable incremento. Las causas han de buscarse en la alarma del autor, precisamente, ante la evolución del sector social que presenta en sus obras en los años del desarrollo económico en España. Las crisis a que somete a sus personajes, sin dejar de ser plenamente individuales, son simultáneamente el retrato preocupado de un grupo social que ha optado por la frivolidad egoísta y la incomprensión.

Parece evidente que si el autor ha hecho progresar su teatro en una dirección ha sido en virtud de una sensibilidad respecto a fenómenos sociales con los que él mismo convive y a los que su obra no resulta impermeable.

El mundo social que Ruiz Iriarte trae a escena es el de la burguesía, aunque también aparecen quienes pertenecen a las clases más modestas. Ruiz Iriarte no intenta aportar un vasto panorama social que incluya a todos los integrantes de la sociedad española, sino que se limita al sector cuyas repercusiones en la configuración de la colectividad estima como decisivas. Sin olvidar otras circunstancias, como el hecho de que es ése el grupo humano que Ruiz Iriarte mejor conoce porque pertenece a él, la causa de la continuada presencia de estas gentes en su teatro es el convencimiento de que de ellas depende la fisonomía general de toda una sociedad. Esta misma orientación es la que se advierte en su nutrida colaboración periodística a lo largo de los años. En virtud de este hecho y formulando juicios elevados a categorías ideológicas, Ruiz Iriarte entra a formar parte del «teatro de la derecha» o «del franquismo».

En definitiva, parece un error afirmar que este teatro está desvinculado de la sociedad. Por el contrario, estimo que tiene un importante valor documental acerca de la España de los años 1945-75.

Cuestión distinta es la de la intencionalidad de ese reflejo social. Ruiz Iriarte ofrece una visión progresivamente más crítica de la realidad en que vive, pero sin rebasar los límites de una básica individualidad. En la misma realidad que a otros sirve como plataforma para concretos mensajes de tipo ideológico, nuestro autor enraíza a sus personajes y los somete a unos conflictos en que intervienen pasiones, sentimientos y situaciones en sustancia idénticos a los que podrían haber acontecido en cualquier otro momento de la historia de los hombres.

La realidad —una parte de ella— está presente de forma continua en el teatro de Ruiz Iriarte, pero no como término, sino como paso previo para llegar a los hombres, que es lo que en el fondo interesa al autor. Este es el ámbito de la comedia como tradición genérica y en él es donde hay que situar a Víctor Ruiz Iriarte.

El modo como el autor refleja la sociedad puede satisfacer o no, considerarse inadecuado o poco profundo. Todo ello es opinable. Lo que parece hecho indiscutible es que los hombres que contemplaron y escucharon las obras de Ruiz Iriarte estuvieron, en buena medida, «viéndose» a sí mismos.

2. De lo dicho anteriormente se desprende que el teatro de Ruiz Iriarte se dirige fundamentalmente al individuo, no al grupo social. La sátira social llega materialmente antes, pero, desde un punto de vista lógico, se sitúa en un plano secundario. Ruiz Iriarte no es sólo un retratista más o menos crítico de la burguesía madrileña. Por encima de esto,

285

su teatro tiene como receptor privilegiado al ser humano personal, apela a valores universales revistiéndolos con el lenguaje y la coyuntura de su tiempo y, bajo esa cobertura, transmite un esperanzado mensaje moral acerca del hombre. Las comedias de Ruiz Iriarte son un constante reclamo a la generosidad y a la nobleza de espíritu, un mantenido acto de fe en la capacidad del hombre para alcanzar su insobornable destino: ser feliz, a pesar de todas las sombras que pueda encontrar en su camino. Este es un «teatro de la felicidad», sí, pero de una «felicidad conquistada».

Los personajes entablan bajo formas diversas una misma lucha por la felicidad, que en todos los casos entraña penalidades. Al final, triunfen o no con sus sueños, sus cambios de personalidad o sus crisis vitales, la conclusión final es la misma: el más precioso don del hombre y la garantía de su auténtica felicidad, por encima de todos los sinsabores, es la capacidad de amar —en sentido amplio— a los demás. Por contra, el egoísmo, en todas sus sutiles manifestaciones, es la más penosa autocondena que puede imponerse el ser humano.

A esta visión profundamente positiva acerca del hombre y del sentido de su existencia se adjudican con frecuencia juicios como «teatro dulzón», «rosa», «tranquilizador de las conciencias del público» o se habla de «sentimientos de derecha». Una vez más, quizá, se traspasa el umbral de lo que es el producto artístico, se olvida un tanto la obra, para criticar —algo, desde luego, muy legítimo— una postura o unas ideas con las que no se está de acuerdo. Pero son censuras que están en un nivel distinto.

3. Característica generalizada del teatro de Ruiz Iriarte es la insinuación. Este sustrato de ideas acerca de la existencia del hombre que acabo de señalar, como tal, está apenas formulado en su obra. Se advierte una persistente reluctancia a la paladina exposición de ese contenido eminentemente moral que nunca sabe a moralina o a sentimentalismos de dudoso gusto. Ese mensaje surge de una exposición puramente dramática de unos hechos, de unas situaciones escénicas entre las que se enreda un agilísimo diálogo que nada tiene de fervorín.

En cambio, otros aspectos son mucho más aparentes: el humor y las deformaciones inherentes a la farsa que, en dosis diversas, siempre hacen acto de presencia [1].

Este esquema —el humor y la caricatura de la farsa recubriendo, pero no ahogando, un contenido humano capaz de conmover y hacer pensar— responde a un concepto de la «comedia» muy meditado y mantenido a lo largo de su carrera como autor: un género misceláneo que va desde la farsa hasta el drama, desde la sonrisa hasta la emoción.

Esta actitud tiene una repercusión en la estructura de las obras que consiste en los cambios de ritmo. Lo que parecía pura agilidad dialéctica, fingimiento o artificio se remansa y deja ver por unos instantes la soterrada corriente de insatisfacción o angustia que encubría el lado auténtico de los hechos y las personas.

Para quien entre en el juego de la insinuación, hay en Ruiz Iriarte testimonio de preocupaciones graves e incluso patéticas acerca del ser humano individual. El autor se resiste a la sacudida emocional o intelectual que puede suscitar en el público un tema o una situación por sí misma. Emprende, en cambio, el camino de la sugerencia y la sutileza que, amparadas en recursos literarios como la ironía, la caricatura o el anacronismo, vivifican lo que podía haber sido anodino y le otorgan fuerza humana. No es un teatro de agitación, sino de confidencia. Por ello, para quien se instala en esa intimidad, no es un teatro intrascendente, de mero entretenimiento.

Estimo que éste ha sido el propósito de Ruiz Iriarte como comediógrafo y que lo ha logrado plenamente en sus mejores obras: *El gran minué, El landó de seis caballos, El carrusell, Historia de un adulterio, Juego de niños, La guerra empieza en Cuba.* Júzguesele por este criterio y no se busque en su obra algo que no hay, porque el autor nunca pretendió que lo hubiera.

Cuestiones relativas a qué es lo que «debería» haber nos remontan a la consideración de cuál es la función del teatro, de toda la literatura y, en definitiva, del arte, problemas todos, como es evidente, enormemente controvertidos.

Está claro, sin embargo, que el concepto de Ruiz Iriarte acerca de la naturaleza y misión del teatro respecto al hombre y la sociedad entra de lleno en la visión antropológica del juego, palabra que él mismo emplea en múltiples ocasiones: «El teatro es un juego del espíritu» [2].

4.   Por su técnica, el teatro de Ruiz Iriarte entra de lleno en lo que convencionalmente se denomina «teatro realista»: presentación de unos personajes que simulan individuos concretos, cuyo diálogo y acciones plantean, desarrollan y concluyen una «historia» unitaria que acaece como si fuera real.

Acredita enorme habilidad e ingenio en la construcción de sus piezas. Las situaciones se encadenan con tal naturalidad, que casi pasa inadvertida la arquitectura que las sustenta. En todo su teatro escasean las escenas que pierdan la tensión dramática. Por el contrario, la crítica reconoce casi unánimemente la perfecta organización formal del teatro de Ruiz Iriarte, lo que en términos del espectador medio se traduce como amenidad, virtualidad para captar el interés del público. Aunque en ocasiones esta circunstancia —el tratarse de una «obra bien hecha», la existencia de un «oficio teatral», que rara vez queda en mera técnica— es un motivo más de censuras para su obra.

Escénicamente, Ruiz Iriarte se basa sobre la palabra como germen irrenunciable del acto dramático. La semiótica del teatro enseña que el hecho escénico consiste en una pluralidad de códigos sensibles, auditivos o visuales que actúa simultánea y redundantemente sobre el espectador. La personalidad de cada obra y de cada autor estriba, en buena medida, en el empleo más o menos intenso que se haga de esa masa de signos disponibles. En este aspecto el teatro de Ruiz Iriarte se distingue por la preeminencia concedida al código lingüístico, a la palabra y a los sistemas que colaboran en su refuerzo: la entonación y el gesto.

Con el paso de los años, sin embargo, va dando mayor funcionalidad a sistemas como el movimiento, la música y la luz, al tiempo que introduce innovaciones en el modo de «narrar» las historias, concretamente el contrapunto de planos temporales diversos. La palabra, no obstante, sigue siendo en estos casos el código privilegiado, que es como la piedra angular de sus obras dramáticas. Se insiste en la necesidad de despojar a la palabra de su hegemonía y situarla al mismo nivel que el resto de los códigos sígnicos con el fin de otorgar al teatro una condición verdaderamente espectacular. Sin embargo, la validez de esta postura no está probada, al menos por el momento, con una abundancia de frutos maduros.

En cuanto a las relaciones entre «texto dramático» —lo que el autor escribe— y «texto teatral» —la obra representada ante un público—, Ruiz Iriarte es bien consciente de que el teatro es lo segundo; de ahí que siguiera muy de cerca el montaje de sus obras o que las dirigiera él mismo. Su entendimiento del teatro está basado en la hegemonía del autor; los actores, la dirección escénica, la escenografía deben estar al servicio de su idea. Ello no supone un menosprecio a la labor de estos últimos. Ruiz Iriarte sabe que el éxito o fracaso de una pieza depende en realidad de ellos, pero estima que en el autor radica irrenunciablemente la paternidad de la obra y en el «texto dramático» su espíritu. La necesaria búsqueda de unos intérpretes que materialicen adecuadamente el espíritu de su obra conduce a Ruiz Iriarte a la vinculación con determinados actores y compañías: Antonio Vicó-Carmen Carbonell y Fernando Granada-Tina Gascó en los primeros años; Enrique Diosdado-Amelia de la Torre en su última etapa.

5. En conjunto, el teatro de Ruiz Iriarte es bastante unitario en cuanto a temas, técnica, lenguaje y personajes. Los treinta años exactos que van desde su primer estreno (1945) hasta el último (1975) permiten observar una evolución de ritmo lento, pero constante, sin cambios repentinos.

Propongo una periodización según la cual su teatro atraviesa tres etapas coincidentes con las tres décadas en que se desarrolla su actividad dramática.

i. Años 40: teatro de imaginación.

El rasgo común de las obras de estos años procede de la organización de un mundo poético en torno a una idea, generalmente el «sueño» de amor, la expresión de un anhelo de los personajes que les lleva a intentar superar una vida desagradable mediante la fantasía. Estas obras son las que más claramente acusan la influencia de Casona, las que más motivos ofrecen para ser consideradas como «de evasión» y también la parcela más inmadura de su obra. Sin embargo, contienen larvados los elementos que desarrollará en épocas sucesivas.

ii. Años 50: teatro de reflejo social.

Pasa a primer plano la realidad de todos los días, pero se somete al enmascaramiento del humor y de la farsa. La verdad y el dolor que los personajes padecen a causa de la incomprensión y el rechazo de una sociedad que no estima valores auténticos e íntimos engendra una corriente de humanidad que enaltece a estos personajes.

iii.   Años 60: teatro de madurez o el paso del tiempo.
El tono de ironía y sátira anterior se convierte en crítica severa de unos modelos de conducta apoyados en la frivolidad egoísta y el materialismo. Presenta una serie de personajes que se enfrentan a una crisis vital muy difícilmente reversible y que palpan el peso de su terrible equivocación: haber permitido que el tiempo corrompa sus nobles ideales de juventud. En conjunto, esta etapa contiene las obras de mayor calidad.

6. Desde el punto de vista de la historia del teatro español en el siglo XX, el de Ruiz Iriarte enlaza principalmente con Benavente y Arniches. La huella del primero se hace presente de modo especial en lo relativo a la construcción de las obras y al diálogo, si bien es necesario aclarar que las obras de Ruiz Iriarte son mucho más ágiles y están desprovistas de esos largos y estáticos parlamentos en que Benavente introduce abundantes rasgos de ingenio puramente verbal que frecuentemente derivan hacia lo sentencioso.
La influencia de Arniches se advierte en los personajes y se manifiesta especialmente en la etapa de los años 50, cuando Ruiz Iriarte crea una serie de personajes —los «pobrecitos», los «contemplativos»— que sufren vejaciones por algún motivo y reaccionan ante ella. Pero la coincidencia más definitiva quizá sea aquella a que conducen los personajes y el teatro de uno y otro: el mensaje de fondo que impulsa a los hombres a la comprensión, a la nobleza y a la generosidad. Ni en Benavente, ni en Arniches, ni Ruiz Iriarte falta el elemento de crítica social.
Ruiz Iriarte es uno de los últimos eslabones de la cadena de renovación del teatro español iniciada por Benavente a finales del siglo XIX que consistió en el despojo de la altisonancia y el énfasis anterior. El teatro de Ruiz Iriarte no es punto de partida para otros, sino que continúa la tradición del teatro realista actualizándola. Su obra no ofrece elementos que puedan hacer variar el rumbo del teatro español.
Esto supone una limitación a la trascendencia futura de su teatro, pero no una descalificación. Junto con otros auto-

res, Ruiz Iriarte cumplió una importantísima función que debe ser valorada: tomaron el relevo, mantuvieron viva la escena española y dignificaron nuestro teatro en un momento de profundo desamparo, ofreciendo al público obras de auténtica calidad artística [3]. Concretamente, Ruiz Iriarte, en sus comienzos, conserva con vida la influencia de uno de los autores más importantes de la anteguerra: Casona, e introduce a través de sus propias obras el influjo de Priestley y del teatro francés contemporáneo, singularmente Anouilh [4].

Ruiz Iriarte es un autor al que habitualmente se da poca importancia, lo mismo que a sus entrañables personajes. Sin embargo, al igual que éstos, contiene importantes virtudes: la perfecta construcción formal; la habilidad con que combina un humor de buena ley, que no es nunca pura comicidad, con un contenido de carácter universal acerca del hombre, alentador y positivo, capaz de conmover e impresionar; el desarrollo de un peculiar concepto de «comedia» en el que la farsa —en sus obras más logradas— oculta una situación patética; la agudeza atenta con que capta las evoluciones y los vicios de quienes componen la burguesía española. Estos componentes hacen de la obra de Ruiz Iriarte un teatro de intrínseca calidad en el que hay una media docena de títulos con categoría para traspasar las fronteras del tiempo y las diversas culturas por la universalidad de su mensaje.

NOTAS AL CAPITULO V

[1] Incluso en la forma de enfrentarse consigo mismo en la autobiografía. Vid. nota 12 al capítulo I.

[2] Vid. interpretaciones en este sentido: ORTEGA Y GASSET, J., *Idea del teatro*, Col. El arquero, Revista de Occidente, M, 1966, 59 ss.; WADE, Gerald, «The *comedia* as Play», en McCRARY, William, y MADRIGAL, José A., *Studies in Honor of Everett Hesse*, Lincoln, 1981, 165-77; EVREINOV, Nicolás, *El teatro en la vida*, Ed. Leviatán, Bs As, 1956, y como base antropológica, HUIZINGA, J., *Homo ludens*, Amsterdam, 1938, y Emecé, Bs As, 1957.

[3] Cfr. BUERO VALLEJO, Antonio, «Recapitulación subjetiva» en *Homenaje a Eugenio de Nora*, Gredos, M, 1984, 57-69.

[4] Acerca del teatro francés contemporáneo puede consultarse METTRA, Jacques, «Geografía del teatro actual: Francia», en DIAZ PLAJA, G., et al., *Enciclopedia del arte escénico*, Noguer, B, 1958, 533-66. Muy poco clarificador resulta el estudio preliminar de GUARDIA, Alfredo de la, *Antología del teatro francés contemporáneo*, I, Ed. Argonauta, Bs As, 1945, 1-42.

Capítulo VI
BIBLIOGRAFIA SELECTA

Lo relativo a la Bibliografía Primaria y Secundaria de Víctor Ruiz Iriarte está exhaustivamente recogido y comentado críticamente en los capítulos II y III de este trabajo.

Aquí registro una selección de los trabajos citados o consultados en *Víctor Ruiz Iriarte, autor dramático,* con todas sus referencias bibliográficas. Como es lógico, omito los ya incluidos en las bibliografías concernientes a Ruiz Iriarte.

6.1. BIBLIOGRAFIA SOBRE TEATRO ESPAÑOL

ARJONA, Doris, K.: «The Spanish Theater of Today», *Educational Theater Journal,* 11, 1959, 265-70.

BENAVENTE, J.: *Recuerdos y olvidos, OC,* XI, Aguilar, M, 1950, 600 ss.

BOREL, J. P.: *El teatro de lo imposible,* Guadarrama, M, 1966.

BORING, P. Z.: «Macabre Humor in the Contemporary Spanish Theater», *Romance Notes,* 9, 1968, 201-205.

—: «Fantasy and Lunacy in the Contemporary Spanish Theater», *Kentucky Foreign Language Quarterly,* Supplement, 13, 1967, Scholarly, 41-51.

—: «Incongruous Humor in the Contemporary Spanish Theater», *Modern Drama,* II, 1, V-69, 82-86.

BUERO VALLEJO, A.: «Recapitulación subjetiva», *Homenaje a Eugenio de Nora,* Gredos, M, 1984, 57-69.

BUERO VALLEJO, A., et al.: *Teatro español actual,* Cátedra, M, 1977.

CAUDET, F.: «*La hora* y el teatro español de posguerra», *Homenaje a Eugenio de Nora,* Gredos, M, 1984, 109-26.

DIEZ CANEDO, E.: *El teatro y sus enemigos*, La Casa de España en Méjico, Méjico, 1939.

CLOCCHIATTI, E.: «España y su teatro contemporáneo», *Cuadernos Hispanoamericanos*, L, 179, XI-64, 291-97.

DIAZ, Janet W.: «Twentieth Century Spanish Theater at a Glance: Currents, Figures and Experiments», *Romance Notes*, 9, 1968, 22-27.

ELIZALDE, I.: *Temas y tendencias del teatro actual*, Planeta/Universidad de Deusto, Cupsa Editorial, M, 1977.

GARCIA LORENZO, L.: *El teatro español hoy*, Planeta, B, 1975.

—: *Documentos sobre el teatro español contemporáneo*, Sociedad General Española de Librería, M, 1981.

GARCIA PAVON, F.: *Teatro social en España (1895-1962)*, Taurus, M, 1962.

ISASI ANGULO, A.: *Diálogos del teatro español de la posguerra*, Col. Fuentetaja, 1, Ed. Ayuso, M, 1974.

MONLEON, J.: *Treinta años de teatro de la derecha*, El libro de bolsillo 101, Tusquets Editores, B, 1971.

MORALES, M. V.: *The Farcical Mode in the Spanish Theater of the Twentieth Century*, PH. Dissertation, Columbia University, 1969. University Microfilms International, Ann Arbor, Michigan, 1984.

PEREZ FERRERO, M.: *Tertulias y grupos literarios*, Ediciones de Cultura Hispánica, M, 1975.

RUBIO, Fanny: *Las revistas poéticas españolas (1939-1975)*, Ed. Turner, M, 1976.

RUIZ RAMON, F.: *Estudios de teatro español clásico y contemporáneo*, Fundación Juan March, Cátedra, M, 1978.

TORRENTE BALLESTER, G.: *Panorama de la literatura contemporánea*, I, Guadarrama, M, 1956.

VALEMBOIS, V.: «El teatro de cámara en la posguerra española», *Segismundo*, 23-24, 1976, 173-99.

VALBUENA PRAT, A.: «Clásicos y modernos en la escena del siglo XX», *Clavileño*, 24, 1953, 18-21.

6.2. BIBLIOGRAFIA SOBRE CRITICA DEL TEATRO

AA VV: *Semiología del teatro*, Ensayos Planeta, B, 1975.

ABIRACHED, R.: *La crise du personnage dans le théâtre moderne*, Graset, P, 1978.

BARTHES, R., et al.: *Poétique du récit*, Payot, P, 1977.

BETTETINI, G.: *Producción significante y puesta en escena*, Gustavo Gili, B, 1977.

BIRDWHISTELL, R. L.: «L'analyse kinésique», *Langages,* 10, VI-68, 101-106.

BOBES NAVES, M. C.: «La unidad de la obra dramática: los signos de representación», *Serta Philologica F. Lázaro Carreter,* II, Cátedra, M, 1983, 97-106.

BOGATYREV, P.: «Les signes du théâtre», *Poétique,* II, 8, 1971, 517-30.

DIAZ PLAJA, G., et al.: *El teatro. Enciclopedia del arte escénico,* Noguer, B, 1958.

ECO, Humberto: «Elementos preteatrales de una semiótica del teatro», AA VV, *Semiología del teatro,* cit., 93-101.

FABRI, P.: «Considerations sur la proxémique», *Langages,* 10, VI-68, 65-75.

GARCIA BARRIENTOS, José Luis: «Escritura/Actuación. Para una teoría del teatro», *Segismundo,* 33-34, 1981, 9-50.

GARCIA LORENZO, Luciano: «Elementos paraverbales en el teatro de Antonio Buero Vallejo», AA VV, *Semiología del teatro,* cit., 103-125.

GARRONI, F.: *Proyecto de semiótica,* Gustavo Gili, B, 1973.

HELBO, André: «Código y teatralidad», AA VV, *Semiología del teatro,* cit., 127-43.

HAMON, Ph.: «Pour un statut semiologique du personnage», BARTHES R., et al., *Poétique du récit,* cit., 115-180.

HONZL, J.: «La movilité du signe théâtral», *Travail Théâtral,* 4, 171, 5-20.

INGARDEN, R.: «Les fonctions du langage au théâtre», *Poétique,* II, 8, 1971, 531-38.

JANSEN, Steen: «Esquisse d'une théorie de la forme dramatique», *Langages,* 12, XII-68, 71-93.

KOWZAN, Tadeus: «El signo en el teatro», AA VV, *El teatro y su crisis actual,* Monte Avila Editores, Caracas, 1969.

LANGAGES: 10, VI-68; número monográfico sobre kinesia.

MARCUS, M.: «Strategie des personnages dramatiques», *Semiologie de la representation,* A. Helbo editor, Complexe, Bruselas, 1975, 87-107.

ORTEGA Y GASSET, José: *Idea del teatro,* Col. El Arquero, Revista de Occidente, 1966.

PAVIS, Patrice: *Diccionario del teatro (Dramaturgia, estética, semiología),* Paidós, B, 1984.

—: «Théorie du théâtre et semiologie: sphère de l'objet et sphère de l'homme», *Semiotica,* 16, 1, 1976, 45-66.

PEREZ GALLEGO, Cándido: «Dentro-fuera y presente-ausente en el teatro», AA VV, *Semiología del teatro,* cit., 167-91.

SCHMID, Herta, y KESTEREN, Aloysius Van (editores): *Semiotics of Drama and Theater. New Perspectives in the Theorie of Drama and Theater,* Linguistic & Literary Studies in Eastern Europe, 10, John Benjamins Publishing Company, Amsterdam/Philadelphia, 1984. Contiene una completísima bibliografía.

SOURIAU, E.: *Les deux cent mille situations dramatiques,* Flammarion, P, 1950.

TORDERA SAEZ, Antonio: «Teoría y técnica del análisis teatral», TALENS, J., et al.: *Elementos para una semiótica del texto artístico,* Cátedra, M, 1978, 157-99.

UBERSFELD, Anne: *Lire le théâtre,* Editions Sociales, P, 1978, II, misma editorial, 1981.

URRUTIA, Jorge: «De la posible imposibilidad de la crítica teatral y de la reivindicación del texto literario», AA VV, *Semiología del teatro,* cit., 269-91.

WADE, Gerald: «The "Comedia" as a Play», McCRARY, W., y MADRIGAL, J.: *Studies in Honor of Everett Hesse,* Lincoln, 1981, 165-77.

6.3. REVISTAS Y DIARIOS NO ESPECIALIZADOS

A B C
Arriba
Domingo
Agencia EFE
El Alcázar
El Día (Santa Cruz de Tenerife)
El Faro de Vigo
El Heraldo de Aragón (Zaragoza)
El Noticiero Universal (B)
El Sol
Hoja del Lunes de Madrid
Informaciones
Jornada (Valencia)
Las Provincias (Valencia)

La Región (Diario de los españoles en Europa)
Nueva Política (M)
Nuevo Diario (M)
Pueblo
La Vanguardia
Ya

Arte y Hogar
Cine en 7 días (M)
Ciudad (M)
Dígame (M)
Gaceta Ilustrada
Medicammenta
Mensaje
Sábado Gráfico
Triunfo

INDICE ONOMASTICO

298

INDICE

ÍNDICE